交通版高等学校交通工程专业系列教材

JIAOTONG SHUJU FENXI YU JIANMO
交通数据分析与建模

翁金贤 主　编
马昌喜　郝　威　王晓梦 副主编

人民交通出版社
北京

内 容 提 要

本书是上海海事大学与兰州交通大学、长沙理工大学协作编写的。全书共13章,内容丰富,系统全面,反映了当前的交通数据分析与建模的基础知识、前沿理论,同时结合了我国道路、水路的具体案例,并参考了国内外大量相关文献以及国内交通工程、交通运输的实际资料。

本书可作为交通工程、交通运输等专业高等学校本科专业教材,也可作为交通运输工程学科研究生的参考书。本书旨在为学生介绍全面系统的专业数据分析与建模理论方法,并通过应用案例,加强学生对交通数据分析和建模理论知识的理解和实际应用分析能力。

图书在版编目(CIP)数据

交通数据分析与建模 / 翁金贤主编. — 北京:人民交通出版社股份有限公司,2024.12. — ISBN 978-7-114-19789-5

Ⅰ.U495

中国国家版本馆 CIP 数据核字第 2024A8M571 号

书　名:	交通数据分析与建模
著作者:	翁金贤
责任编辑:	郭红蕊　李　良
责任校对:	赵媛媛　魏佳宁
责任印制:	刘高彤
出版发行:	人民交通出版社
地　址:	(100011)北京市朝阳区安定门外外馆斜街3号
网　址:	http://www.ccpcl.com.cn
销售电话:	(010)85285911
总经销:	人民交通出版社发行部
经　销:	各地新华书店
印　刷:	北京虎彩文化传播有限公司
开　本:	787×1092　1/16
印　张:	15.75
字　数:	385千
版　次:	2024年12月　第1版
印　次:	2024年12月　第1次印刷
书　号:	ISBN 978-7-114-19789-5
定　价:	49.00元

(有印刷、装订质量问题的图书,由本社负责调换)

前言

　　数据分析、建模的基本理论与方法常用来解决交通运输工程问题,国内外经过多年的研究和实践应用,已取得大量成果。编写组整理、分析现有研究案例、国内外文献、著作,同时结合编写组多年研究成果及教学经验,以期为读者提供关于交通数据分析及建模较为全面系统的学习和参考用书。

　　本书包括三部分内容。第一篇为理论基础,包括绪论、交通数据描述性统计、置信区间与假设检验、总体的假设检验;第二篇为交通数据传统回归方法,包括线性回归与非线性回归、离散模型、时间序列模型、贝叶斯模型、联立方程模型、面板数据模型;第三篇为机器学习,包括无监督学习、监督学习、强化学习与半监督学习。

　　本书由翁金贤主编,负责全书的整体框架设计及全书的修改、总纂和定稿工作,马昌喜、郝威、王晓梦为副主编。具体分工为:翁金贤负责第1~4章的撰写;郝威负责5~7章的撰写;王晓梦负责第8~10章的撰写;马昌喜负责第11~13章的撰写。

　　本书在撰写过程中,得到了人民交通出版社的鼎力支持,同时获得了上海海事大学教材立项支持。在框架设计和全书统稿、修改、校对和定稿阶段,得到了汪磊老师、王忠宇老师、于尧老师的大力协助,在此一并表示感谢!此外,对上海海事大学交通运输学院研究生李国荣、甘夏凡、丁海峰、廖诗管、石坤、王京等在资料收集、格式排版及文稿校对等方面付出的辛勤工作表示感谢!本书的出版得到国家自然科学基金(项目编号:52072237)资助。

　　教材虽认真编撰、几经修正,但由于交通运输工程问题的分析与研究方法还在不断地更新和发展,同时编者能力有限,不足之处在所难免,敬请专家读者批评指正。

翁金贤
2024年3月28日

作者信息

翁金贤,男,1982年2月生,博士,2011年获新加坡国立大学博士学位。现为上海海事大学三级教授、博士生导师,交通运输学院副院长、水陆交通安全研究中心主任。先后荣获上海市青年拔尖人才、上海市"曙光"学者和交通运输部青年科技英才、中国交通运输协会青年科学委员会委员等省部级人才称号,并获得2017—2018年度中国航海学会青年科技奖表彰。

担任交通安全领域权威SSCI检索期刊 *Journal of Transportation Safety & Security* 副主编、*International Journal of Transportation* 等期刊编委会委员、中国交通运输协会青科委委员、上海市建设和交通青年人才协会副会长,系教育部学位论文评议专家和"世界银行"项目评议专家。

主要研究领域包括港航交通事故风险评价与管理、交通建模与仿真、智慧港航交通系统、交通大数据挖掘等。2013年回国至今,主持完成包括国家自然科学基金面上、国家重点研发计划子课题、国家自然科学基金重点项目子课题、国际联合研究基金等10多项国家级高水平项目以及30多项行业相关课题,累计科研经费近千万元。部分科研成果已得到多个地方交通管理部门的推广应用,对我国港航交通安全创新技术密切相关产业的可持续发展起到了积极的推进作用。

目录

第一篇 理论基础

第1章 绪论 ... 3
- 1.1 交通数据 ... 3
- 1.2 数据分析 ... 8
- 1.3 数据分析方法及平台 ... 11
- 1.4 本章小结 ... 16
- 本章参考文献 ... 16

第2章 交通数据描述性统计 ... 17
- 2.1 集中趋势度量 ... 17
- 2.2 相对位置度量 ... 20
- 2.3 离散程度描述 ... 21
- 2.4 偏态和峰态 ... 23
- 2.5 相关性描述 ... 25
- 2.6 估计量特性 ... 25
- 2.7 数据可视化方法 ... 26
- 2.8 本章小结 ... 29
- 本章参考文献 ... 30

第3章 置信区间与假设检验 ... 31
- 3.1 置信区间 ... 31
- 3.2 假设检验 ... 41
- 3.3 本章小结 ... 45
- 本章参考文献 ... 45

第4章 总体的假设检验 ... 46
- 4.1 单个总体的假设检验 ... 46
- 4.2 两个总体的比较 ... 49

4.3 非参数检验方法 ... 52
4.4 本章小结 ... 57
本章参考文献 ... 58

第二篇 交通数据传统回归方法

第5章 线性回归与非线性回归 ... 61
5.1 线性回归 ... 61
5.2 非线性回归 ... 72
5.3 本章小结 ... 77
本章参考文献 ... 78

第6章 离散模型 ... 79
6.1 离散选择模型 ... 79
6.2 离散-连续模型 ... 88
6.3 计数模型 ... 95
6.4 本章小结 ... 99
本章参考文献 ... 99

第7章 时间序列模型 ... 100
7.1 时间序列概述 ... 100
7.2 时间序列及其分类 ... 100
7.3 时间序列分解 ... 101
7.4 时间序列预处理 ... 102
7.5 平稳时间序列分析 ... 110
7.6 平稳时间序列模型建立 ... 115
7.7 案例:道路交通事故预测 ... 118
7.8 本章小结 ... 121
本章参考文献 ... 122

第8章 贝叶斯模型 ... 123
8.1 蒙特卡洛法 ... 123
8.2 朴素贝叶斯分类法 ... 129
8.3 贝叶斯网络 ... 132
8.4 马尔可夫链蒙特卡洛法案例:船舶事故案例分析 ... 135
8.5 本章小结 ... 138
本章参考文献 ... 138

第9章 联立方程模型 ... 139
9.1 联立方程模型概述 ... 139

9.2 联立方程模型中变量的分类 …………………………………………… 141
9.3 联立方程模型的分类 …………………………………………………… 142
9.4 联立方程模型的识别 …………………………………………………… 144
9.5 联立方程模型的识别条件 ……………………………………………… 148
9.6 联立方程模型的估计 …………………………………………………… 150
9.7 案例：交通运输经济效益研究 ………………………………………… 152
9.8 本章小结 ………………………………………………………………… 154
本章参考文献 ………………………………………………………………… 155

第10章 面板数据模型 …………………………………………………………… 156
10.1 面板数据 ………………………………………………………………… 156
10.2 混合回归模型 …………………………………………………………… 160
10.3 固定效应模型 …………………………………………………………… 162
10.4 随机效应回归模型 ……………………………………………………… 170
10.5 本章小结 ………………………………………………………………… 176
本章参考文献 ………………………………………………………………… 176

第三篇 机器学习

第11章 无监督学习 ……………………………………………………………… 179
11.1 主成分分析 ……………………………………………………………… 179
11.2 孤立森林 ………………………………………………………………… 190
11.3 K-means 聚类 …………………………………………………………… 197
11.4 本章小结 ………………………………………………………………… 201
本章参考文献 ………………………………………………………………… 202

第12章 监督学习 ………………………………………………………………… 203
12.1 决策树 …………………………………………………………………… 203
12.2 集成学习 ………………………………………………………………… 209
12.3 支持向量机 ……………………………………………………………… 214
12.4 人工神经网络 …………………………………………………………… 220
本章参考文献 ………………………………………………………………… 229

第13章 强化学习与半监督学习 ………………………………………………… 230
13.1 强化学习 ………………………………………………………………… 230
13.2 半监督学习 ……………………………………………………………… 240
13.3 本章小结 ………………………………………………………………… 243
本章参考文献 ………………………………………………………………… 244

第一篇

理论基础

第1章 绪　　论

1.1 交通数据

1.1.1 数据与交通数据

进入21世纪后,商业、服务业等领域的管理和决策不再仅靠经验和直觉,而更依靠数据分析。数据开始成为一种基础生产要素,其贡献和价值日益突出。数据是采用数学和物理符号对客观事物、客观事件和事件发生过程的一种抽象记录和表示。

根据统计规律和表现形式不同,数据可分为连续型、离散型、符号型、文本型等。其中,连续型数据是在一定区间内可以不间断取任意数值的数据,比如身高、总产值、商品销售额等。离散型数据是采用类别或整数来表示其取值的数据,比如性别类别、车辆数量、工人人数、商品库存量等。而符号型、文本型数据则是对逻辑、自然语言等信息的客观记录。

根据数据的组织形式,数据可以分为结构化、半结构化和非结构化数据。例如,连续型和离散型数据具有规则的结构和取值,属于结构化数据;符号型和文本型数据的结构和取值通常混杂在一起,或者没有清晰的数值定义,属于半结构化或非结构化数据。据统计,约80%的数据是半结构化和非结构化类型。数据分析中,通常需要将半结构化和非结构化数据中的信息提取为结构化数据。

交通数据是对交通现象及与交通现象相关联的事物和过程的客观记录。例如,可通过人工调查、传感器采集、视频监测等手段记录交通状态;也可以利用手机信令定位,或者经济和土地利用等非交通本身的但与交通相关联的数据反映交通特征。不同方法采集的不同类型的交通数据,反映了交通现象的各个方面。通过对各型交通数据进行融合、挖掘和分析,能够极大地增强解决各种交通问题的能力。交通数据已经成为交通预测、交通规划、交通事件监测、交通管理、交通运输服务及运营等工作的重要依据。在这里,仅以道路交通数据为例。

道路交通数据按变化情况,可以分为静态和动态两种。静态交通数据在交通系统中短期内稳定不变,为各种数据分析和研究提供基础。道路静态交通数据主要包括:道路基础设施数据,如道路等级、长度、交叉连接方式等;基础地理数据,如国土数据、路网分布、功能小区划分等;车辆与驾驶员数据,如不同类型车辆数、驾驶员性别、年龄等;交通管控数据,如路面标志标线数据、单向行驶、禁止左转等。道路动态交通数据是道路上随时间和空间相对变化的数据,主要包括交通流数据如交通量、平均车速、占有率等;事件数据,如事件类型、拥堵类型;企业运营数据,如乘客数、车辆定位等。

道路交通数据按时间性质不同,可以分为实时交通数据、短时交通数据和历史交通数据。实时交通数据可以表征道路实时交通状态的相关信息,实时交通数据包括实时路况、交通气象、交通管制、交通突发事件等;短时交通数据是采集信息来制定某一具体的交通方案,采集的时段比较短,如采集一段时间间隔内的交通量数据来进行交通管理和控制;历史交通数据是将过去的交通信息进行处理后存储,为交通评价、交通预测、交通规划等提供信息。

1.1.2 大数据与交通大数据

随着信息技术迅猛发展,数据的来源及其数量正以前所未有的速度增长,于是出现了大数据这一新概念。它是指在有限时间内无法用常规软件工具对其进行获取、存储、管理和处理的数据集合。相比一般意义上的数据,大数据的最根本特点是信息收集和处理方式的重大改变,不仅体现在数据量"大"上,还包含了相关关系和因果关系。

大数据的四个典型特征是数据量大(Volume)、数据类型多(Variety)、产生速率高(Velocity)和数据价值密度低(Value)。其中,数据量大、数据类型多和产生速率高对数据处理技术带来不同层面的挑战。

交通是大数据应用的重要场景之一,数据内容丰富,结构复杂,具备多源异构的特点。交通大数据通常包括来自人口、活动、出行、交通运营及交通环境污染等各方面的数据,可以从出行感知与预测、规划决策辅助、设施综合评价、运营组织等方面促进交通问题根源治理,并促使管理决策能力与实施能力的全面智能化。

交通大数据符合大数据的"4V"特征。交通大数据体量巨大(Volume),来自企业政府部门的各种摄像头、定位、刷卡等数据量正在从太字节(Terabyte,TB)级跃升到拍字节(Petabyte,PB)级,作为计算机的存储容量单位,1PB = 1024TB,1TB = 1024GB;交通大数据种类繁多(Variety),包括来自政府的路网监控数据、企业的调度数据、车辆的全球定位系统(Global Positioning System,GPS)数据、市民在各种交通工具上的刷卡数据等,它们从统计规律到表现形式都不尽相同;交通大数据实时性要求高(Velocity),需要快速计算和反馈不断变化的客货流数据;交通大数据中深藏着交通管理价值和衍生商业价值(Value),比如公交车载 GPS 和车载视频监控连续不断发回大量非结构化数据,但需要通过一定的技术手段从中挖掘出有价值的信息。

1.1.3 交通大数据的机遇与挑战

大数据为交通行业带来上述全新发展机遇的同时,巨大的挑战也接踵而至。

首先,需要能够从交通大数据中提取有用的信息。其中,要解决数据的实时计算、数据质量保证和数据安全等一系列问题。对于实时计算问题,在实际应用中,要求能够快速反馈数据分析结果。而交通大数据的结构复杂、规模庞大,传统的数据模型可能难以胜任。因此需要开发能够应对大规模数据计算并实现快速响应的模型。对于数据质量问题,多源异构的交通大数据往往会包含噪声和错误值,噪声会掩盖数据中的重要信息,对数据的分析造成干扰。此外,由于设备系统性能随时间降低,导致数据质量下降。对于数据安全问题,交通大数据不仅包括基础数据,还包括国家安全和个人隐私的数据,数据交互过程中容易出现信息泄露、网络攻击等问题。

其次,交通大数据的应用方兴未艾。需要深入探究交通大数据未来发展趋势,借助计算机技术建立科学的大数据体系,构建交通大数据支撑平台。交通大数据建设涉及管理、技术、人才等多个方面,需要协调各方资源,明确建设目标,以达到预期效果。其中,数据治理是保证数据的统一性、准确性、可靠性的基础,包括制定数据的统一标准,确定数据的采集方式,建立数据的安全策略,实现数据的全周期质量监管等。在确保数据安全的情况下,完善相关的标准及规范,通过构建数据交换平台,实现交通大数据开放共享。交通大数据体系建设依靠强大的技术支撑,需要专业的技术人才对交通大数据进行分析及应用,培养有针对性的专业技术人才团队,能够共同推进交通大数据建设的快速发展。

1.1.4 交通数据的获取

交通数据的获取方式分为人工调查和设备检测两类。人工调查指经过技术培训的调查人员携带交通计数器、秒表、雷达枪和问卷等设备材料前往指定地点调查路段、交通枢纽、居民出行等信息。

以上海在2019年9月实施的第六次综合交通调查为例,为了更准确地分析居民的出行特征和变化趋势,政府部门除了充分利用通过多渠道收集到的大数据,还运用人工抽样调查法,开展了居民出行家访调查,涉及5.1万户家庭,覆盖上海市所有街道。同时,组织实施覆盖所有行政区的学生家庭出行调查,涉及120所学校、3.9万户学生家庭。

设备检测根据交通检测数据的时空特征和采集方式可以分为定点采集方法和移动采集方法。定点采集方法根据检测技术原理可分为磁频采集方法、波频采集方法和视频采集方法。移动采集方法根据检测手段的差异可分为空间定位、自动车辆识别和遥感。各类采集方法采用的检测设备见表1-1。

交通数据采集方法分类 表1-1

类型			检测设备
定点采集方法	磁频		环形线圈检测器、磁力检测器
	波频	主动式	微波检测器、超声波检测器、主动式红外检测器
		被动式	被动式红外检测器、被动式声波检测器
	视频		光学视频检测器、红外视频检测器
移动采集方法	空间定位		GPS浮动车检测技术、蓝牙检测技术
	自动车辆识别		环形线圈识别检测技术、射频识别检测技术、车辆号牌识别检测技术
	遥感		航天遥感检测技术、航空遥感检测技术

定点采集方法相对成熟、信息处理手段比较全面,已在国内外已得到普遍应用。定点采集方法所包含的检测器种类众多,这些检测器可以获得交通流量、平均车速、车间距、分类车长、占有率、车辆密度、交通事故视频、交通排放等数据。定点采集方法主要可以分为磁频、

波频和视频这三类。

　　磁频采集方法是指车辆通过检测区域时,由于电磁感应,交通检测器内的电流出现跃升。使用磁频方法采集交通数据的设备主要有环形线圈检测器、磁力检测器、地磁检测器等。环形线圈检测器是目前使用最为广泛的交通检测器,利用埋设在车道下的环形线圈对通过线圈或存在于线圈上的车辆引起电磁感应的变化进行处理而达到检测目的。与其他方法相比,环形线圈检测器技术相对成熟,易于掌握,成本较低,但感应线圈易受自然环境的影响和自身测量原理的限制,造成检测精度大幅度降低,甚至无法检测。磁力检测器通过检测磁场强度的异常来确定车辆出现,属于被动接收设备。磁力检测器可检测小型车辆,甚至包括自行车,但一般不能检测静止的车辆,其优点是成本低、易安装。地磁检测器是磁力感应器的一种,其检测原理是利用磁性物体通过时,会引起地磁场的扰动,从而通过检测地磁场的异常来判断车辆的出现。

　　波频采集方法可分为主动式和被动式。主动式是将交通检测区域发射的能量波束经车辆反射后被检测器吸收,经过处理获得交通信息。主动式的设备有微波检测器、超声波检测器、主动式红外检测器等。微波检测器利用雷达线性调频技术原理,对检测路面发射微波,通过对反射回来的微波信号进行检测,实现车速、车身长度、车流量、车道占有率等交通信息的采集。微波雷达检测器按工作原理可分为两种类型:连续波多普勒雷达和调频连续波雷达。超声波检测器工作原理与雷达检测器类似,检测器发出高频波并由驶近车辆以变化的频率返回,通过换能器记录下车辆存在或通过的信号。主动式红外检测器的激光二极管在红外线波长范围附近工作,发射低能红外线照射检测区域,并经过车辆的反射返回检测器,可检测车辆出现、流量、速度、密度和车型分类。

　　被动式是车辆本身发射的能量波束被检测器接收,经过处理获得交通信息。被动式的设备有被动式红外检测器和被动式声波检测器等。被动红外线检测器没有发射器,只有接收器,接收由检测器监测范围内的车辆、路面及其他物体自身散发的红外线和它们反射的来自太阳的红外线。由于路面反射的红外线与车辆反射的红外线水平不同,所以被动红外检测器能够依据反射的红外线水平来检测车辆的存在。被动式声波检测器利用车辆在路上行驶时产生的噪声来检测车辆存在,并计算车速、车长、占有率等数据,采用侧向安装能同时检测多条车道。

　　视频采集方法将视频图像和模式识别相结合并应用于交通领域,其将采集到的连续模拟图像转换成离散的数字图像后,经分析处理可得到交通信息。使用视频方法采集交通数据的设备主要有光学视频检测器和红外视频检测器等。光学视频检测器在被阳光照射的情况下会产生盲区,且有时检测不到在阴影中移动的车辆或行人,而红外视频检测器不存在这一限制。红外视频检测器将检测车辆的物理信息转化为红外图像后,利用红外图像处理技术,对红外图形进行处理,获得需要检测的交通信息,进而实现对道路交通状况的检测。

　　定点采集方法主要有以下不足:①在路网上的覆盖率比较低,采集的交通信息不能全面反映路网交通状态;②受技术特点限制,不同的采集方式具有不同的采集特点和环境适应性,信息源的可靠性不高;③定点采集设备在安装和维护过程中会破坏路面或影响正常交通流,每年定点采集设备的维护和保养需要花费大量人力和物力。

　　选择移动采集方法能弥补定点采集方法的缺点,移动采集方法能对路段和路网上的交通数据进行采集,提供行程时间、行程速度等参数。典型的移动采集方法主要有GPS浮动车、射频识别检测技术和航空遥感检测技术。

GPS浮动车安装了GPS接收器,接收车辆运行的GPS定位信息,可直接检测交通流量、瞬时速度和实现多车道覆盖,可间接检测行程车速和行程时间。GPS浮动车的优点是数据检测连续性强和能够全天候条件工作,缺点是需要足够多装有GPS的车辆运行在城市路网,检测数据通信容易受到电磁干扰,在城市中的检测精度与GPS定位精度有很大关系。

射频识别(Radio Frequency Identification,RFID),是非接触式自动识别技术的一种。它利用射频方式进行非接触双向通信,以交换数据达到识别目的。射频识别检测技术可直接检测交通流量和实现多车道覆盖,可间接检测行程车速和行程时间。射频识别检测技术的优点是可在阅读器的识别范围内同时识别多个目标,可在黑暗或脏污的环境中读取数据,能够穿透纸张、木材和塑料等非金属或非透明的材质,可以回收标签重复使用。缺点是成本高,涉及隐私的问题,RFID标签一旦接近到读写器,就会无条件地自动发出讯息,导致无法确认该RFID读写器是否合法。

遥感采集方法是继卫星遥感之后迅速发展起来的一项新型航空遥感技术,可直接检测交通流量和实现多车道覆盖,可间接检测行程车速和行程时间。无人机航空遥感系统要有以下特点:①无人机可以编组以全天候待命,在执行航空遥感任务时具有灵活机动的特点,并且可以在恶劣环境下直接获取影像,受空中管制和气候的影响较小;②无人机航空遥感不受云层的遮挡,弥补了航空摄影测量和光学卫星遥感成像时受云层遮挡获取不到影像的缺陷;③无人机航空遥感系统市场成本较低,操作员只需要较短周期的培训即可,并且无人机航空遥感系统的保养和维修较简便;④无人机在阴天、轻雾天也能获取合格的影像,从而将野外作业转入内业作业,不但减轻了作业劳动强度,还极大地提高了作业的效率和精度。

还有一类数据不容忽视——营运数据。营运数据是指公共交通系统、出租车系统等在营运中产生、收集的与用户使用信息相关的数据。它们对于交通系统在运营、管理层面的优化分析至关重要。

1.1.5 交通数据的应用

综合利用各类交通数据,对于解决特定交通问题而言,具有重要的应用价值。

以公共交通为例,公共交通每天会产生大量的动态交通数据,包括公交车或出租车的GPS轨迹、公共交通智能卡数据、自动化数据(如自动乘客计数、自动售检票和自动车辆定位)、传感器数据、手机数据。在静态数据的基础上,动态交通数据可用于公共交通系统服务和性能评估、公共交通用户行为分析、出行需求测算、智能交通管理等。

(1)公共交通系统服务和性能评估。这里的公交系统包括传统公交、快速公交和定制公交。由自动售检票和自动车辆定位获得的交通大数据揭示了整个城市的综合客运起讫点(Origin-Destination,OD)信息,可以用这些数据识别潜在的乘客服务改进需求,如路线重新规划、站点变更、路径优化等,减少乘客出行和等待时间,提高公共交通乘客量和乘客满意度。此外,这些交通大数据可以识别公共交通运输服务中的延误和解决调度优化问题,为乘客提供更可靠、连续、便捷的公共交通服务。

(2)公共交通用户行为分析。交通大数据可以用来了解用户习惯性行为和出行行为,并分析影响这些行为的因素。例如,利用公共交通智能卡数据的时间序列特征,可以研究公共交通用户行为与天气状况的关系;将公共交通智能卡数据与家庭出行调查结果和土地利用信息相结合,能够基于空间和时间属性准确估计出行目的;基于公共交通智能卡数据评估过境用户出行行为之间的相似性;使用公共交通智能卡数据和社交媒体数据开发了可视化工具,用于监控异常情况下的乘客行为。

(3) 出行需求计算。出行需求计算与出行行为密切相关,利用交通大数据如自动售检票和自动车辆定位计算 OD 矩阵,为公交运营调度、公交线网优化布设提供可靠的数据支持。交通方式划分是出行需求估计中的一个重要步骤,利用交通大数据构建模式分割模型能够捕捉不断变化的交通方式份额。

(4) 智能交通管理。借助先进的信息技术、数据通信传输技术和计算机技术等,建立实时、准确、高效的综合交通运输管理系统,系统可以反馈有效的信息,如出行时间和需求计算、路网分析与决策支持,可以有效地保证交通安全和提高运输效率。

1.2 数据分析

数据分析是有目的地收集数据、分析数据,使之成为信息的过程。把隐藏在一大批看来杂乱无章的数据中的信息集中和提炼出来,从而找出所研究对象的内在规律。在交通领域中,通过数据分析可以进行合理的交通规划、设计,提高道路的运营效率、改善交通安全等。如公交站点的选址,对于公交刷卡数据、静态道路数据等的分析可帮助出行者做出判断,以便采取适当行动。完整的数据分析主要包括数据采集、数据预处理、探索性数据分析和数据建模。这些虽然是一般意义上的数据分析过程,但在交通领域一样通用。

1.2.1 数据预处理

数据预处理是数据分析工作中重要且容易被忽略的一步,通过数据采集得到的初始数据如果存在错误或缺失重要信息,会产生误导性结果。因此,需要对数据进行仔细筛选,从而获取能为数据分析所用的可靠数据。数据预处理包括数据清洗、数据集成、数据变换和数据规约。

(1) 数据清洗。数据清洗的目的是从数据中消除错误和不一致,以提高数据质量。在文件或数据集中可能存在的问题包括数据输入过程中的拼写错误、信息缺失和无效数据。当需要采集多源数据建立联合数据库系统、全球信息系统时,数据清洗显得尤为重要。数据清洗应该满足以下要求:在单一数据源或整合多源数据时,应消除错误或不一致的数据;数据清洗不应单独执行,而应与数据转换一起执行,避免冗余操作;用于数据清洗的映射函数应可重复应用于其他数据源。

其中一项重要工作是对"脏数据"进行清除或修复,"脏数据"通常以两种形式呈现:缺失数据和噪声数据,对应的数据清洗形式分别是缺失值处理和噪声值处理。缺失值给数据分析带来困难,因此必须加以处理解决,但不正确的缺失值处理也会造成偏差,导致误导性的研究结论。关于缺失值的处理,通常有两种方式:丢弃和估计。可以丢弃缺失项处的值和包含缺失项的整条数据记录,但在数据样本量较少时,应酌情考虑。如不想丢弃缺失值,就需要对缺失值进行估计,常用的估计方法有替代、填充和基于统计模型的估计。

噪声数据又可细分为失真数据与异常数据两类。噪声数据阻碍了从数据中提取真实有效的信息,处理噪声数据的主要方法有:鲁棒学习和噪声滤波器。鲁棒学习的特点是受噪声数据的影响较小,以 C4.5 算法为例,其使用剪枝策略来减少过度拟合训练数据中噪声的可能性。但如果噪声水平较高,即使是鲁棒性高的学习器也会呈现较差的性能。噪声过滤器能够识别从训练集中消除的噪声示例,可以和对噪声数据敏感并需要数据预处理来解决问题的学习器一起使用。

对于数据清洗问题,如图 1-1 所示为一个交通数据故障识别与修复过程的例子。

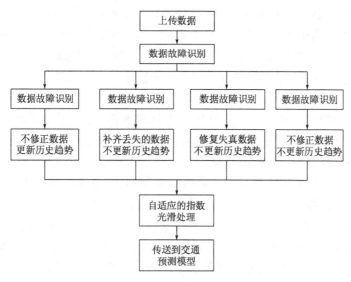

图 1-1　交通数据故障识别与修复流程

(2)数据集成。数据集成就是将不同的数据源存放到同一个数据储存中,这是数据分析中的一个难点。如果数据集成效果不佳,则容易出现数据冗余和不一致性,导致后续数据分析的准确性和速度降低。因此,数据集成的最终目标是生成有价值和可用的信息,以解决问题。随着数据量和数据种类的增加,机器学习和数据集成之间的联系也变得更加紧密。机器学习正逐步推动数据集成的自动化,从而整体降低集成成本并提高准确性。

传统数据集成专注于文本数据,但有大量的图像和音频数据很少与文本数据集成到一个通用的可查询知识库中,主要原因是处理图像、音频和文本数据的模式所需要的方法不同。深度学习方法可提供多模态数据集成所需的必要工具。数据集成能快速且易获得训练数据。用于数据集成的机器学习模型需要大量训练数据,目前最新方法侧重于主动学习方法。机器学习模型很难在数据集成上获得 100% 的准确率,其工作过程中需要人工进行标注、验证和审计工作,即人在回路数据集成(Human-in-the-Loop)。数据增强是指用于控制机器学习模型泛化误差的技术,能够提升数据集成的质量,同时也是机器学习关注的重点之一。

(3)数据变换。数据变换是将数据从一种格式转换为另一种格式的过程,通常是从源系统的格式转换为目标系统所需的格式。数据变换的整个过程包括提取、加载和转换。

提取阶段,识别数据并将其从不同位置或来源提取到单个存储库中。从源系统提取的数据通常是原始数据,无法以其原始形式使用。为了克服这个障碍,必须进行数据变换。在变换过程中,会采取数据发现、数据映射、代码生成等步骤将原始数据转换为所需的格式。

数据变换过程有离散化、二元化和规范化等。①离散化将定量数据转换为定性数据。一般情形下,离散化将排序数据划分为多个空间,可以将一个连续取值的属性转换为离散取值的属性来处理。离散化过程中可以利用非监督和监督的离散化方法来确定离散区间的个数,然后直接将数据映射到其分类值上。②若算法中要求属性为二元属性,就要进行属性二元化过程。二元化的过程是用多个二元属性来表示一个多元属性的过程。③不同类型的数据往往具有不同的量纲,数值间的差别可能很大,因此所有数据都应以相同的量纲表示。规范化方法主要有:最小-最大规范化、Z-Score规范化和小数定标规范化。

(4)数据规约。数据规约是降低存储数据所需容量的过程,可以提高存储效率并降低成本。数据规约的方法主要有维度规约和数量规约。数据规约是减少所需自变量的个数,代表方法有小波变换、主成分分析和特征集选择。小波变换可以截断从小波变换获得的数据,通过保留最强的小波系数来获得压缩数据。小波变换可以应用于多维数据、稀疏数据或偏斜数据。主成分分析比小波变换能更好地处理离散数据,可应用于稀疏数据和偏斜数据。特征选择时通过删除不相关或冗余的属性来减少维度与数据量,目的是使数据的概率分布尽可能接近使用所有属性得到的原分布。

数量规约是用较小的数据表示形式替换原始数据,数量规约的方法可分为参数化和非参数化两种。参数化数据规约可使用回归模型与对数线性模型来实现,回归方法适用于数值型数据,对数线性模型适用于分析多个分类变量间的关系。非参数化数据规约包括直方图、聚类、抽样等方法。直方图使用分箱方法(Binning Method)并代表一个属性的数据分布。聚类算法是将数据进行分群,用每个数据簇中的代表来替换实际数据。通过抽样选取随机样本,实现用小数据代表大数据的过程。

1.2.2 探索性数据分析

探索性数据分析(Exploratory Data Analysis,EDA)是指对已有数据在尽量少的先验假设下通过作图、制表、方程拟合、计算特征量等手段探索数据的结构和规律的一种数据分析方法。探索性数据分析包含三个不同且相互关联的数据分析过程:展示、探索及发现,这一过程通常会用到可视化方法。

展示过程的目的是快速、简略地熟悉数据集,其涉及计算和各种可视化统计数据,如均值、中位数、众数、方差和标准差等。计算的统计类型取决于变量的数据类型,即定类、定序、定距、定比。展示过程中涉及的可视化技术多样化,包括直方图、散点图、矩阵图、箱线图、枝叶图、气泡图等。

可视化探索过程的本质在于从多个角度考察数据,识别有趣的模式,并定量表征模式以支持决策。这一过程不仅能从学习的角度对数据的已知信息进行深刻理解,还能从研究和探索角度发现数据的未知信息。可视化探索可以更深入地了解数据集,并为研究工作提供具体的问题(方向),这种探索过程通常也被称为可视化分析。

数据分析师发现阶段能够针对特定的研究问题进行分析。发现阶段涉及提出假设、收集证据和验证假设这三个环节,可使用统计计算和可视化的相关软件对以上概念进行解释。

1.2.3 数据建模

数据建模通过定量模型分析数据趋势、特征和其中潜在的模式,并总结出有价值的信息。构建的数学模型包含两种变量:输入(Input)和输出(Output)。数据建模过程中,经过筛选的数据作为输入,选取适当模型对其进行处理,最后获得预想的输出。建模问题包括回归、分类、聚类等问题。

(1)回归问题是经典的统计问题,通过对一个或多个自变量与因变量的关系进行建模,可发现数据趋势、预测未知数据、分析每个因素如何影响其他因素。从输入变量个数的角度,回归问题分为一元回归和多元回归;从模型类型角度,可分为线性回归和非线性回归。

(2)分类是机器学习的一个核心问题,将每个属性集映射到一个预定义的分类标签。分类问题主要有二元分类、多分类和多标签分类。二元分类是一种监督分类问题,其中目标类标签有两个类,任务是预测其中某一类。常用二元分类算法有逻辑回归、K 近邻法、朴素贝叶斯和决策树等。多分类指具有两个以上类标签的分类任务。对于多分类问题,有两种建议的方法:一对一法(One-vs-One)和一对多法(One-vs-Rest)。常用多分类算法有 K 近邻法、决策树、随机森林等。多标签分类是指目标类标签的数量超过两个,并且可以预测多个类作为输出的分类任务。常用多标签分类算法有多标签决策树、多标签随机森林、多标签梯度提升等,也可以使用一对多法。

(3)聚类是无监督学习中最常见的问题,其将相似的数据样本分配到同一类别中,然后得到不同的类或簇。一般来说,聚类可以分为"硬聚类"(Hard Clustering)和"软聚类"(Soft Clustering)。在"硬聚类"中,每个数据点完全属于某一聚类,如 K-均值聚类方法。在"软聚类"中,不是将每个数据点放入单独的聚类中,而是分配该数据点在这些聚类中的概率或可能性,如高斯混合模型(Gaussian Mixture Model,GMM)和模糊 C 均值模型(Fuzzy C-Means)。

1.3 数据分析方法及平台

1.3.1 数据分析与建模的必要性

随着信息技术、数据通信技术、自动控制技术、计算机技术和交通工程理论的发展和革新,产生了智能交通系统。就智能交通系统本身而言,其具有以下特点:交通信息来源广泛、形式多样、信息量大。传统的统计分析方法很难处理非数字或非结构化的数据。传统的基于数据库的方法很难对不断增长的海量信息进行有效处理。信息具有较强的时空相关性,交通信息只有在某个时间某个特定场合才能起作用,因此对于及时性处理要求比较高。智能交通系统存在动态性、不确定性、时空相关性、主题相关性等特征。如何建立一个能满足要求的、完备的智能交通系统,首先需要的就是利用数学方法对数据进行分析建模。传统的数学公式和传统的建模方法已经不能满足现实世界的信息分析需求。随着数据融合和分析工具的不断进步,数学建模的方法也在不断地改进。综合运用人工智能、数据挖掘等技术对数据进行分析,并对分析的结果进行建模,模拟系统的各种状态,才能充分挖掘系统的潜力,为动态管理交通提供科学准确的依据,加深智能交通对交通管理作用的深度。

利用数据分析建模的思维解决交通流的管制等问题,要针对交通信息和交通系统的不确定性,需要利用数据的思维解决这些问题,突破传统的模型和思路。对此可采用数据仓库联机分析、数据挖掘以及专家系统的有关理论与技术构建出新一代的智能决策支持系统模型。具体而言,对于具体模型而言可以采取数据挖掘方法、统计模式识别以及多源复杂信息、知识挖掘等技术来构建适合交通信息发现和挖掘的模型;而对于交通信息技术的分析方面,可以通过引入先进的算法如神经网络算法、遗传算法等方法突破传统计算方法,让交通数据分析建模真正为解决交通问题提供可行方案。另外,动态交通分配(Dynamic Traffic Assignment,DTA)模型简单来讲就是通过对道路上的交通流进行预测,通过预测交通流分配结果来对其进行分解,让交通道路上的交通流实现均衡,从而解决交通拥堵。对动态交通分配问题,从20世纪70年代开始人们就对此问题进行了多方面的研究并提出了数学上很多类型的模型,这些模型大体分为数学模型、最优控制模型及变分不等式三种。虽然人们对上述的模型进行了不断的完善并对相关算法进行了很多改进,但是在对交通流中的不确定性这个问题的处理方法上仍没有突破传统的方法。现在,道路交通数据分析建模尤其是大数据下对于该问题已有所突破,将微观交通流的不确定性转化为宏观上的规律性,使得动态控制成为可能。

1.3.2 数据建模方法

针对小样本数据存在描述性统计、假设检验和线性回归分析等方法。

描述性统计是指运用制表和分类,图形以及概括性数据来描述数据的集中趋势、离散趋势、偏度、峰度。常用剔除法、均值法、最小邻居法、比率回归法和决策树法等方法描述数据的数字特征。另外,许多统计方法都要求数值服从或近似服从正态分布,所以需要采用参数检验的 K-量检验、P-P 图、Q-Q 图、W 检验、动差法进行正态性检验。

假设检验是用来判断样本与样本、样本与总体的差异是由抽样误差引起还是本质差别造成的统计推断方法。①U 检验:当样本含量 n 较大时,样本值符合正态分布;②单样本 t 检验:推断该样本的均数 μ 与已知的某一总体均数 μ_0(常为理论值或标准值)有无差别;③配对样本 t 检验:当总体均数未知时,且两个样本可以配对,同对中的两者在可能会影响处理效果的各种条件方面极为相像;④两独立样本 t 检验:无法找到在各方面极为相像的两样本作配对比较时使用;⑤非参数检验:非参数检验则不考虑总体分布是否已知,经常也不是针对总体参数,而是针对总体的某些一般性假设(如总体分布的位置是否相同,总体分布是否正态)进行检验。

线性回归分析包含一元和多元。一元线性回归只有一个自变量 X 与因变量 Y 有关,X 与 Y 都必须是连续型变量,因变量 Y 或其残差必须听从正态分布。多元线性回归分析多个自变量与因变量 Y 的关系,X 与 Y 都必须是连续型变量,因变量 Y 或其残差必须听从正态分布。另有 Logistic 回归分析:线性回归模型要求因变量是连续的正态分布变量,且自变量和因变量呈线性关系,而 Logistic 回归模型对因变量的分布没有要求,一般用于因变量是离散时的状况。Logistic 回归模型有条件与非条件之分,条件 Logistic 回归模型和非条件 Logistic 回归模型的区分在于参数的估量是否用到了条件概率。最后,其他回归方法:非线性回归、有序回归、Probit 回归、加权回归等。

针对大样本数据,存在主成分分析、孤立森林和K-均值聚类算法等方法。

主成分分析是对于原先提出的所有变量,将重复的变量(关系紧密的变量)删去多余,建立尽可能少的新变量,使得这些新变量是两两不相关的,而且这些新变量在反映课题的信息方面尽可能保持原有的信息。设法将原来变量重新组合成一组新的互相无关的几个综合变量,同时根据实际需要从中可以取出几个较少的综合变量,尽可能多地反映原来变量的信息的统计方法叫作主成分分析。

孤立森林是基于Ensemble(数据库)的快速离群点检测方法,具有线性时间复杂度和高精准度,是符合大数据处理要求的、具有顶尖水准的算法。适用于连续数据(Continuous data)的异常检测,与其他异常检测算法通过距离、密度等量化指标来刻画样本间的疏离程度不同,孤立森林算法通过对样本点的孤立来检测异常值。

K-均值聚类算法是我们解决聚类问题的一类代表性算法。其主要思想是在给定K个初始类中心点的情况下,把每个样本点分到离其最近的类中心点所代表的类中,所有点分配完毕之后,重新根据一个类内的所有点计算该类的中心点,然后再迭代地进行分配点和更新类中心点的步骤,直至类中心点的变化很小,或者达到指定的迭代次数。

决策树是一个预测模型,它是一个由根节点、若干内部节点和若干叶节点构成的可以解决分类和回归问题的非参数学习算法。树中每个节点表示一个对象,而每个分叉路径则代表某个可能的属性值,并且每个叶结点对应从根节点到该叶节点所经历的路径所表示的对象的值。决策树仅有单一输出,若欲有复数输出,可以建立独立的决策树以处理不同输出。数据挖掘中决策树是一种经常要用到的技术,可以用于分析数据,同样也可以用来作预测。

集成学习(Ensemble Learning)属于机器学习中监督学习的一种。作为监督学习的主流方法,集成学习并不是某一种具体的算法,而是一种训练思路。它通过将多个分类器集成在一起来达到学习的目的,其过程主要将有限的模型或者算法相互组合。一般情况下,一个结合了多个分类器的系统所能达到的效果会比单个分类器运行的效果精准很多,所以集成学习方法也在很多主流竞赛和实际项目中受到了青睐。

人工神经网络(Artificial Neural Networks,ANNs),又称神经网络(Neural Network,NN),是模拟人类大脑的结构和功能进行信息处理的动态系统,由多个处理单元(神经元)按一定规则相互连接,构成有向图拓扑结构的大规模并行处理器。这种网络依靠系统的复杂程度,通过调整内部大量节点之间相互连接的关系,从而达到处理信息的目的。

强化学习作为一门来源于心理学中的行为主义理论学科,涉及多方面多学科的学科知识融合,涉及包括概率论、统计学、逼近论、计算复杂性理论、运筹学等多种学科,在人工智能极其学习和自动控制等领域中得到广泛研究和应用,被学者们公认为是智能系统的核心技术之一。

半监督学习(Semi-Supervised Learning,SSL)是模式识别和机器学习领域研究的重点问题,是监督学习与无监督学习相结合的一种学习方法。半监督学习使用大量的未标记数据,并同时使用标记数据,来进行模式识别工作。

1.3.3 数据分析建模工具

介绍三种常用的统计学数据分析建模工具。

(1) SPSS。SPSS(Statistical Product and Service Solutions)全称是统计产品与服务解决方案软件,它在数据管理、统计建模以及预测分析等方面有着极大的应用空间,1968年由美国斯坦福大学的三位研究生Nie、Bent和Hull共同研究开发成功。在随后的商业化过程中,软件不断迭代更新,很快遍布自然科学、技术科学和社会科学的各个领域。

(2) SAS。SAS(Statistical Analysis System)全称是统计分析系统软件,已被广泛应用于政府行政管理、科研、教育、生产和金融等不同领域,并且发挥着愈来愈重要的作用。1966年,在美国国家卫生研究院(National Institutes of Health,NIH)资助下,以北卡罗来纳州立大学为首的八所大学联合推出了SAS,用以分析美国农业部(United States Department of Agriculture,USDA)收集到的巨量农业数据。1976年SAS Institute Inc成立,开始进行SAS系统的维护、开发、销售和培训工作。

(3) STATA。STATA由StataCorp公司于1985年研制,在统计、金融、经济、生物、医疗卫生保健、社会人文、心理学等多学科中应用广泛,它和SAS、SPSS一起被称为新的三大权威统计软件。

交通大数据作为大数据的一个分支,具备"4V"(Volume,Variety,Velocity,Value)特征。目前交通大数据处理平台除了经典的Hadoop、Apache Storm等,近年来另有大数据智能云计算平台快速崛起。

(1) Hadoop。Hadoop作为一种开源的、基于分布式计算模型的平台,在存储和处理大数据方面发挥着举足轻重的作用,且在交通大数据实际项目中应用广泛。如图1-2所示,Hadoop的主体由MapReduce计算框架和HDFS分布式文件系统两部分组成。

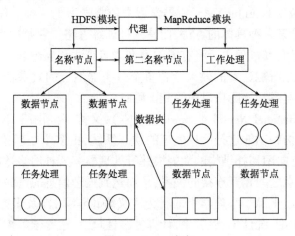

图1-2 Hadoop框架

MapReduce是由谷歌设计并提出的并行编程框架,主要用于分布式环境中的数据处理。MapReduce的作业过程又分为两个主要阶段:映射(Map)和归约(Reduce)。在数据集被输入后会被分割为多个块,每个块对应一个映射任务。通常,每个映射任务处理一个数据块并生成一组中间键。映射阶段完成后是Shuffle模块,从中间收集每个被映射输出的任务,并发送到相应的归约端进行分类和划分。在归约阶段,每一个归约分区的模块会接收一组指定的键并将所有的关联值输出。

HDFS(Hadoop Distributed File System)是在底层支持Hadoop持久运行的分布式文件系

统。它可以部署在物理服务器上,以便存储 TB 级和 PB 级的数据。通过 HDFS 的抽象接口,用户可以像在本地文件系统中操作那样来评估它。HDFS 采用 WORM(Write Once,Read Many Times)模型,以简化数据集成和增加吞吐量。特别地,Hadoop 会保存数据的冗余副本以增加系统的可用性。因此,HDFS 的复制机制会允许一个数据块有多个副本分布在不同的机器上。这也就意味着相比实时的决策分析,Hadoop 更适用于预测和长期策略的数据存储和操作目的。

(2)Apache Storm。Apache Storm 是 Apache 基金会的一个开源项目,作为 Streaming 流式数据处理方式(强调数据处理的实时性以及伸缩性)最常用的系统之一,它在世界上享有独特的声誉。Apache Storm 有很多应用场景,包括实时数据分析、联机学习、持续计算、分布式远程过程调用等。它的数据处理速度非常快,可在单节点上实现每秒一百万的组处理。Apache Storm 的架构如图 1-3 所示。

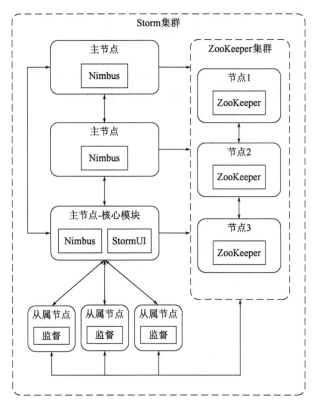

图 1-3　Apache Storm 的架构

在上文对于 Hadoop 的介绍中曾提到过,Hadoop 会保存数据的冗余副本以增加系统的可用性,显然这会导致延迟。而在 Apache Storm 的数据处理框架中,通过实时恒定流的结构化和非结构化数据源的早期识别分割而成的小批量数据不会直接存储在数据库中,进而减少延迟。作为最强大的开源实时数据分析项目之一,Apache Storm 拥有一个非常活跃的开发者社区,其中包含了大多数问题的讨论和解决方法。

(3)大数据智能云计算平台。随着云基础设施在全球的快速发展,基于云计算和存储服务的好处日渐显现,许多传统的数据分析工作也在向云计算上部署。智能云平台的基本架构依然需要上述基本平台的支撑。如百度云计算大数据处理平台的基本架构就包含了Hadoop的架构、天算平台下的MapReduce(BMR)等。包括阿里云、腾讯云等,它们往往是在基本平台架构的基础上加以优化,并结合自建的云端服务器完成计算资源的部署。

1.4 本章小结

本章第一节介绍了数据及交通数据的概念,引出了大数据与交通大数据的概念;还介绍了交通数据的获取方法、数据类型及其应用场景。第二节简要介绍数据分析的框架,包括数据预处理(数据清洗、数据集成、数据变换和数据规约)、探索性数据分析和数据建模。第三节介绍了几种数据分析方法及平台,包括传统的基于统计学的数据建模与分析方法、建模工具,以及云计算背景下的大数据处理框架。

本章参考文献

[1] 刘志远,张文波. 交通大数据——理论与方法[M]. 杭州:浙江大学出版社,2020.
[2] 唐克双. 基于多源数据融合的城市道路交通控制与管理[M]. 上海:同济大学出版社,2015.

第2章 交通数据描述性统计

描述性统计分析(Description Statistics)是通过图表或数学方法描述数据的初步分析工作。描述性统计工作主要涵盖：分析数据的集中趋势、相对位置、离散程度、相关性，以及利用统计图形解读数据特征等。对交通数据进行统计分析是交通数据分析的基本工作，也是开展后续深层次分析的前期探索性工作。

2.1 集中趋势度量

在统计学中，集中趋势(Central Tendency)是用于描述一组数据向某一中心值靠拢的程度。研究集中趋势是为了寻找一组数据的代表值或中心值，揭示所研究问题在一定时间、空间条件下的共同性质和一般水平。本节将主要介绍常见数据分布集中趋势的度量指标：众数、中位数和平均数。

2.1.1 众数

众数是指一组数据中出现频率最多的数值。从频率分布的角度来看，众数是具有明显集中趋势的点的数值，一组数据频率分布最高峰点所对应的数值即为众数。如果数据的分布没有明显的集中趋势或最高峰点，表明这组数据没有众数，如果有多个高峰点意味着存在多个众数。

【例2-1】 某交管部门采集了某条道路上1500条车辆违章数据，经统计发现，违法行为统计见表2-1，则接下来一段时间应优先治理哪种违法行为？

违 章 行 为 统 计　　　　　　　表2-1

违 法 行 为	车/次
违法停车	650
超速行驶	40
在斑马线处未礼让行人	400
实线变道	115
其他	295

【解】

表中显示这组数据的众数为违法停车,违法停车是这组数据中发生次数最多的违法行为,则接下来一段时间应主要治理违法行为。

2.1.2 中位数

中位数是按顺序排列的一组数据中居于中间位置的数。其中,有一半数据的值小于中位数,另一半则大于中位数。中位数具有不易受极端变量值影响的性质,即极大或者极小值不影响中位数的位置。例如,中位数常被应用于表示速度特征,也称之为50%车速或者中值车速,此时路段上低于该车速的车辆数与高于该车速的车辆数相等。

可以用 M 来表述中位数。如果某一组数据集是数值型数据,比如某路段上车辆速度的观测数据,则中位数 M 可表示为:

$$M = \begin{cases} x_{\frac{n+1}{2}} & (n \text{ 为奇数}) \\ \dfrac{x_{\frac{n}{2}} + x_{\frac{n}{2}+1}}{2} & (n \text{ 为偶数}) \end{cases} \tag{2-1}$$

当数据个数为奇数时,位于正中间位置的数值为该组数据的中位数。当数据个数为偶数时,则取最中间两个数值的平均值作为该组数据的中位数。

2.1.3 平均数

平均数是统计学中常用的统计量,分为算术平均数、调和平均数及几何平均数。

算术平均数是将一组数据中的所有数值求和后再除以数值的个数,是集中趋势中最常用的度量值,通常用 $\bar{x}$ 来表示。

在交通领域中,算术平均数常用来统计平均车速,比如时间平均车速,即单位时间内通过某断面车辆车速的算术平均数。此外,算数平均数的计算也常用于日平均交通量的统计和计算,比如年平均日交通量、月平均日交通量和周平均日交通量等。

根据算术平均数的计算方式不同,可分为简单算术平均数和加权平均数。

数据集中的数据用 $x_1, x_2, x_3, \cdots, x_n$ 表示,则简单的算术平均数可表示为:

$$\bar{x} = \frac{x_1 + x_2 + \cdots + x_n}{n} = \frac{\sum_{i=1}^{n} x_i}{n} \tag{2-2}$$

【例 2-2】 某数据采集器在某断面观测到一组车速值如下(单位:km/h):60、45、40、55、52、31、49、62、48、66、55、54、58、57,计算该组观测车速的时间平均速度。

【解】

根据式(2-2)得:

$$\bar{v} = \frac{v_1 + v_2 + \cdots + v_n}{n}$$

$$= \frac{60+45+40+55+52+31+49+62+48+66+55+54+58+57}{14}$$

$$= 52.29(\text{km/h})$$

即平均速度 $\bar{v} = 52.29 \text{km/h}$。

实际应用中,受限于数据资料的精细度,可能无法获取全部样本,但是可获得分组代表数值。各组代表数可能是组内的平均数、中值、众数或中位数。此时计算整体的算术平均数,需要以各组组内样本数为权数来计算加权平均数(Weighted Arithmetic Mean)。假设原始数据被分成了 n 组,各组的代表数值为 $x_1, x_2, x_3, \cdots, x_n$,各组中变量的频数为 $f_1, f_2, f_3, \cdots, f_n$,则加权平均数可以表示为:

$$\bar{x} = \frac{x_1 f_1 + x_2 f_2 + \cdots + x_n f_n}{n} = \frac{\sum_{i=1}^{n} x_i f_i}{n} \tag{2-3}$$

【例 2-3】 将对车速分布进行分组,该路段的限速为 60km/h,各个速度区间的车速分布如表 2-2 所示。

观测车速频数分布表　　　　表 2-2

速度(km/h)	频数 f	该组代表数 x_i	xf
40 以下	1	31	31
40~50	3	44.67	134.01
50~60	8	56.25	450
60 以上	2	64	128

【解】
根据式(2-3)得:

$$\bar{x} = \frac{x_1 f_1 + x_2 f_2 + \cdots + x_n f_n}{n} = \frac{743.01}{14} = 53.07 (\text{km/h})$$

得到整体的加权平均数为 53.07km/h。

根据式(2-2)计算的算数平均车速为 52.29km/h,根据式(2-3)计算得加权平均车速为 53.07km/h。式(2-2)使用的是全部观测数据计算得出的算数平均数,而式(2-3)的结果是各组代表数求得的算数平均数,受取值规则的影响,分组平均数与全部样本的算数平均数会有一定差异。

分组平均数适用于处理经分组整理(原始样本舍弃)的数据。例如,通过月平均日交通量计算年平均日交通量、利用点平均车速计算区域平均车速。从加权算术平均数的计算公式中可以发现,加权算术平均数受各组变量 x_i 和各组权数也就是频率 $f_i / \sum f_i$ 大小的影响。频率越大,相应的变量计入平均数的份额也就越大,对平均数的影响也就越大;反之,频率越小,相应的计入平均数的份额也就越小,对平均值的影响也就越小。

调和平均数是各个变量值倒数的算数平均数的倒数,习惯上用 H 来表示。简单的调和平均数可表示为:

$$H = \frac{1}{\dfrac{\dfrac{1}{x_1} + \dfrac{1}{x_2} + \cdots + \dfrac{1}{x_n}}{n}} = \frac{n}{\sum_{i=1}^{n} \dfrac{1}{x_i}} \tag{2-4}$$

加权调和平均数可表示为:

$$H = \frac{m_1 + m_2 + \cdots + m_n}{\dfrac{1}{x_1}m_1 + \dfrac{1}{x_2}m_2 + \cdots + \dfrac{1}{x_n}m_n} = \frac{\sum m_i}{\sum_{i=1}^{n} \dfrac{1}{x_i} m_i} \tag{2-5}$$

例如,空间平均车速就是调和平均数,其数值为通过该路段内车辆速度的调和平均数。如车辆在经过某路段时,前半段速度为60km/h,后半段速度为30km/h(前后两段距离相等),则车辆通过该路段的平均速度用调和平均数计算得40km/h。

几何平均数(Geometric Mean)是 n 个变量值乘积的 n 次方根,可以分为简单的几何平均数和加权几何平均数,一般用 G 来表示几何平均数,那么简单几何平均数可表示为:

$$G = \sqrt[n]{x_1 \times x_2 \times x_3 \times \cdots \times x_n} = \sqrt[n]{\prod_{i=1}^{n} x_i} \tag{2-6}$$

加权几何平均数可表示为:

$$G = \sqrt[\sum_{i=1}^{n} f_i]{x_1^{f_1} \times x_2^{f_2} \times x_3^{f_3} \times \cdots \times x_n^{f_n}} = \sqrt[\sum_{i=1}^{n} f_i]{\prod_{i=1}^{n} x_i^{f_i}} \tag{2-7}$$

几何平均数是应用于特殊数据的一种平均数。在实际生活中,通常用来计算平均比率。当所研究的变量本身是比率的形式,就可以采用几何平均数的方法来计算平均比率。

2.2 相对位置度量

相对位置的度量可以描述一个观测值相对于特殊值的位置,典型的两个度量包括分位数和 Z 得分。

2.2.1 分位数

分位数是相对位置度量中的重要参数。分位数是指将一个随机变量的概率分布范围分为几个等分的数值点,常用的有中位数(即二分位数)、四分位数、百分位数等。在上一节中,已经介绍了中位数的概念和特性,本节介绍其他分位数。

四分位数也称作四分位点,是将一组数据按照一定的规律进行排序后获得处于25%、50%和75%位置上的数值,这四个点将数据等分为4个部分,其中每部分都包含全部数据的四分之一。通常,四分位数是指全部数据中位于四分之一位置上的数值(下四分位数,Lower Quartile)和四分之三位置上的数值(上四分位数,Upper Quartile)。

设下四分位数的位置为 Q_L、上四分位数的位置为 Q_U,四分位数位置可以表示为:

$$Q_L = \frac{n+1}{4} \tag{2-8}$$

$$Q_U = \frac{3(n+1)}{4} \tag{2-9}$$

当四分位数的位置不在某一个数所在位置上时,可根据四分位数的位置,按照比例计算四分位数两侧的差值。

【例2-4】 在某条城市道路交叉口测得经过该交叉口的13辆小型客车的车速(单位:km/h)如下:45、40、60、59、55、31、48、66、58、52、49、55、54,计算该组车速数据的四分数位数。

【解】 $Q_L = \frac{n+1}{4} = \frac{14}{4} = 3.5$,即 Q_L 在第三个数值(60)与第四个数值(59)之间的0.5的位置上,因此 $Q_L = (60+58)/2 = 59(km/h)$。

$Q_U = \dfrac{3(n+1)}{4} = \dfrac{42}{4} = 11.25$,即 Q_L 在第九个数值(52)与第十个数值(49)之间的 0.5 的位置上,因此 $Q_U = (52+49)/2 = 50.50(\text{km/h})$。

下四分位数与上四分位数之间包含了全部数据的一半,因此,可以认为有一半车辆的速度介于 50.50km/h 和 59km/h 之间。

百分位数是一组数据按照一定规则排序后使得数据集中数据总量的 $p \times 100\%$ 的数据位于该值的左边,有数据总量的 $(1-p) \times 100\%$ 的数据位于该值的右边。比如,某道路断面的车速观测值中某辆车的瞬时速度位于该数据集中的第 85 百分位数,则有 85% 的数值低于该值,15% 的数值高于该值。百分位车速中常用的是 15% 位车速和 85% 位车速,可用于设置道路限速,另外,二者之间的差值还反映了道路上车速的波动情况。

2.2.2 Z 得分

Z 得分是相对位置度量的另一个参数,它描述了以标准差为单位,观测值 x 相对于均值的位置。Z 得分值的正负,表示观测值与均值的相对位置,当 Z 得分为负值时,观测值位于均值的左侧;当 Z 得分为正值时,观测值位于均值的右侧。

设 Z 得分的值用 z 来表示,那么根据定义 Z 得分的值可以表示为:

样本 z 得分:

$$z = \dfrac{y - \bar{y}}{s} \tag{2-10}$$

总体 z 得分:

$$z = \dfrac{y - \mu}{\sigma} \tag{2-11}$$

【例 2-5】 根据【例 2-2】中的数据,计算可得,该组车速观测值的标准差 $s = 8.94$,均值 $\bar{y} = 53.07(\text{km/h})$。求观测值为 49% 的 Z 得分。

【解】

将标准差 $s = 8.94$,均值 $\bar{y} = 53.07$ 以及 $y = 49$ 代入公式 $z = \dfrac{y - \bar{y}}{s}$,得 $z = \dfrac{y - \bar{y}}{s} = \dfrac{49 - 53.07}{8.94} \approx -0.46$。因为 Z 得分为负值,所以观测值位于均值的左侧,且观测值为 49 的数据约位于均值 53.07(km/h) 的左侧 0.46 个标准差位置。

2.3 离散程度描述

2.3.1 分位差

四分位差是指上四分位数与下四分位数之差,也称之为内距和四分位间距(Inter-Quartile)。四分位差可以用 Q_d 来表示,计算公式可表示为:

$$Q_d = Q_U - Q_L \tag{2-12}$$

四分位差反映了中间 50% 的数据的离散程度,当分位差值越小时,说明中间数段的数据越集中,当分位差值越大时,说明中间段数据越分散。而中位数又位于中间50%数据的中间位置,所以四分位差也可以反映中位数的代表程度。

【例2-6】 根据【例2-4】中的数据资料计算的上下四分位数,计算该组车速观测值的四分位差。

【解】

根据式(2-12)得:

$$Q_d = Q_U - Q_L = 50.5 - 59 = -8.50(km/h)$$

2.3.2 极差

极差是一组数据中最大值与最小值的差值,可以用 R 来表示,计算公式如下:

$$R = \max X_i - \min X_i \tag{2-13}$$

式中,$\max X_i$、$\min X_i$ 分别代表该组观测值的最大值与最小值。极差实际上表现了一组数据的波动范围。R 值越大说明该组数据的波动幅度越大,R 值越小说明该组数据的波动幅度越小。

2.3.3 方差和标准差

方差(Variance)是一组数据中各个样本值与全体样本值的平均数之差的平方值的平均数,标准差是方差的算术平方根,能反映这组数据中数值的离散程度。方差、标准差是统计工作中应用最为广泛的离散程度的度量值。

假设某组数据中包含 n 个样本,方差可用 σ^2 来表示,则方差的计算公式可表示为:

$$\sigma^2 = \frac{\sum_{i=1}^{n}(X_i - \overline{X})^2}{n} \tag{2-14}$$

在大多数时候,采用样本来估计总体的参数。为了使样本方差具有无偏估计量的性质(无偏性的概念见2.6.1节),样本方差调整为关于样本均值的平均值离差之和除以 $n-1$。则样本方差可表示为:

$$s^2 = \frac{\sum_{i=1}^{n}(X_i - \overline{X})^2}{n-1} \tag{2-15}$$

计算出样本的方差后,即可计算样本的标准差。标准差 s 的计算公式可表示为:

$$s = \sqrt{\frac{\sum_{i=1}^{n}(X_i - \overline{X})^2}{n-1}} \tag{2-16}$$

【例2-7】 根据【例2-2】中的数据,计算该组车速观测值的方差和标准差。

【解】

根据式(2-15)求得车速的方差为:

$$s^2 = \frac{\sum_{i=1}^{n}(X_i - \overline{X})^2}{n-1} = \frac{\sum_{i=1}^{14}(X_i - \overline{X})^2}{14-1} = 86.07$$

根据式(2-16)得车速的标准差为：

$$s = \sqrt{\frac{\sum_{i=1}^{n}(X_i - \overline{X})^2}{n-1}} = \sqrt{\frac{\sum_{i=1}^{14}(X_i - \overline{X})^2}{14-1}} = 9.28$$

2.4 偏态和峰态

2.4.1 偏态的度量

偏态是对样本分布偏斜方向及程度的度量，用来描述数据分布的对称性。在偏态的分布中又有两种不同的形式，即向左侧偏和向右侧偏。可以根据众数、中位数和算术平均数之间的关系判断是左偏还是右偏。如果要定量地描述数据频数分布的偏斜程度，则需要计算偏态系数。

统计学上用中心矩来度量偏态系数，这是因为中心距本身可以通过高于平均数的离差之和与低于平均数的离差之和来显示分布的对称性。三阶中心矩常用于计算偏态系数。

k 阶中心矩的计算可以简单描述为：如【例2-2】车速数据共有 14 个样本，假设车速样本的算术平均值为 $\overline{x}$，每个车速观测值与该组数据的平均值之差的 k 次方的平均数称为样本的 k 阶中心矩。则 k 阶中心矩可以表示为：

$$m_k = \frac{\sum_{i=1}^{n}(x_i - \overline{x})^k}{n} \tag{2-17}$$

度量偏态的统计量是偏态系数，可以用 α 来表示，计算偏态系数是用变量的三阶中心矩 m_3 与 σ^3 的比值，则 α 可以表示为：

$$\alpha = \frac{m_3}{\sigma^3} \tag{2-18}$$

在计算出偏态系数后，需要对取值的正负大小进行分析。当 $\alpha = 0$ 时，样本的三阶中心矩 m_3 中离差的三次方正负抵消而取得 0 值，表示分布对称；当分布不对称时，正负离差不能抵消，就形成了或正或负的三阶中心矩 m_3。当 m_3 为正值时，表示正偏差值比负偏离差值大，可以判断为正偏或右偏；反之，m_3 为负值时，表示负偏离差比正偏离差值大，可以判断为负偏或左偏。m_3 的绝对值越大，表示偏斜程度越大。由于三阶中心矩 m_3 含有计量单位，为消除计量单位的影响，用 m_3 除以 σ^3，使其转换为相对数，α 的绝对值越大，表示倾斜程度越大。

【例2-8】 如【例2-2】中的数据，该组车速的观测值如下（单位：km/h）：60、45、40、55、52、31、49、62、48、66、55、54、58、57，计算该组测速观测值的偏态系数。

【解】

根据公式(2-2)，该组车速观测值的算术平均数为：

$$\overline{x} = \frac{x_1 + x_2 + \cdots + x_n}{n}$$

$$= \frac{60 + 45 + 40 + 55 + 52 + 31 + 49 + 62 + 48 + 66 + 55 + 54 + 58 + 57}{14}$$

$$= 52.29 \text{(km/h)}$$

根据公式(2-16)的标准差为：

$$s = \sqrt{\frac{\sum_{i=1}^{n}(x_i - \bar{x})^2}{n-1}} = \sqrt{\frac{\sum_{i=1}^{14}(x_i - \bar{x})^2}{14-1}} = 9.28$$

根据公式(2-17)后,得：

$$m_3 = \frac{\sum_{i=1}^{n}(x_i - \bar{x})^k}{n} = \frac{\sum_{i=1}^{14}(x_i - \bar{x})^3}{14} = -550.57$$

将结果代入公式(2-18)后,得：

$$\alpha = \frac{m_3}{\sigma^3} = \frac{-550.57}{(9.28)^3} = \frac{-550.57}{799.18} = -0.69$$

可以看到,计算得到的偏态系数为负数,且绝对值较大。说明该组车速观测值的分布为左偏分布,即低于平均车速的数值较少。

2.4.2 峰态的度量

峰态是用来衡量分布的集中程度或者分布曲线尖峭程度的指标。峰态系数用 β 来表示,其计算公式可以表示为:

$$\beta = \frac{m_4}{\sigma^4} - 3 \tag{2-19}$$

分布曲线的尖峭程度与偶数阶中心距的数值大小有直接关系,通常以四阶中心矩 m_4 来度量分布曲线的尖峭程度。m_4 是绝对数,含有计量单位,为消除计量单位的影响,用 m_4 除以 σ^4,就得到无量纲的相对数。

衡量分布的集中程度或者分布曲线的尖峭程度往往以正态分布的峰态系数作为比较标准。在正态分布条件下,$m_4/\sigma^4 = 3$,将各种不同分布的尖峭程度与正态分布作比较,即得 $m_4/\sigma^4 - 3$。

同样,通过计算得出的峰态系数 β 来判断尖峭程度。当 $\beta > 0$ 时,表示分布的形态比正态分布更加尖峭,表明数据的分布比标准正态分布更加集中。当 $\beta < 0$ 时,表示分布比正态分布更加低平,表明数据的分布比标准的正态分布更加分散。

【例2-9】 利用【例2-2】的数据来计算该组车速观测值的峰态系数。

【解】

根据公式(2-17)计算得：

$$m_4 = \frac{\sum_{i=1}^{n}(x_i - \bar{x})^4}{14} = 20059.69$$

根据公式(2-19)计算得：

$$\beta = \frac{m_4}{\sigma^4} - 3 = \frac{20059.69}{(9.28)^4} - 3 = -0.30$$

$\beta < 0$,说明该车速观测值的分布与标准正态分布的曲线相比更加低平。

2.5 相关性描述

数据的平均值和标准差表示了单一变量的特征,并未揭示多个变量之间可能存在的关系。本节介绍两个变量之间相互关系的统计量。

相关性的概念直接源于另一种关联度量,即协方差。假设 X 和 Y 是两个自由随机变量且都服从正态分布,且均值分别为 μ_X 和 μ_Y,标准差为 σ_X 和 σ_Y。那么两个随机变量 X 和 Y 的总体和样本的协方差可分别表示为:

$$\text{COV}(\mu_X, \mu_Y) = \frac{\sum_{i=1}^{N}(x_i - \mu_x)(y_i - \mu_y)}{N} \tag{2-20}$$

$$\text{COV}(\overline{X}, \overline{Y}) = \frac{\sum_{i=1}^{n}(x_i - \overline{X})(y_i - \overline{Y})}{n-1} \tag{2-21}$$

从式(2-20)和式(2-21)可以看出,X 和 Y 的协方差是 X 与其均值的偏差和 Y 与其均值的偏差的乘积的期望值。当两个变量同向变化时,协方差为正;当两个变量反方向变化时,协方差为负;协方差为零时两个变量不相关。

由于变量 X 和 Y 的范围和单位可能存在不同,因此协方差很难定量解释两个变量之间的线性关联程度。

但是,如果协方差除以标准差,则可以得到取值在 0~1 范围内的度量。该度量称为 Pearson 积矩相关参数或简称相关参数,它传达了有关两个变量之间线性关系强度的清晰信息。X 和 Y 的总体和样本的相关参数分别定义为:

$$\rho = \frac{\text{COV}(X,Y)}{\sigma_X \sigma_Y} \tag{2-22}$$

$$r = \frac{\text{COV}(X,Y)}{s_X s_Y} \tag{2-23}$$

式中,s 是随机变量的标准差。

相关性参数 ρ 是介于 $[-1,1]$ 的度量标准。当 $\rho=0$ 时,两个变量之间没有相关性,这意味着两者之间不存在线性关系,即两个变量是非线性相关。当 $\rho>0$ 时,两个变量之间存在正线性关系,即当一个变量增加时,另一个变量也增加,其速率由参数 ρ 的值给出。在 $\rho=1$ 的情况下,两个变量之间存在"完美"的正斜率直线关系。当 $\rho<0$ 时,两个变量之间存在负线性关系时,即一个变量增加时,另一个变量减少。

2.6 估计量特性

前文计算过程中使用了样本统计量的概念,如样本平均值 $\overline{X}$、方差 s^2 和标准差 s 等,用作了总体参数的估计量。总体参数(通常称为参数)例如总体均值和方差是未知常数。在实际应用中,采用样本均值作为总体均值的估计量,样本方差作为总体方差的估计量,以此类推。然而,样本取值情况存在随机性,对于总体参数的估计存在一定偏差。对于总体参数的统计估计是否合适,需要满足四个重要属性:无偏性、效率性、一致性及充分性。

2.6.1 无偏性

无偏性是指估计量抽样分布的数学期望等于被估计量的总体参数。如果一个总体参数有多个估计量,并且其中一个估计量与未知参数的真实值一致,则该估计量称为无偏估计量。如果估计量的期望值等于它要估计的真实总体参数,则称该估计量是无偏的。假设总体参数为 θ,所选择的估计量为 $\hat{\theta}$,如果 $E(\hat{\theta}) = \theta$,则 $\hat{\theta}$ 是 θ 的无偏估计量。估计量偏离总体参数的任何系统偏差称为偏差,估计量称为有偏估计量。一般而言,无偏估计量优于有偏估计量。

2.6.2 有效性

一个无偏的估计量并不意味着非常接近被估计的参数,它还必须比总体参数的离散度更小。无偏性的性质本身并不是充分的,因为在某些情况下,两个或两个以上的参数估计都是无偏的。估计量的第二个理想特性是有效性。有效性是一个相对属性,是指对于同一个总体参数的两个无偏估计量,方差更小的估计量更有效。比如,假设 $\hat{\theta}_1$ 和 $\hat{\theta}_2$ 是总体参数 θ 的无偏估计量,Var 为方差,如果 $\text{Var}(\hat{\theta}_1) < \text{Var}(\hat{\theta}_2)$,则称 $\hat{\theta}_1$ 比 $\hat{\theta}_2$ 更加有效。如果 $\hat{\theta}_1$ 在所有的无偏估计量中标准差最小,即 $\text{Var}(\hat{\theta}_1) < \text{Var}(\hat{\theta})$,则称 $\hat{\theta}_1$ 是 θ 的有效估计。

2.6.3 一致性

一致性是指随着样本量的增大,点估计的值越来越接近估计总体的参数。也就是说,一个数据量较大的样本得出的估计量要比一个数据量较小的样本得出的估计量更接近样本总体的参数。

一般来说,在一个无限大的样本中,参数估计值与样本真实值的差值都有 $\lim\limits_{n\to\infty} P(|\hat{\theta} - \theta| > c) = 0$,$c$ 为任意常数。这表明随着样本中数据量的无限增大,参数估计量与未知总体参数接近的可能性越来越大,则称 $\hat{\theta}$ 是 θ 的一致估计。例如,$\lim\limits_{n\to\infty} P(|\overline{X} - \mu| > c) = 0$,也就是说,当样本量趋近总体样本数时,样本均值是总体均值的一致估计量。

值得注意的是,一个统计估计量 $\hat{\theta}_1$ 可能不是总体参数 θ 的无偏估计量;但它可能是总体参数的一致估计量。此外,随着样本量 n 的增加,估计量一致的充分条件是它渐近无偏,其方差趋于零。

2.6.4 充分性

如果一个估计量包含数据中关于它估计参数的所有信息,那么它就被认为是充分的。换而言之,如果样本中包含与总体数据 Q 有关的所有信息,则对于 Q 就足够了。

2.7 数据可视化方法

在大数据时代,能够反映数据特征最主要的手段是合适的统计图表,通过这些图表,可以更直观了解数据的特征。在交通领域,统计图可以直观表示道路交通的各种特征,将枯燥的交通流量数据通过合适美观的图像表达出来,便于研究者发现其中的规律,并做进一步的研究分析。常用的统计图表主要为条形图、直方图、箱形图、散点图、折线图和饼图等。

(1)条形图

条形图(Bar Chart)是用宽度相同的矩形的高度或者长短来表示数据量多少的统计图形。

【例2-10】 根据【例2-1】的数据绘制违章行为统计条形图。

【解】

如图 2-1 所示。

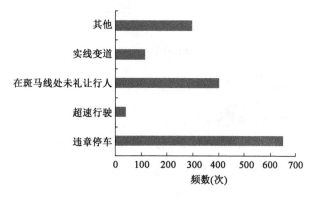

图 2-1　违章行为统计条形图

(2)直方图

直方图(Histogram)又称质量分布图,是一种统计报告图,由一系列高度不等的纵向条纹或线段表示数据分布的情况。一般用横轴表示数据类型,纵轴表示分布情况。直方图是最常用的以频率为数据绘制的对应数据的频率分布图,帮助研究者理解组别之间的差异。

【例2-11】 根据【例2-3】各个速度区间的车速分布绘制车速频率分布直方图。

【解】

如图 2-2 所示。

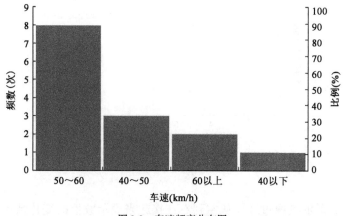

图 2-2　车速频率分布图

(3) 箱形图

箱形图(或箱线图)是一种通过四分位数直观显示数据分布的便捷方式,因形状如箱子而得名。从盒子平行延伸的线被称为"胡须",用于表示上下四分位数之外的可变性。异常值有时被绘制为与须线成一直线的单个点,箱形图可以垂直或水平绘制。

【例 2-12】 根据【例 2-2】的车速情况绘制车速分布箱形图。

【解】

如图 2-3 所示。

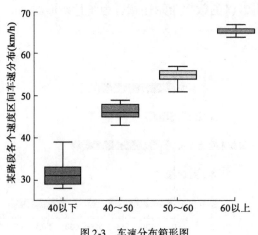

图 2-3 车速分布箱形图

(4) 散点图

散点图是指在回归分析中,数据点在直角坐标系平面上的分布图,方便观察研究变量之间的关系。

【例 2-13】 某段道路连续 12 个星期的平整度测量值数据如下(单位:m/km):4.50,4.74,4.45,4.62,4.79,4.78,4.34,4.91,5.31,5.93,5.84,6.16,绘制道路平整度散点图。

【解】

如图 2-4 所示(横轴表示时间,纵轴表示平整度数据)。

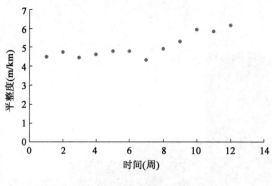

图 2-4 道路平整度散点图

(5) 折线图

折线图是将分散的点通过线段从左到右连接起来表示数值的变化情况及趋势。横轴一般表示时间,因此经常用来表示在相等时间间隔下数据的变化趋势。

【例2-14】 根据【例2-13】的平整度数据绘制道路平整度折线图。

【解】

如图2-5所示(横轴表示时间,纵轴表示平整度数据)。

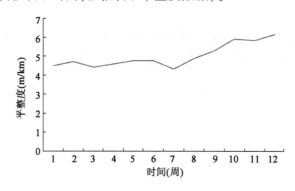

图2-5 道路平整度折线图

(6)饼图

饼图通过将一个圆饼按照分类的占比划分成多个区块,整个圆饼代表数据的总量,每个区块(圆弧)表示该分类占总体的比例大小,所有区块(圆弧)的加总之和等于100%。在饼图中,每个切片的弧长(及其中心角和面积)与其代表的数量成正比。

【例2-15】 根据【例2-1】的数据绘制违章行为比例图。

【解】

如图2-6所示。

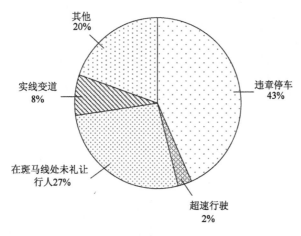

图2-6 违章行为比例图

2.8 本章小结

描述性统计是借助图表或者一些具有特点的数值来描述一组数据或者样本的特点。它是数据收集、处理、汇总、图表描述、概括和分析等统计方法。通过上述方法来找到数据中关键的数据特点去描述数据,更为直观地掌握整体情况。描述性统计的方法常常被应用于交通大数据分析之中,是进行数据分析的基础工作。

本章参考文献

[1] 唐启义.实用统计分析及其DPS数据处理系统[M].北京:科学出版社,2002.
[2] 宇传华.SPSS与统计分析[M].北京:电子工业出版社,2014.

第3章 置信区间与假设检验

置信区间和假设检验是两个对生产生活和交通运输等统计有关的问题进行假设和验证的统计学工具。某一交叉路口发生过一次交通事故是否说明此处存在黑点？交通管制措施的实施会降低车速吗？通过可变信息提示系统发布的路线引导信息是否确实能引导驾驶员规避拥堵？改变公交系统的运营补贴水平是否会改变其运营绩效？为了科学地回答以上这些问题，可引入统计学置信区间和假设检验的思想。

3.1 置信区间

根据样本计算出的特征值——样本均值 $\bar{X}$、样本方差 S^2、标准差 S 等，常用于估计总体参数，即用样本统计量作为总体参数的估计，例如，样本均值 $\bar{X}$ 通常用作总体均值 μ_x 的估计量，样本方差 S^2 是总体方差 σ^2 的估计值，此方法称为点估计法。理想的估计量应满足四个重要的特性：无偏性、有效性、一致性和充分性。

为了弥补点估计的不足，相关学者开始引入新的变量——置信水平，从而形成了区间估计的方法。在样本统计量加上一个区间范围作为总体参数的取值范围，这个范围就是置信区间。而置信水平是构造多次置信区间，其中包含了总体参数的置信区间所占比例。比如，想要估计某条道路路段的平均车速，抽取了 100 个车辆速度样本，这些样本构造了 100 个置信区间，有 95 个包含了总体平均分真实值，这时置信水平为 95%，显著性水平则是 0.05。例如，要估计某路段的平均车速，抽取 100 个车辆速度样本，这些样本构造了 100 个置信区间，有 95 个包含了总体平均分真实值，这时置信水平为 95%，显著性水平则是 0.05。这里的含义是多次抽样得到的置信区间中，有 95% 是包含总体平均分真实值。这里的含义是多次抽样得到的置信区间中，有 95% 是包含总体平均分真实值。常用的置信水平包括 90%、95%、99%。

置信区间的确定取决于对预估结果准确率的要求（即置信水平），区间范围越宽，所对应的准确率也就更高，但对应的可信度也就大大降低。其中最重要的是总体均值的置信区间的求解，主要包括已知总体方差的均值的置信区间、未知总体方差的均值的置信区间、总体比例 p 的置信区间以及总体方差的置信区间。

本节介绍的所有参数估计方法都对样本估计量的概率分布进行了特定假设，或者对样本总体的性质进行了假设。需要注意的是,通常假设总体(和样本)近似呈正态分布,在使用这些方法之前必须进行假设检验,如果不满足这些假设,则应考虑使用非参数估计方法。

置信区间的定义如下:设总体 X 的分布函数 $F(x,\theta)$ 含有一个位置参数 θ,$\theta \in \Theta$(Θ 是 θ 可能取值的范围),对于给定值 $\alpha(0 < \alpha < 1)$,若由来自 X 的样本 $X_1, X_2, \cdots, X_n$ 确定的两个统计量 $\underline{\theta} = \underline{\theta}(X_1, X_2, \cdots, X_n)$ 和 $\overline{\theta} = \overline{\theta}(X_1, X_2, \cdots, X_n)$($\underline{\theta} < \overline{\theta}$),对于任意 $\theta \in \Theta$,满足:

$$P\{\underline{\theta}(X_1,X_2,\cdots,X_n) < \theta < \overline{\theta}(X_1,X_2,\cdots,X_n)\} \geq 1-\alpha \tag{3-1}$$

则称随机区间 $(\underline{\theta}, \overline{\theta})$ 是 θ 的置信水平为 $1-\alpha$ 的置信区间,$\underline{\theta}$ 和 $\overline{\theta}$ 分别称为置信水平为 $1-\alpha$ 的双侧置信区间的置信下限和置信上限,$1-\alpha$ 称为置信水平或置信度,α 称为显著性水平。

3.1.1 已知总体方差均值的置信区间

根据中心极限定理(Central Limit Theorem,CLT)可知,若随机变量 $X_1, X_2, \cdots, X_n$ 独立同分布,并且具有有限的数学期望和方差 $E(X_i) = \mu$,$D(X_i) = \sigma^2 > 0 (i = 0,1,2,\cdots)$,则随机变量之和 $\sum_{i=1}^{n} X_i$ 的标准化变量为:

$$Y_n = \frac{\sum_{i=1}^{n}X_i - E(\sum_{i=1}^{n}X_i)}{\sqrt{D(\sum_{i=1}^{n}X_i)}} = \frac{\sum_{i=1}^{n}X_i - n\mu}{\sqrt{n}\sigma} \tag{3-2}$$

分布函数 $F_n(x)$ 对于任意 x 满足:

$$\lim_{n \to \infty} F_n(x) = \lim_{n \to \infty} P\left\{\frac{\sum_{i=1}^{n}X_i - n\mu}{\sqrt{n}\sigma} \leq x\right\} = \int_{-\infty}^{x} \frac{1}{\sqrt{2\pi}} e^{-t^2/2} dt = \Phi(x) \tag{3-3}$$

该定理说明,当 n 充分大时:

$$\frac{\sum_{i=1}^{n}X_i - n\mu}{\sqrt{n}\sigma} \sim N(0,1) \tag{3-4}$$

将式(3-4)左端改写成 $\dfrac{\frac{1}{n}\sum_{i=1}^{n}X_i - \mu}{\sigma/\sqrt{n}} = \dfrac{\overline{X} - \mu}{\sigma/\sqrt{n}}$,记为 Z^*,则上述结果可写成:当 n 充分大时,

$$Z^* = \frac{\overline{X} - \mu}{\sigma/\sqrt{n}} \sim N(0,1) \text{ 或 } \overline{X} \sim N(\mu, \sigma^2/n) \tag{3-5}$$

也就是说,只要从总体中抽取的独立同分布的样本数量足够大,且总体具有有限的均值 μ 和标准差 σ,无论总体服从什么分布,样本均值 $\overline{X}$ 近似服从均值为 μ、标准差为 $\sigma/\sqrt{n}$ 的正态分布,即 $\overline{X} \sim N(\mu, \sigma^2/n)$。当 $\dfrac{\overline{X}-\mu}{\sigma/\sqrt{n}}$ 近似服从标准正态分布,则 $\dfrac{\overline{X}-\mu}{\sigma/\sqrt{n}} \sim N(0,1)$。

查标准正态分布表可以得出,标准正态随机变量 $Z^* = \dfrac{\overline{X}-\mu}{\sigma/\sqrt{n}}$ 在区间 $[-1.96, 1.96]$ 之

间的概率为 0.95，即

$$P\left\{-1.96 < \frac{\overline{X}-\mu}{\sigma/\sqrt{n}} < 1.96\right\} = 0.95 \tag{3-6}$$

通过一些基本的代数运算，式(3-6)的概率可以用等效的形式表示为：

$$0.95 = P\left\{\frac{-1.96\sigma}{\sqrt{n}} < \overline{X}-\mu < \frac{1.96\sigma}{\sqrt{n}}\right\}$$

$$= P\left\{\overline{X} - 1.96\frac{\sigma}{\sqrt{n}} < \mu < \overline{X} + 1.96\frac{\sigma}{\sqrt{n}}\right\} \tag{3-7}$$

式(3-7)表明，根据从总体中抽取的不同随机样本计算出的大量区间，关于 $\overline{X}$ 的区间 $(\overline{X}-1.96\sigma/\sqrt{n}, \overline{X}+1.96\sigma/\sqrt{n})$ 所对应 μ 的值的概率为 0.95。该区间称为 μ 的 95% 置信区间，它可以简单表示为：

$$\overline{X} \pm 1.96\frac{\sigma}{\sqrt{n}} \tag{3-8}$$

显然，以上是假设 $1-\alpha = 0.95$ 的情况。当显著性水平 α 取 0.1 时，μ 的 90% 置信区间为：

$$\overline{X} \pm 1.645\frac{\sigma}{\sqrt{n}} \tag{3-9}$$

上述 1.96、1.645 分别为 $1-\alpha = 0.95$ 和 $1-\alpha = 0.90$ 前提下标准正态分布的上 α 分位点。

对于标准正态随机变量，设 $X \sim N(0,1)$，若 Z_α 满足条件：

$$P\{X > Z_\alpha\} = \alpha, 0 < \alpha < 1 \tag{3-10}$$

则称点 Z_α 为标准正态分布的上 α 分位点。如图 3-1 所示。

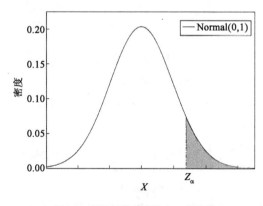

图 3-1 标准正态分布的上 α 分位点

不同显著性水平 α 对应的 Z_α 值如表 3-1 所示。

常见上 α 分位点表　　　　　　　　　　表 3-1

α	0.001	0.005	0.01	0.025	0.05	0.10
Z_α	3.090	2.576	2.326	1.960	1.645	1.282

通常,可以使用任何置信水平来估计置信区间。当置信水平为 $1-\alpha$ 时,$Z_{\alpha/2}$ 为标准正态分布的双侧 α 分位点,即标准正态分布曲线双侧 $\alpha/2$ 面积区域的临界值,如图 3-2 所示。

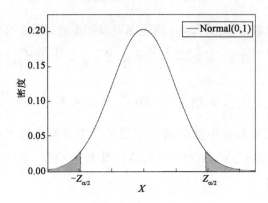

图 3-2 标准正态分布的双侧 α 分位点

因此,置信区间也可以写成:

$$\overline{X} \pm Z_{\alpha/2} \frac{\sigma}{\sqrt{n}} \quad (3-11)$$

由图形的对称性可得:

$$Z_{1-\alpha/2} = -Z_{\alpha/2} \quad (3-12)$$

由于置信水平与置信区间未包含 μ 真值的风险成反比,因此它的范围通常在 0.90 和 0.99 之间,分别反映了不包含真实总体参数的风险水平为 10% 和 1%。

【例 3-1】 在某道路上行驶车辆的速度数据中随机抽取 1296 个样本数据,得到样本均值 $\overline{X}$ 为 58.86km/h,已知总体标准差 σ 为 5.5,求 95% 的置信水平下该道路上平均车速的置信区间。

【解】
计算:

$$1 - \alpha = 0.95$$
$$Z_{\alpha/2} = Z_{0.025} = 1.96$$
$$\overline{X} = 58.86 \quad \sigma = 5.5 \quad n = 1296$$

平均车速的置信区间为:

$$\left[\overline{X} - \frac{\sigma}{\sqrt{n}} Z_{\alpha/2}, \overline{X} + \frac{\sigma}{\sqrt{n}} Z_{\alpha/2}\right] = \left[58.86 - \frac{5.5}{\sqrt{1296}} \times 1.96, 58.86 + \frac{5.5}{\sqrt{1296}} \times 1.96\right]$$
$$= [58.56, 59.16]$$

注:这是一种典型的已知总体方差求均值的置信区间的例子。中心极限定理表明,从均值为 μ、方差为 σ^2 的总体中,抽取足够大的随机样本时,样本均值 $\overline{X}$ 近似服从均值为 μ、标准差为 $\frac{\sigma}{\sqrt{n}}$ 的正态分布。

【例 3-2】 表 3-2 为上海地区某段道路车速的描述性统计表,现希望通过表中的数据计算出该段道路车速均值的 95% 的置信区间。

上海某地区道路车速(km/h)的描述性统计　　　　　表 3-2

统　　　计	值
样本大小(n)	1296
均值(Mean)	58.86
标准差(Std. deviation)	4.41
方差(Variance)	19.51
变异系数(CV,标准差/均值)	0.075
最大值(Maximum)	72.5
最小值(Minimum)	32.6
上四分位数(Upper quartile)	61.5
中位数(Median)	58.5
下四分位数(Lower quartile)	56.4

【解】

首先,进行正态性检验,根据观测数据判断总体是否服从正态分布。如果满足正态性,可以继续进行分析。正态性检验属于假设检验的一种,将在 3.2 节假设检验中详细描述。

样本大小 n 为 1296,样本均值 $\overline{X}$ 为 58.86km/h。假设总体标准差 σ 已知,为 5.5km/h。根据式(3-11),95% 置信水平下的置信区间为:

$$\overline{X} \pm Z_{\alpha/2} \frac{\sigma}{\sqrt{n}} = 58.86 \pm 1.96 \frac{5.5}{\sqrt{1296}} = 58.86 \pm 0.30 = [58.56, 59.16]$$

结果表明,未知总体参数 μ 的 95% 置信区间由 58.86 和 59.16 的上下限组成。这表示真实的和未知的总体参数以平均 95% 的概率位于此区间中的某个位置。由于假设的总体标准差(或数据的误差)较低,本例中置信区间相当"紧密",即可能值的范围相对较小。

假设总体标准差 $\sigma = 5.5$ 不变,则 90% 置信区间为 [58.60, 59.11],而 99% 置信区间为 [58.46, 59.25]。由此可见,随着置信区间变宽,该区间包含真正的未知总体参数的置信度越来越高。

3.1.2　未知总体方差的均值的置信区间

统计量的分布称为抽样分布,有很多统计推断是基于正态分布的假设,以标准正态分布变量为基石而构造的三个著名统计量在实际中有广泛的应用,这是因为这三个统计量不仅有明确背景,而且其抽样分布的密度函数有显式表达式,它们被称为统计中的"三大抽样分布"。这三大抽样分布即著名的 χ^2 分布、t 分布和 F 分布。

设 $X_1, X_2, \cdots, X_n$ 相互独立,且均服从 $N(0,1)$,则称随机变量 $X^2 = X_1 + X_2 + \cdots + X_n$ 服从自由度为 n 的 χ^2 分布。其中期望值 $E(X^2) = n$,方差 $D(X^2) = 2n$,且 χ^2 分布具有可加性,若 $X_1^2 \sim \chi^2(n)$,$X_2^2 \sim \chi^2(m)$,且两者相互独立,则 $X_1^2 + X_2^2 \sim \chi^2(n+m)$。

若 X_1 服从标准正态分布,X_2 服从自由度为 n 的 χ^2 分布,且 X_1、X_2 相互独立,则称变量 $t = X_1/(X_2/n)$ 服从自由度为 n 的 t 分布。其中,期望值 $E(T) = 0$,方差 $D(T) = n/(n-2)$,$n > 2$。

若 X_1 服从自由度为 m 的 χ^2 分布，X_2 服从自由度为 n 的 χ^2 分布，且 X_1、X_2 相互独立，则称变量 $F = (X_1/m)/(X_2/n)$ 所服从的分布为 F 分布，其中第一自由度为 m，第二自由度为 n。其中，期望值 $E(F) = n/(n-2)$，方差 $D(F) = 2n^2(m+n-2)/m(n-2)^2(n-4)$；若 $F \sim F(m,n)$，则 $1/F \sim F(m,n)$；若 $F \sim F(1,n)$，$T \sim T(n)$，则 $F = T^2$。

t 分布是常用三大抽样分布之一。在上小节中，当 σ^2 已知时，统计量 Z^* 构成置信区间估计和假设检验的基础。当 σ^2 未知时，通常会用其无偏估计量 S^2 替换，可得统计量：

$$t^* = \frac{\overline{X} - \mu}{S/\sqrt{n}} \approx t_\alpha(n-1) \tag{3-13}$$

式中，t^* 近似为自由度 $n-1$ 的 t 分布。

t 分布是由吉尼斯啤酒厂的一名员工 W. S. Gossett 发现的，他于 1919 年以笔名"学生"发表了他的著作。Gossett 将此统计量称为 t，由此，该分布就被称为"学生 t 分布（Student's t-distribution）"。t 分布的图形类似于标准正态分布，且与标准正态分布一样，其图形关于 $x = 0$ 对称。细节上，t 分布呈土丘形，而正态分布呈钟形。t 分布较正态分布更离散，其离散程度由 t 分布的自由度决定。样本量（自由度）越大，t 分布就越接近标准正态分布；自由度越小，t 分布的图形就越低越宽。此外，t 分布要求被抽取样本的总体是正态的。如图 3-3 所示描述了自由度分别为 1 和 5 时的 t 分布和标准正态分布。

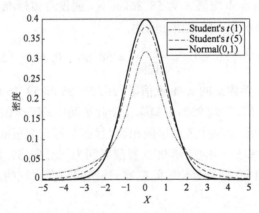

图 3-3　$t(1)$、$t(5)$ 和标准正态分布 $N(0,1)$ 的概率密度函数 $f(x)$

在上一节中，讨论了在已知总体方差时围绕正态总体的均值构造置信区间的过程。但是，在实际情况下，总体方差不易获得，而是根据数据估算。当总体方差未知且总体呈正态分布时，μ 的 $(1-\alpha)$ 置信区间为：

$$\overline{X} \pm \frac{S}{\sqrt{n}} t_{\alpha/2}(n-1) \tag{3-14}$$

式中，S 是估计方差（S^2）的平方根，$t_{\alpha/2}$ 是自由度为 $n-1$ 的 t 分布的双侧 α 分位点。

如图 3-4 所示，由 t 分布图形的对称性，可得：

$$t_{1-\alpha/2}(n) = -t_{\alpha/2}(n) \tag{3-15}$$

当 $n > 45$ 时，对于常用 α 的值，可用正态近似：

$$t_{\alpha/2}(n) \approx Z_{\alpha/2} \tag{3-16}$$

【例 3-3】　继续研究【例 3-2】，计算该路段平均速度的 95% 置信区间。

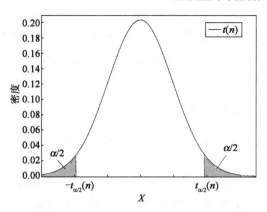

图 3-4 自由度为 n 的 t 分布的双侧 α 分位点

【解】

假设总体方差未知，从样本数据中获得估计值。样本大小为 $n = 1296$，样本均值为 $\bar{X} = 58.86 \text{km/h}$。根据式(3-14)，置信区间为：

$$\bar{X} \pm \frac{S}{\sqrt{n}} t_{\alpha/2}(n-1) = 58.86 \pm \frac{4.41}{\sqrt{1296}} 1.96 = [58.61, 59.10]$$

其中，$t_{\alpha/2}(n-1) = t_{0.025}(1295) \approx Z_{0.025} = 1.96$。

可见，即使 t 分布是在总体方差未知时使用的正确分布，但当 $n \to \infty$ 时，标准正态分布就可以作为 t 分布的充分近似。

【例3-4】 已知某高速公路车速的一组样本数据，样本容量为 1296，样本方差为 19.448，样本均值为 58.86km/h，求在 95% 的置信水平下该道路上平均车速的置信区间。

【解】

计算：

$$1 - \alpha = 0.95 \quad t_{\alpha/2} = t_{0.025}(1295) = 1.96$$

$$\bar{X} = 58.86 \quad S = \sqrt{S^2} = \sqrt{19.448} = 4.41 \quad n = 1296$$

平均车速的置信区间为：

$$\left[\bar{X} - \frac{S}{\sqrt{n}} t_{\alpha/2}, \bar{X} + \frac{S}{\sqrt{n}} t_{\alpha/2} \right] = \left[58.86 - \frac{4.41}{\sqrt{1296}} \times 1.96, 58.86 + \frac{4.41}{\sqrt{1296}} \times 1.96 \right]$$

$$= [58.61, 59.10]$$

注：本例是在总体方差未知为前提下求解均值的置信区间。在大多数抽样情况下，很难获取总体方差，这时可以用样本方差代替总体方差，服从 t 分布。当 n 趋向于无穷大的时候，t 分布收敛于标准正态分布。式中可见，$t_{\alpha/2} = t_{0.025}(1295) = 1.96 = Z_{0.025}$。因此，当样本量足够大时，可以使用正态分布来做区间估计，并且直接用样本方差来代替总体方差。

3.1.3 总体比值 p 的置信区间

在交通领域的定量研究中，除了分析单一特征的区间或分布，有时需要对总体中某些特征的相对频率进行分析,例如公交出行的人数占总出行人数的比例。

在这些例子中,样本大小(人数等)可以视为充分大。当 n 足够大,$np \geq 5$,$nq \geq 5$($q = 1 - p$)时,总体比值 p 的估计值 $\hat{p}$ 近似服从正态分布。抽样分布 $\hat{p}$ 的均值是总体比值 p,标准差为 $\sqrt{pq/n}$。

因此,大样本容量总体比值 p 的 $(1 - \alpha)$ 置信区间为:

$$\hat{p} \pm Z_{\alpha/2} \sqrt{\frac{\hat{p}\hat{q}}{n}} \tag{3-17}$$

其中,被估计的样本比值 $\hat{p}$ 等于样本中被选中的特征的数量除以样本大小 n,$\hat{q} = 1 - \hat{p}$。

【例 3-5】 一家公共交通规划机构希望以 95% 的置信度来估计公共交通用户在每日通勤中的份额(即使用公共交通的通勤者的百分比)。现随机抽取 100 名通勤者作为样本,发现其中 28 人是公交用户,求 p 的 95% 置信区间。

【解】

利用式(3-17),可知:$\hat{p} \pm Z_{\alpha/2}\sqrt{\frac{\hat{p}\hat{q}}{n}} = 0.28 \pm 1.96 \times \sqrt{\frac{0.28 \times 0.72}{100}} = 0.28 \pm 0.088 = [0.192, 0.368]$。

由此,该机构认为公共交通用户的每日通勤率在 19.2%~36.8% 之间的概率有 95%。

【例 3-6】 已知在 100 名随机通行用户中,有 28 位过境用户,过境率为 28%。以 95% 的置信水平估计过境率的置信区间。

【解】

计算:

$$1 - \alpha = 0.95 \quad Z_{\alpha/2} = Z_{0.025} = 1.96$$
$$p = 0.28 \quad n = 100$$

过境率的置信区间为:

$$\left[p - \sqrt{\frac{p(1-p)}{n}} Z_{\alpha/2}, p + \sqrt{\frac{p(1-p)}{n}} Z_{\alpha/2} \right]$$
$$= \left[0.28 - \sqrt{\frac{0.28 \times 0.72}{100}} \times 1.96, 0.28 + \sqrt{\frac{0.28 \times 0.72}{100}} \times 1.96 \right]$$
$$= [0.192, 0.368]$$

结果分析:在大样本情况下,样本比例 π 服从期望值为 p、方差为 $\frac{p(1-p)}{n}$ 的正态分布。

3.1.4 总体方差的置信区间

在交通安全研究中,在许多情况下,研究热点多集中在总体方差或总体标准差上。车速会影响车辆碰撞概率,即碰撞频率与道路上行驶速度的差异有关。车辆之间的速度差异越大,碰撞频率越高,尤其是涉及两辆及以上车辆的碰撞。速度差异过大会导致驾车者超车的频率增加,从而增加多车相撞的概率。研究此类问题需要求出总体方差的置信区间。

在求解未知总体方差的均值的置信区间时,使用了 t 分布,而要求解总体方差的置信区间,需要使用 χ^2 分布。

和 t 分布一样,χ^2 分布也是常用的抽样分布之一,并经常应用于实际情况中。统计理论表明,标准正态变量 Z 的平方服从自由度为 1 的 χ^2 分布。同理,设 $Z_1, Z_2, \cdots, Z_n$ 是 n 个独立的标准正态随机变量,则它们的平方和服从自由度为 n 的 χ^2 分布,即

$$X^2 = \sum_{i=1}^{n} Z_i^2 \approx \chi^2(n) \tag{3-18}$$

X^2 统计量显示 χ^2 分布来自独立正态随机变量的平方和。由于是平方和,Z_i^2 随机变量不能为负,即其下限为 0,因此 χ^2 分布的图形位于第一象限,相比正态分布和 t 分布的图像向右偏移,如图 3-5 所示。

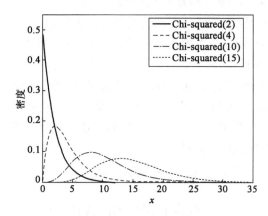

图 3-5　不同自由度下的 χ^2 分布概率密度函数

可见,随着自由度的增加,χ^2 分布逐渐接近正态分布。

此外,因 $Z_i \sim N(0,1)$,故:

$$E(Z_i) = 0 \quad D(Z_i) = 1 \quad E(Z_i^2) = D(Z_i) + [E(Z_i)]^2 = 1 + 0 = 1$$

$$D(Z_i^2) = E(Z_i^4) - [E(Z_i^2)]^2 = 3 - 1 = 2 \quad i = 1.2, \cdots, n$$

于是,

$$E(X^2) = E(\sum_{i=1}^{n} Z_i^2) = \sum_{i=1}^{n} E(Z_i^2) = n$$

$$D(X^2) = D(\sum_{i=1}^{n} Z_i^2) = \sum_{i=1}^{n} D(Z_i^2) = 2n$$

因此,可以得出结论:若 $X^2 \sim \chi^2(n)$,则有:

$$E(\chi^2) = n, D(\chi^2) = 2n \tag{3-19}$$

注:当 $Z_i \sim N(0,1)$,$E(Z_i^4) = 3$,相当于求标准正态分布的四阶原点矩,即求积分 $\int_{-\infty}^{+\infty} x^4 f(x) \mathrm{d}x$,其中 $f(x) = \frac{1}{\sqrt{2\pi}} \mathrm{e}^{-\frac{x^2}{2}}$,$-\infty < x < +\infty$,证明过程略。

χ^2 分布还经常用于检验样本方差是否与总体方差相等。如果 S^2 是从方差为 σ^2 的正态总体中抽取的容量为 n 的随机样本方差,则检验统计量 X^2 近似服从自由度为 $n-1$ 的 χ^2 分布,即

$$X^2 = \frac{(n-1)S^2}{\sigma^2} = \frac{\sum_{i=1}^{n}(X_i - \overline{X})^2}{\sigma^2} \approx \chi_\alpha^2(n-1) \tag{3-20}$$

如果在观测分布和预期分布下都观测到了事件频数,则可以使用 χ^2 分布检验观测频数是否与期望频数相等,也称为拟合优度检验,检验统计量如下:

$$X^2 = \sum_{i=1}^{I}\sum_{j=1}^{J}\frac{(O_i - E_i)^2}{E_i} \approx \chi_\alpha^2[I-1, J-1] \tag{3-21}$$

式中,I 和 J 是二维列联表中的行数和列数,即观测值被分为 $I \times J$ 组;O_i 为 n 次观测值中每组的观测频数;E_i 为每组的理论频数或期望频数。

在多维列联表中,也可以很容易地求出检验统计量,例如,一个多位列联表中可能有 I 行、J 列、K 个元素与每个组相关联。这种情况下,式(3-21)中的自由度变为 $(I-1, J-1, K-1)$。式(3-21)中的预期频数可能是统计独立模型、基于假设统计分布(如正态分布)的频率分布模型或经验分布模型(比较两个经验分布)的结果。

在使用式(3-21)中所示的检验统计量时需要谨慎,因为较小的预期频数会影响检验统计量的可靠性。通常要求 n 充分大,当 $n \geq 50$ 时,检验统计量近似服从 χ^2 分布,且 $E_i = nP_i$ 不得小于5,P_i 为每组的预期频率。若小于5,则将该组与尾区相邻的组合并,直到合并后的组 $E_i \geq 5$,再重新计算检验统计量 X^2。

综上所述,假设总体呈正态分布,σ^2 的置信区间为:

$$\left[\frac{(n-1)S^2}{\chi_{\alpha/2}^2(n-1)}, \frac{(n-1)S^2}{\chi_{1-\alpha/2}^2(n-1)}\right] \tag{3-22}$$

式中,$\chi_{\alpha/2}^2$ 是自由度为 $n-1$ 的 χ^2 分布的上 $\alpha/2$ 分位点,$\chi_{1-\alpha/2}^2$ 是自由度为 $n-1$ 的 χ^2 分布的下 $\alpha/2$ 分位点。即 χ^2 分布图形上,当 $x \geq \chi_{\alpha/2}^2$ 时右侧截尾的面积为 $\alpha/2$,同理,当 $x \leq \chi_{1-\alpha/2}^2$ 时左侧截尾的面积为 $\alpha/2$。

尽管 χ^2 分布(包括 F 分布)的密度函数不对称,但习惯上仍然取对称的分位点,如图3-6所示。

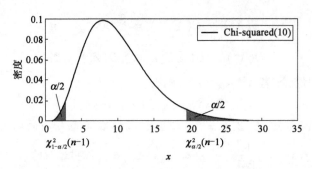

图3-6 χ^2 分布分位点

【例3-7】 已知样本容量 $n = 101$,样本方差为 19.51mph^2,查分布表得 $\chi_{\alpha/2}^2(100) = 129.56$,$\chi_{1-\alpha/2}^2(100) = 74.22$,求路段上的速度方差的95%置信区间。

【解】
由公式可知：

$$\left[\frac{(n-1)S^2}{\chi^2_{\alpha/2}(n-1)},\frac{(n-1)S^2}{\chi^2_{1-\alpha/2}(n-1)}\right]=\left[\frac{100\times19.51}{129.56},\frac{100\times19.51}{74.22}\right]=[15.05,26.02]$$

得出结论，有95%的置信度认为速度方差介于15.05和26.02之间，单位为mph^2。

注：如果n太大，无法通过χ^2分布表查询，则用下式近似代替：

当$n>40$时：

$$\chi^2_{\alpha}(n)\approx\frac{1}{2}\left(Z_{\alpha}+\sqrt{2n-1}\right)^2$$

如本例中：

$$\chi^2_{\alpha/2}(100)=\frac{1}{2}\left(Z_{0.025}+\sqrt{2\times100-1}\right)^2\approx129.07$$

$$\chi^2_{1-\alpha/2}(100)=\frac{1}{2}\left(Z_{0.975}+\sqrt{2\times100-1}\right)^2\approx73.77$$

【例3-8】 已知样本容量为100，样本方差为19.51。以95%的置信水平估计某道路上速度方差的置信区间。

【解】
计算：

$$1-\alpha=0.95\quad\chi^2_{\alpha/2}=\chi^2_{0.025}=129.56\quad\chi^2_{0.975}=74.22$$

$$S^2=19.51\quad n=100$$

该道路上速度方差的置信区间为：

$$\left[\frac{(n-1)S^2}{\chi^2_{\alpha/2}},\frac{(n-1)S^2}{\chi^2_{1-\alpha/2}}\right]=\left[\frac{99\times19.51}{129.56},\frac{99\times19.51}{74.22}\right]=[15.05,26.02]$$

结果分析：该案例求总体方差的置信区间。假设总体服从正态分布，总体方差服从自由度为$n-1$的χ^2分布。在交通安全研究中，学者会把研究方向集中在总体方差上。例如，道路上车速变化是影响撞车概率的一个重要因素，车速方差越大，说明车辆的离散程度越大，发生碰撞事故的概率就越高。

3.2 假设检验

假设检验是用于评估两个或多个组之间的总体参数(均值、方差、比值等)的差异是偶然出现，还是由于其他因素导致。假设检验中以假设"应该发生了什么"为前提，采用统计分布来估计观测样本数据的概率。当观测到的结果在假定条件下极不可能发生时，则认为假定条件不真实或不可信。

3.2.1 假设检验的原理

为了解决存在的交通问题，研究人员必须提出两个完备的统计假设：原假设(无效假设)和备择假设。原假设(通常用H_0表示)是关于一个或多个总体参数的声明，这些参数在有足够的统计证据得出其他结论之前被假定为真。备择假设(通常用 H_a 表示)是对原假设未涵盖的所有情况的声明。原值和备选值构成了一个合集,涵盖了所讨论的一个或多个参数的所有可能值。

假设想探究取消最高限速(National Maximum Speed Limit, NMSL)对路段平均速度的影响,需要收集取消 NMSL 前后代表性的速度数据,从而比较取消 NMSL 前后的速度,来检验前面做的假设。

如果观察到速度增加并不是由随机抽样误差产生的,则研究人员可得出结论:取消 NMSL 会引起车速变化。相反,如果观察前后的速度差异并不显著,并且可以用随机抽样误差来解释,则很难将观察到的速度差异归因于取消 NMSL 的影响。

由于许多交通调查是观察性研究,因此,在后期控制许多可能影响速度的其他因素时比较困难(取消最高限速除外)。这些因素包括车辆行驶里程(Vehicle Miles Traveled, VMT)的变化、驾驶员人数、路侧变化、土地利用变化以及天气等。由于较难控制这些因素,可能会导致将速度变化归因于 NMSL 的取消(而实际上其他因素是造成变化的原因),因此必须尽可能地考虑或控制这些因素。

取消 NMSL 是否对道路平均速度有影响,可以制定以下相互对立的假设:

原假设 H_0:由于 NMSL 的取消,平均速度没有变化。

备择假设 H_a:由于 NMSL 的取消,平均速度发生了变化。

基于两种假设的本质,也可以将原假设 H_0 描述为:样本与总体或样本与样本间的差异是由抽样误差引起的;备择假设 H_a:样本与总体或样本与样本间存在本质差异。

假设检验的目的是确定原假设是否成立,从而拒绝或不能拒绝它。决定拒绝或不能拒绝原假设所依据的样本统计量称为检验统计量。假设检验的性质由提出的问题决定。

统计检验永远无法证明一个统计假设是正确的。在假设检验的语言中,任何特定结果都是确定性程度的证据,范围从几乎不确定到几乎确定,无论统计结果多么接近两个极端,总有与之相反的非零概率,使它们相加的和为 1。也就是说,总会发生"小概率事件"使得假设检验的结果与真实情况不吻合。

如表 3-3 所示,在这种经典的 Neyman-Pearson 方法中,样本空间被划分为两个区域。如果通过检验统计量反映的观测数据落入拒绝域或临界区域,则拒绝原假设。如果检验统计量未落入拒绝域,则不能拒绝原假设。当原假设为真时,拒绝它的概率为 α,即第一类错误,也叫"弃真"错误。当原假设为假时,仍有 β 的机会接受它,即第二类错误,也叫"取伪"错误。因此,正确地拒绝原假设的概率为 $1-\beta$。而犯第一类错误的概率恰好是"小概率事件"发生的概率 α,也称为显著性水平。

假设检验的结果　　　　　　　　　表3-3

检验结果	实际情况	
	H_0 为真	H_0 为假
拒绝	P(第一类错误) = α	决策正确
不能拒绝	决策正确	P(第二类错误) = β

由于概率 α 和 β 都反映了犯错的概率,因此它们越小越好,然而两者之间应进行权衡。基于多种原因,犯第二类错误的概率经常被忽略。此外,α 越小,β 越大。因此,如果 α 非常小,在其

他条件相同的情况下,则代价是犯第二类错误的概率会更高。通常人们基于所提出的研究问题以及犯下相应错误后的后果决定犯哪一类错误最不可取。为了最大限度地同时减小这两种错误发生的概率,在收集数据之前应进行合理的实验设计和保证足够大的样本量。

【例3-9】 一个公司有员工3000人(研究总体),为了检验公司员工工资统计报表的真实性,研究做了50人的随机抽样调查,人均收入的调查结果是:样本均值为871元,样本标准差为21元。能否认为统计报表中人均年收入为880元的数据是真实的(显著性水平$\alpha=0.05$)?

【解】
原假设H_0:调查数据871元与报表数据880元之间没有显著性差异,公司员工工资均值的真实情况为880元。

备择假设H_a:调查数据871元和报表数据880元之间有显著性差异,公司员工工资均值的真实情况不是880元。

α错误主要表现为只抽了一个样本,而个别样本可能存在特殊性,不管抽样多么符合科学抽样的要求,从理论上讲,在3000个员工中随机抽取50人作为调查样本,虽然属于大样本调查,但理论上就存在很多个样本平均数,这样就会由于小概率事件的出现,拒绝了真实的原假设,也就是α错误出现的原因。

【例3-10】 一个公司有员工3000人(研究总体),为了检验公司员工工资统计报表的真实性,研究做了50人的随机抽样调查,人均收入的调查结果是:样本均值为871元,样本标准差为21元。经计算,该公司员工的实际工资不足880元,而是870元,若仍然假设实际工资为880元,求犯β错误的概率。

【解】
原假设H_0:调查数据871元与报表数据880元之间没有显著性差异,公司员工工资均值的真实情况为880元。

备择假设H_a:调查数据和报表之间有显著性差异,公司员工工资均值的真实情况不是880元。

在总体均值为870元和880元两种情况下,分别作出两条正态分布曲线(A和B),如图3-7所示。

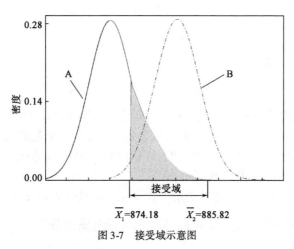

图3-7 接受域示意图

犯 β 错误的概率大小就是相对正态曲线 A 而言阴影部分的面积，$Z_{x1} = 1.41$，$Z_{x2} = 5.59$。

查标准正态分布表知：$\beta = \phi(Z_{x2}) - \phi(Z_{x1}) = 0.08$。

结果表明，平均每100次抽样中，将约有8次把真实情况当作880元被接受，犯 β 错误的概率为0.08。

3.2.2 假设检验的单边检验与双边检验

正如上文所述，不难发现，拒绝域是假设检验的核心，而拒绝域根据不同的需求和目的可分为单边检验和双边检验。

单边检验的目的往往注重检验样本是否相对于某一标准出现偏高或偏低的情况，其根据检验的需求分为右侧单边检验和左侧单边检验。

右侧单边检验的假设形式为：

$$H_0: \mu = \mu_0 \rightarrow H_1: \mu > \mu_0$$

不难理解，右侧单边检验把拒绝域定在了统计量分布的右侧，若给定的显著性水平为 α，则统计量分布右尾的概率应小于等于 α。如图3-8所示，上海地铁的车辆系统故障率越低越好，当车辆系统故障率高于某一阈值时，就要拒绝原假设，认为该辆地铁车组不安全，需要进一步检修。

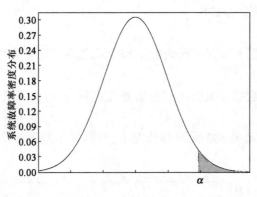

图3-8 右侧单边检验

同理，左侧单边检验的形式为：

$$H_0: \mu = \mu_0 \rightarrow H_1: \mu < \mu_0$$

左侧单边检验把拒绝域定在了统计量分布的左侧，若给定的显著性水平为 α，则统计量分布左尾的概率应为 α。以某区域公交线路为例，公交乘坐率越高越好，当低于某一阈值时，可认为该条公交线设计存在一定的问题，须拒绝原假设，这时拒绝域就在图形的左侧，称为单边左侧检验，检验形式如图3-9所示。

对于正态总体均值为 μ 的双边检验 $H_0: \mu = \mu_0$，在总体方差 σ^2 已知的情况下选择 $Z = \dfrac{\overline{X} - \mu}{\dfrac{\sigma}{\sqrt{n}}}$ 为统计量；根据原假设 $H_0: \mu = \mu_0$ 可画出 Z 统计量的分布。

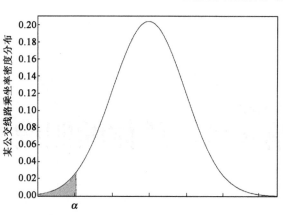

图 3-9 左侧单边检验

3.2.3 假设检验的 P 值

如何判断检验的结果呢？P 值可以较好地反映假设检验的结果，在统计推断中，检验统计量值越大，对应的 P 值越小，就拒绝原假设。P 值是基于犯第一类错误概率 α 来确定假设检验的结果，即如果 P 值小于等于 α，就拒绝原假设。举个例子，如果 P 值为 0.031，α 等于 0.05 时，应拒绝原假设，但是 α 等于 0.01 时，不能拒绝原假设。但要注意的是，当 P 值很小而拒绝原假设时，并不意味着检验结果就有实际意义，假设检验中所说的"显著"仅仅是"统计意义上的显著"。

3.3 本章小结

本章主要讲述了置信区间和假设检验。第一节结合理论和案例，介绍了方差已知和未知情况下，均值的置信区间、总体比值的置信区间以及总体方差的置信区间的求解思路及方法。第二节从三个方面简要讲解了假设检验的基本内容，即假设检验的原理，假设检验的单边检验与双边检验，以及假设检验的 P 值。

本章参考文献

[1] 段力,过秀成,姚崇富,等.不同运行方式下高速公路交通流特征对比[J].交通运输工程与信息学报,2014,12(4):49-53.

[2] 王军虎.统计假设检验中的三个决策准则[J].统计与决策,2021,37(6):56-60.

第4章 总体的假设检验

本章将详细介绍单个总体与多个总体的假设检验。若样本在极端的非正态性下,则应使用非参数方法进行假设检验。

4.1 单个总体的假设检验

在实际的交通数据中,正态分布是最常见的总体分布。在交通领域中使用假设检验的目的是得到总体的具体差异,将差异精确到数值化。

同参数估计相似,总体均值的假设检验同样需要考虑以下几个问题:①总体是否服从正态分布;②样本容量大小;③总体方差是否已知。单个正态总体参数的假设检验可以分为以下几种情况:①方差未知情况下的总体均值假设检验;②总体方差假设检验;③总体比例假设检验。

4.1.1 方差未知情况下的总体均值假设检验

在交通数据中,常用总体均值假设检验方法检验道路上车速、车头时距等参数的均值。若所分析的数据总体服从正态分布,但方差 σ^2 是未知的,便需要使用总体方差的无偏估计量,即样本方差 S^2 来代替 σ^2。检验统计量及其分布可以表示为:

$$t = \frac{\overline{X} - \mu}{S/\sqrt{n}} \sim t(n-1) \tag{4-1}$$

采用服从 t 分布的统计量去检验总体均值的方法称为 t 检验法。具体步骤如下所示:

(1) $H_0: \mu = \mu_0$,$H_1: \mu \neq \mu_0$。若 $|t| \geq t_{\alpha/2}(n-1)$,拒绝 H_0;否则接受 H_0。

(2) $H_0: \mu \leq \mu_0$,$H_1: \mu > \mu_0$。若 $t \geq t_{\alpha}(n-1)$,拒绝 H_0;否则接受 H_0。

(3) $H_0: \mu \geq \mu_0$,$H_1: \mu < \mu_0$。若 $t \leq t_{\alpha}(n-1)$,拒绝 H_0;否则接受 H_0。

t 检验法适用于小样本情况下,总体方差未知时对正态总体均值的假设检验。随着样本容量 n 的增加,t 分布趋近于标准正态分布。

在解决交通问题时,由于小样本分析得到的结论不一定具有普适性,所以一般使用大样本进行分析。因此在大样本情况下($n \geq 30$)且总体方差未知时,对正态总体均值 μ 的检验假设通常近似采用 Z 检验法。根据大样本的抽样分布定理,总体分布形式不明或者为非正态总体时,样本平均数趋近于正态分布。此时检验统计量 Z 中的总体标准差 σ 使用样本标准差 S 来代替,选择检验统计量为:

$$Z = \frac{\overline{X} - \mu}{\sigma/\sqrt{n}} \tag{4-2}$$

【例 4-1】 在 5% 的置信度水平上对某条道路的平均速度是否为 50km/h 进行检验。设样本量大小 $n = 1296$,样本均值 $\overline{X} = 49.61$,样本标准差 $S = 9.18$。

【解】
(1) 假设

$$H_0: \mu = 50 \quad H_1: \mu \neq 50$$

(2) 计算 Z_0 的值

$$Z_0 = \frac{\overline{X} - \mu}{S/\sqrt{n}} = \frac{49.61 - 50}{9.18/\sqrt{1296}} = -1.53$$

(3) 决策

显著性水平 $\alpha = 0.05$,查表得临界值 $Z_{\alpha/2} = 1.96$。由于前一步计算得到 $Z_0 = -1.53 > -1.96$,故不拒绝零假设,即认为该条道路的平均速度是 50km/h。

若是小样本的情况,可将样本容量 n 改为 25,其他条件不变,使用 t 统计量进行总体均值的检验。

(1) 假设

$$H_0: \mu = 50 \quad H_1: \mu \neq 50$$

(2) 计算 Z_0 的值

$$Z_0 = \frac{\overline{X} - \mu}{S/\sqrt{n}} = \frac{49.61 - 50}{9.18/\sqrt{25}} = -0.21$$

(3) 决策

显著性水平 $\alpha = 0.05$,查表得临界值 $Z_{\alpha/2} = 2.03$。由于前一步计算得到 $Z_0 = -0.21 > -2.03$,故不拒绝零假设,即可认为该道路的平均速度是 50km/h。

由此可见,大样本与小样本分别需要不同的统计量进行检验。

4.1.2 总体方差假设检验

总体方差 σ^2 是由样本方差 S^2 来估计的,单个总体方差的检验假设采用 χ^2 检验法。根据抽样分布理论,检验统计量为:

$$\chi^2 = \frac{(n-1)S^2}{\sigma_0^2} \sim \chi^2(n-1) \tag{4-3}$$

给定显著性水平 α,即:

(1) $H_0: \sigma^2 = \sigma_0^2$,$H_1: \sigma^2 \neq \sigma_0^2$。当假设 $\chi^2 \geq \chi_{\alpha/2}^2(n-1)$ 或 $\chi^2 \leq \chi_{1-\alpha/2}^2(n-1)$,拒绝 H_0;否则接受 H_0。

(2) $H_0: \sigma^2 \leq \sigma_0^2$,$H_1: \sigma^2 > \sigma_0^2$。若 $\chi^2 \geq \chi_{\alpha}^2(n-1)$,拒绝 H_0;否则接受 H_0。

(3) $H_0: \sigma^2 \geq \sigma_0^2$,$H_1: \sigma^2 < \sigma_0^2$。当假设 $\chi^2 \leq \chi_{1-\alpha}^2(n-1)$ 时拒绝 H_0;否则接受 H_0。

【例 4-2】 在 5% 的置信度水平上对某条道路上车速的方差是否大于 60 进行检验。设

样本量大小 $n=100$，样本方差 $S^2=56.62$。

【解】
(1) 假设

$$H_0: \sigma^2 \leq 60 \quad H_1: \sigma^2 > 60$$

(2) 计算 χ_0 的值

$$\chi_0^2 = \frac{(n-1)S^2}{\sigma^2} = \frac{(100-1) \times 56.62}{60} = 93.423$$

(3) 决策

显著性水平 $\alpha=0.05$，查表得临界值 $\chi_{\alpha/2}^2(99)=124.34$。由于前一步计算得到 $\chi_0^2=93.423<124.34$，故不能拒绝零假设，即可认为该条道路上车速的方差 $S^2 \leq 60$。

4.1.3 总体比例假设检验

假设需要对道路上通行车辆的某车型比例、超载率等参数进行检验，可使用总体比例假设检验。总体比例假设检验是检验总体单位中含有某种特征的单位数所占的比值。由中心极限定理可知，若样本比例服从二项分布，则在大样本情况下近似服从正态分布。因此总体比例假设检验通常是在大样本情况下进行的，并采用 Z 检验法进行检验。由于 N 一般都很大，总体方差 $\frac{NP(1-P)}{N-1}$ 可简化为 $P(1-P)$。因此，当原假设为真时，构造检验统计量为：

$$Z = \frac{p-P_0}{\sqrt{\frac{P_0(1-P_0)}{n}}} \sim N(0,1) \tag{4-4}$$

给定显著性水平 α，有以下几种情况：

(1) $H_0: P = P_0, H_1: P \neq P_0$。若 $|Z|>Z_{\alpha/2}$，拒绝 H_0；否则接受 H_0。
(2) $H_0: P \leq P_0, H_1: P > P_0$。若 $Z>Z_{\alpha}$，拒绝 H_0；否则接受 H_0。
(3) $H_0: P \geq P_0, H_1: P < P_0$。若 $Z<-Z_{\alpha}$，拒绝 H_0；否则接受 H_0。

【例 4-3】 在 5% 的置信度水平下检验某条道路上通行车辆的过境率是否大于 20%。设样本量大小 $n=100$，样本中过境率为 28%。

【解】
(1) 假设

$$H_0: P \leq 0.20, H_1: P > 0.20$$

(2) 计算 Z_0 的值

$$Z_0 = \frac{p-P_0}{\sqrt{\frac{P_0(1-P_0)}{n}}} = \frac{0.28-0.2}{\sqrt{\frac{0.2 \times 0.8}{100}}} = 2$$

(3) 决策

显著性水平 $\alpha=0.05$，查表得临界值 $Z_{\alpha}=1.645$。由于前一步计算得到 $Z_0=2>1.645$，故拒绝零假设，即认为通行车辆过境率超过 20%。

4.2 两个总体的比较

上一节中讨论了关于单个正态总体参数的检验假设问题。在实际问题中,通常还需要比较不同道路的车速、车头时距等数据,用于分析评价不同道路的交通流特征。本节介绍了两个总体间进行比较的方法,目的在于看两者间是否有显著差异。

4.2.1 独立样本总体均值之差的检验

假设两个正态总体 $N(\mu_1,\sigma_1^2)$ 和 $N(\mu_2,\sigma_2^2)$ 的两组相互独立的样本均值分别为 $\overline{x_1}$、$\overline{x_2}$,样本方差分别为 s_1^2、s_2^2,样本容量分别为 n_1、n_2。对于两个总体均值之差 $\mu_1-\mu_2$ 的假设检验,同样也需要考虑总体的分布形式、总体方差是否为已知,以及考虑样本容量大小来选择检验统计量。

构建检验统计量:

$$Z = \frac{(\overline{x_1}-\overline{x_2})-(\mu_1-\mu_2)}{\sqrt{\frac{\sigma_1^2}{n_1}+\frac{\sigma_2^2}{n_2}}} \sim N(0,1) \qquad (4-5)$$

当两个正态总体 σ_1^2、σ_2^2 已知时,给定显著性水平 α,检验规则如下:
(1) $H_0:\mu_1=\mu_2$,$H_1:\mu_1\neq\mu_2$。若 $|Z|\geq Z_{\alpha/2}$,拒绝 H_0;否则接受 H_0。
(2) $H_0:\mu_1\leq\mu_2$,$H_1:\mu_1>\mu_2$。若 $Z\geq Z_\alpha$,拒绝 H_0;否则接受 H_0。
(3) $H_0:\mu_1\geq\mu_2$,$H_1:\mu_1<\mu_2$。若 $Z\leq -Z_\alpha$,拒绝 H_0;否则接受 H_0。
若两个正态总体 σ_1^2、σ_2^2 未知,则使用 s_1^2、s_2^2 作为估计值。

【例 4-4】 在5%的置信度水平下检验废除某条交通规则是否会对该道路上车辆的平均速度产生影响。采集废除交通规则前的数据744条,废除交通规则后的数据552条。对应的平均速度分别为57.65km/h 和60.48km/h,样本方差分别为16.4和19.1。

【解】
(1)假设
$$H_0:\mu_1=\mu_2, H_1:\mu_1\neq\mu_2$$
(2)计算 Z_0 的值
$$Z_0 = \frac{(\overline{x_1}-\overline{x_2})-(\mu_1-\mu_2)}{\sqrt{\frac{s_1^2}{n_1}+\frac{s_2^2}{n_2}}} = \frac{(60.48-57.65)-0}{\sqrt{\frac{19.1}{552}+\frac{16.4}{744}}} = 11.89$$

(3)决策
显著性水平 $\alpha=0.05$,查表得临界值 $Z_{\alpha/2}=1.96$。由于前一步计算得到 $Z_0=11.89>1.96$,故拒绝零假设,即可认为废除交通规则对速度有影响。

以上讨论的是大样本情况,即 $n_1\geq 25$ 且 $n_2\geq 25$。当为小样本时,需要使用自由度为 df 的 t 分布。t 分布的自由度由下式给出:

$$df = \frac{(s_1^2/n_1 + s_2^2/n_2)^2}{\frac{(s_1^2/n_1)^2}{n_1 - 1} + \frac{(s_2^2/n_2)^2}{n_2 - 1}}$$

4.2.2 配对样本总体均值之差的检验

配对样本 t 检验是利用来自两个总体的配对样本推断两个总体的均值是否存在显著性差异。配对样本 t 检验与独立样本 t 检验的差别之一是要求样本是配对的。所谓配对样本可以是个案在"前""后"两种状态下某属性的两种不同特征,也可以是对某事物两个不同侧面的描述。其差别在于抽样不是相互独立的,而是相互关联的。

与独立样本相比,配对样本具有两个显著优势:①减少样本容量;②最大限度地排除无关因素对研究目标的干扰,使两个总体(实验组与对照组)具有更高、更准确的可比性。配对样本通常具有两个显著特征:①两组样本的样本数相同;②两组样本观测值先后为一一对应。

在配对样本总体均值之差的检验中,使用 μ_d 来表示两个总体的均值差异,相关的检验统计量如下:

$$t = \frac{\bar{d} - \mu_d}{s_d/\sqrt{n}} \sim t(n-1) \tag{4-6}$$

式中,$\bar{d}$ 为每对观测值之间的平均样本差异,s_d 为这些差异的样本标准差,n 为所观测的对的个数。

【例 4-5】 检验 A、B 两家快递公司的送货速度,随机选择一些需要发往其他城市的邮件,让 A、B 这两家快递公司分别投送,送货所需时间如表 4-1 所示。在 5% 的置信度水平下比较两家快递公司的送货速度是否有显著性差异。

快递公司送货时间表 表 4-1

目的地	A 送货时间(h)	B 送货时间(h)	时间差异
1	32	25	7
2	30	24	6
3	19	15	4
4	16	15	1
5	15	13	2
6	18	15	3
7	14	15	−1
8	10	8	2
9	7	9	−2

【解】

(1) 假设

$$H_0: \mu_d = 0 \quad H_1: \mu_d \neq 0$$

(2) 计算 t_0 的值

$$t_0 = \frac{\bar{d} - \mu_d}{s_d/\sqrt{n}} = \frac{2.7 - 0}{2.9/\sqrt{10}} = 2.94$$

(3) 决策

显著性水平 $\alpha = 0.05$，查表得临界值 $t_{\alpha/2} = 2.262$。由于前一步计算得到 $t_0 = 2.94 > 2.262$，故拒绝零假设，即认为两家快递公司的送货速度有显著性差异。

4.2.3 两个总体比例之差的检验

此方法与单个总体的比例检验相似，但是目标从单个总体转为两个总体比例之差的比较。

两个总体比例之差的假设检验也需要考虑以下三种类型：

(1) $H_0: \pi_1 = \pi_2, H_0: \pi_1 \neq \pi_2$。
(2) $H_0: \pi_1 \leq \pi_2, H_0: \pi_1 > \pi_2$。
(3) $H_0: \pi_1 \geq \pi_2, H_0: \pi_1 < \pi_2$。

当样本数量足够大时，两个样本比例之差 $p_1 - p_2$ 近似地服从正态分布，当两个总体比例之差为 0，对应类型 (1)，即 $H_0: \pi_1 = \pi_2$ 且 $H_0: \pi_1 \neq \pi_2$ 时，以 Z 作为检验统计量：

$$Z = \frac{(p_1 - p_2) - 0}{\sqrt{p(1-p)\left(\dfrac{1}{n_1} + \dfrac{1}{n_2}\right)}} \tag{4-7}$$

其中 p 为 p_1 和 p_2 良好的估计值，综合两样本的信息给出，即：

$$p = \frac{x_1 + x_2}{n_1 + n_2}$$

若两总体比例之差为常数 c，则对应另外两种类型，此时：

$$Z = \frac{(p_1 - p_2) - c}{\sqrt{\dfrac{p_1(1-p_1)}{n_1} + \dfrac{p_2(1-p_2)}{n_2}}}$$

以上两种情况反映了几种不同类型原假设的根本区别。对于类型 (1)，即两个总体比例之差为 0 的情况，p_1 和 p_2 被假设为同一总体中提取出的样本比例。对于类型 (2) 和 (3)，即两个总体比例之差不为 0 的情况，p_1 和 p_2 被假设为两个不同总体中提取出的样本比例。

【例 4-6】 为了解两条道路上一小时内通过的私人小汽车比例是否存在差异，调查了 A 道路一小时通过车辆 378 辆，其中私人小汽车 342 辆，B 道路一小时通过车辆 396 辆，其中私人小汽车 313 辆。在 5% 的置信度水平下比较两条道路上一小时内通过的私人小汽车占比是否有显著性差异。

【解】

(1) 假设

$$H_0: P_1 - P_2 = 0; H_1: P_1 - P_2 \neq 0$$

(2) 计算 Z_0 的值

$$Z_0 = \frac{(p_1 - p_2) - 0}{\sqrt{p(1-p)\left(\dfrac{1}{n_1} + \dfrac{1}{n_2}\right)}} = \frac{0.905 - 0.790 - 0}{\sqrt{\dfrac{0.905(1 - 0.905)}{378} + \dfrac{0.790(1 - 0.790)}{396}}} = 4.423$$

(3)决策

显著性水平 $\alpha = 0.05$,查表得临界值 $Z_{\alpha/2} = 1.96$。由于前一步计算得到 $Z_0 = 4.423 > 1.96$,故拒绝零假设,即认为两条道路上一小时内通过的私人小汽车占比有显著性差异。

4.2.4 两个正态总体方差比的检验

假设两个总体方差分别为 σ_1^2 和 σ_2^2,对应的样本方差分别为 s_1^2 和 s_2^2,检验的目的是判断两个总体方差是否相等。当两个总体同为正态总体时,可构造检验统计量为:

$$F = \frac{s_1^2}{s_2^2} \tag{4-8}$$

它服从分子自由度为 $n_1 - 1$、分母自由度为 $n_2 - 1$ 的 F 分布。

对于给定的显著性水平 α,可建立如下假设。

(1) $H_0: \sigma_1^2 = \sigma_2^2$,$H_1: \sigma_1^2 \neq \sigma_2^2$。若 $F < F_{1-\alpha/2}$ 或 $F > F_{\alpha/2}$,拒绝 H_0;否则接受 H_0。

(2) $H_0: \sigma_1^2 \geq \sigma_2^2$,$H_1: \sigma_1^2 < \sigma_2^2$。若 $F < F_{1-\alpha}$,拒绝 H_0;否则接受 H_0。

(3) $H_0: \sigma_1^2 \leq \sigma_2^2$,$H_1: \sigma_1^2 > \sigma_2^2$。若 $F > F_\alpha$,拒绝 H_0;否则接受 H_0。

【例 4-7】 在 5% 的置信度水平下检验废除某条交通规则是否会对该道路上车辆的速度方差产生影响。废除交通规则前采集数据 744 条,废除交通规则后采集数据 552 条。交通规则废除前和废除后的样本方差分别是 16.4 和 19.1。

【解】

(1)假设

$$H_0: \sigma_1^2 = \sigma_2^2, H_1: \sigma_1^2 \neq \sigma_2^2$$

(2)计算 F 的值

$$F_{(551,743)} = \frac{s_1^2}{s_2^2} = \frac{19.1}{16.4} = 1.16$$

(3)决策

显著性水平 $\alpha = 0.05$,查表得临界值 $F_{\alpha/2}(551,743) = 1$。由于前一步计算得到的 $F_{(551,743)} = 1.16 > 1$,故拒绝零假设,即认为交通规则的废除对速度方差有影响。

4.3 非参数检验方法

在之前的章节中,进行假设检验的前提是已知总体分布类型。而在给定或假定总体分布形式的基础上对总体的未知参数进行估计或者检验,通常称之为参数统计(Parametric Statistics)。

但在许多情况下,难以全面获取研究总体的数据,要给出或假设总体的分布十分困难;或总体分布并不满足假定的前提,参数统计方法就不再适用,需要使用非参数统计方法。非参数统计(Nonparametric Statistics)一般不涉及总体参数,也不依赖于对总体分布做出的假定,仅依据数据的顺序量、等级资料即可进行统计推断,从而在实际中得到了广泛的应用。因此,本节介绍统计上常用的不依赖于总体分布的检验——非参数检验方法。

非参数检验与参数检验相比,具有以下特点:

(1) 非参数检验适用于定类测量数据(如道路交通是否拥堵)或定序测定数据(如路段车流量分为甲、乙、丙、丁等不同等级)。因此,非参数检验方法不但可以对现象进行定量分析和研究,还能对交通问题中的车辆安全性能、驾驶员的路线选择偏好等分类信息进行分析研究。当参数统计的假定得到满足,并且样本数据可以用比较精确的定距测定或定比测定进行测度时,就应该使用参数统计方法,这样会使已经收集到的信息得以充分利用。

(2) 非参数检验方法不仅易于理解、计算简便,还不需考虑数据的排列顺序。例如,当检验的目的是确定一种结果比另一种好,而获得的数据又无法用参数检验时,就可使用非参数检验中的符号检验。同时,由于非参数检验使用定名测定或定序测定,使数据更易搜集,并能迅速给出答案,因此可用于预先调查、示范调查。但是,当样本容量增大时,非参数检验所需的计算也较为烦琐。

由于非参数检验方法条件容易得到满足,因此能在广泛的基础上得出更加普遍性的结论。

4.3.1 符号检验

符号检验法(Sign Test)是一种最为简单的非参数检验方法,无须知道被检验量的分布规律,仅根据某种特定的正负号数目多少来对某种假设做出检验,非常直观、简便,常被用于检验总体的均值、中位数等参数是否为某一数值,或判断总体分布有无变化。尤其在交通领域,常会碰到一些无法用数字描述的问题,这时符号检验法就是一种简单且有效的检验方法。

例如,研究出行者是否更喜欢通过地铁出行,而不是通过公交车出行。此时确定假设:

$$H_0: p = 0.50, H_1: p \neq 0.50$$

如果不能拒绝 H_0,则表明没有证据证明两种出行方式之间的偏好具有显著性差异。若可以拒绝,就能得出结论,对于这两种出行方式,出行者的选择具有选择性差异。符号使用的逻辑相当简单,如果表示选择地铁,则使用加号(+),如果选择公交车,则使用减号(−)。因为数据是使用正负号进行记录的,所以被称作符号检验。

在 H_0 为真的情况下,符号数遵循 $p = 0.50$ 的二项分布,必须参考二项分布表来找到临界值。但对于大样本($n > 20$)来说,加号的数量(用 x 表示)可以近似看作正态概率分布,其均值和标准差分别由式(4-9)和式(4-10)给出,即:

$$E(+) = 0.50n \tag{4-9}$$

$$\sigma_{(+)} = \sqrt{0.25n} \tag{4-10}$$

大样本检验统计量由下式给出:

$$Z = \frac{x - E(+)}{\sigma_{(+)}} \tag{4-11}$$

【例 4-8】 为确定驾驶员出行信息的获取方式上是否存在显著差异,通过问卷,调查了 200 名驾驶员的信息获取方式,其中 72 名驾驶员喜欢通过电脑获取出行信息,103 名驾驶员喜欢通过手机获取出行信息,其余25名驾驶员表示这两种方法都可以。

【解】

(1)假设

$$H_0：两种方法无差异，H_1：两种方法有显著差异$$

(2)计算 Z_0 的值

$$Z_0 = \frac{x - E(+)}{\sigma_{(+)}} = \frac{72 - 0.5 \times 175}{\sqrt{0.25 \times 175}} = -2.35$$

(3)决策

显著性水平 $\alpha = 0.05$,查表得临界值 $Z_{\alpha/2} = 1.96$。由于前一步计算得到的 $Z_0 = -2.35 < -1.96$,故拒绝零假设,即认为两种方法有显著差异。

4.3.2 中位数检验

中位数检验在交通领域适用范围较广,例如可用于出行者对出行方式选择的检验。中位数分割的规则设定为50%的值在中位数或以上,50%在中位数或以下。在检验过程中,只要样本中的数据高于或低于中位数的假设值,可通过简单地指定一个加号或一个减号来应用符号检验。任何与中位数假设值完全相等的数据则被舍弃。符号检验的计算方法与上一节所述完全相同。

【例4-9】 调查62辆集装箱货车的载质量,其中34辆载质量大于35t,26辆载质量小于35t,2辆载质量为35t。总体中集装箱货车的载质量的中位数是否为35t。

【解】

(1)假设

H_0：集装箱货车载质量的中位数是35t;

H_1：集装箱货车载质量的中位数不是35t。

(2)计算 Z_0 的值

$$Z_0 = \frac{x - E(+)}{\sigma_{(+)}} = \frac{34 - 0.5 \times 60}{\sqrt{0.25 \times 60}} = 1.03$$

(3)决策

显著性水平 $\alpha = 0.05$,查表可得临界值 $Z_{\alpha/2} = 1.96$。由于 $Z_0 = 1.03 < 1.96$,故不能拒绝零假设,即认为集装箱货车的载质量中位数是35t。

4.3.3 曼-惠特尼 U 检验

曼-惠特尼 U 检验由 H. B. Mann 和 D. R. Whitney 于1947年提出,又称"曼-惠特尼秩和检验"。它假设两个样本分别来自除了总体均值以外完全相同的两个总体,目的是检验这两个总体的均值是否有显著的差别,可以看作为两均值之差的 T 检验或相应的大样本正态检验的替代方法。由于这一检验明确地考虑了每一个样本中各测定值的秩,所以它比符号检验法使用的信息更多,并且在分析问题时可以得到更精确、更具体的结果,前面所述的例4-5就是此方法在交通问题上的应用,我们还可以去检验两条不同的道路上车速是否有显著差异。

该方法的具体步骤如下：

(1)将两组数据混合,并按照从小到大顺序标注等级,最小的数据等级为1,其次记为2,以此类推(若有数据相等的情形,则取这几个数据排序的平均值作为其等级)。

(2)分别求出两样本的等级,并定义 R_1 为样本1的等级的总和, R_2 为样本2的等级的总和。

(3)计算曼-惠特尼 U 检验统计量, n_1 为样本1的量, n_2 为样本2的量。

$$U_1 = n_1 n_2 + \frac{n_1(n_1 + 1)}{2} - R_1 \tag{4-12}$$

$$U_2 = n_1 n_2 + \frac{n_2(n_2 + 1)}{2} - R_2 \tag{4-13}$$

选择 U_1 和 U_2 中最小者与临界值 U_α 比较,当 $U < U_\alpha$ 时,拒绝 H_0；否则接受 H_0。

在零假设为真的情况下,随机变量 U 的均值和标准差分别为：

$$E(U) = \frac{n_1 n_2}{2} \tag{4-14}$$

$$\sigma_U = \sqrt{\frac{n_1 n_2 (n_1 + n_2 + 1)}{12}} \tag{4-15}$$

在大样本情况下,检验统计量由下式给出：

$$Z = \frac{U - E(U)}{\sigma_U} \tag{4-16}$$

(4)判断。假设第一个总体的均值为 μ_1 ,第二个总体的均值为 μ_2 ,则有：

① $H_0:\mu_1 = \mu_2, H_1:\mu_1 \neq \mu_2$。若 $Z > -Z_{\alpha/2}$,拒绝 H_0；否则接受 H_0。

② $H_0:\mu_1 \geq \mu_2, H_1:\mu_1 \leq \mu_2$。若 $Z > Z_\alpha$,拒绝 H_0；否则接受 H_0。

③ $H_0:\mu_1 \leq \mu_2, H_1:\mu_1 \geq \mu_2$。若 $Z < -Z_\alpha$,拒绝 H_0；否则接受 H_0。

4.3.4 配对样本的 Wilcoxon 符号秩检验

上一节中讲到曼-惠特尼 U 检验适用于处理独立样本,本节所讲的 Wilcoxon(即威尔科克森)符号秩检验又称为威尔科克伦代符号的等级检验,由威尔科克森于1945年提出,适用于比较两个成对的总体。这一方法由于是在观测数据的符号检验基础上发展起来的,因此相较于传统的单独用正负号检验更为有效。

Wilcoxon 符号秩检验不仅利用了观测值和原假设中心位置的差的正负,还利用了差值大小的信息。它把观测值和零假设的中心位置之差的绝对值的秩分别按照不同的符号相加作为其检验统计量。在成对数据之间的差异不是正态分布的情况下,该检验是成对观测值进行 T 检验的良好替代方法。

该方法具体步骤如下：

(1)求出成对观测值的差值 d_i ,并将 d_i 的绝对值按大小顺序标注等级(即曼-惠特尼 U 检验)。

(2)恢复正负号,分别求出正等级之和 $T+$ 和负等级 $T-$,选择较小的一个作为 Wilcoxon 检验统计量 T,由下式给出:

$$T = \text{MIN}[\sum(+), \sum(-)] \quad (4\text{-}17)$$

(3)决策。给定显著性水平 α 并查表得临界值 T_α,若 $T < T_\alpha$,拒绝 H_0。随着样本量的增加,统计量的分布近似为正态分布,当观测值数量 $n \geqslant 25$ 对时,统计量 T 的均值与标准差分别表示为:

$$E(T) = \frac{n(n+1)}{4} \quad (4\text{-}18)$$

$$\sigma_T = \sqrt{\frac{n(n+1)(2n+1)}{24}} \quad (4\text{-}19)$$

大样本检验统计量 Z 由下式给出:

$$Z = \frac{T - E(T)}{\sigma_T} \quad (4\text{-}20)$$

当 $Z < -Z_\alpha$(单侧检验)或 $Z < -Z_{\alpha/2}$(双侧检验)时,拒绝 H_0。

4.3.5 Kruskal-Wallis 检验

Kruskal-Wallis(即克鲁斯卡尔-沃利斯)检验是用于检验两个以上样本是否来自同一个概率分布的一种非参数方法,又称作"K-W 检验""H 检验"等。其中被检验的几个样本必须是独立或者不相关的,与此检验相似的参数检验为单因素方差分析,因此可将 K-W 检验看作"非参数检验的方差分析",不同的是 K-W 检验并不假设样本来自正态分布。确定假设如下:

H_0:所有样本的中位数(平均值)相同;

H_1:至少两个样本的中位数(平均值)不同。

零假设是各样本服从概率分布具有相同的中位数,零假设被拒绝则表示至少一个样本概率分布的中位数不同于其他样本。K-W 检验的缺点在于未识别出这些差异发生在哪些样本之间以及差异的大小。

该方法具体步骤如下:

(1)将各样本全部的 $N = \sum_{i=1}^{k} n_i$ 个观测值按照递增顺序排列。

(2)以 $R_i(i=1,\cdots,k)$ 表示第 i 个样本的 n_i 个观测值 $X_1,\cdots,X_{n_i}$ 在此排列中的秩的和。

(3)计算统计量:

$$W = \frac{12}{N(N+1)} \sum_{i=1}^{k} \frac{R_i^2}{n_i} - 3(N+1) \quad (4\text{-}21)$$

(4)对于大样本 $n_i \geqslant 5$,检验统计量在零假设下的分布近似自由度为 $k-1$ 的卡方分布。对于给定的显著性水平 α,若 $W > \chi^2_{k-1;\alpha}$,则拒绝 H_0。

若 H_0 被拒绝,则需要探究哪些样本不同的问题。假设有样本 i 和样本 j,平均等级计算如下:

$$\overline{R_i} = \frac{R_i}{n_i}, \overline{R_j} = \frac{R_j}{n_j} \quad (4\text{-}22)$$

R_i 和 R_j 分别表示样本 i 和 j 的秩的和。定义检验统计量 D 为它们之间的差值的绝对值。D 表示如下：

$$D = |\bar{R}_i - \bar{R}_j| \tag{4-23}$$

定义临界值 c_{KW} 将 D 与其相比较。c_{KW} 表示如下：

$$c_{\text{KW}} = \sqrt{\chi^2_{k-1;\alpha}\left[\frac{N(N+1)}{12}\right]\left(\frac{1}{n_i} + \frac{1}{n_j}\right)} \tag{4-24}$$

式中，$\chi^2_{k-1;\alpha}$ 为初次测试时使用的卡方分布的临界值。给定显著性水平 α，当且仅当 $D > c_{\text{KW}}$ 时，拒绝 H_0。

4.3.6 卡方拟合优度检验

一般来说，卡方检验代指皮尔森卡方检验。在进行卡方检验时，研究人员将观察量的值划分成若干互斥的分类，使用零假设去说明观察量的值落入不同分类的概率分布，使用卡方检验的目的便是衡量这一假设对观察结果的反映程度。通过判断期望总数与观察频率是否存在显著差异，对分类数据进行分析。确定假设：

H_0：期望频率与观测频率一致；H_1：期望频率与观测频率不一致。

假设某交通部门为了了解事故发生概率是否与时间有关，就一个片区进行一周的统计得到每天发生的事故次数。若事故发生概率与时间无关，则零假设为每天发生事故的概率皆为 $1/7$，备择假设为事故发生概率与时间有关。只要期望频数与观测频数不符就可以拒绝零假设，判断事故发生概率与时间无关。

该方法具体步骤如下：

(1) 将观测值分为 k 组，计算 n 次观测值中每组的观测频率，记为 P_i，以及每组的观测频数，记为 O_i。

(2) 根据总体分布情况，计算每组的期望频数 E_i。

(3) 检验 O_i 与 E_i 的差异显著性，即为卡方距离，来判断两者之间的不符合度。$n \geq 50$ 时，所定义的检验统计量近似服从卡方分布，$E_i = nP_i$ 不得小于 5，否则将尾区相邻组合并，直到合并后的 $E_i \geq 5$，再计算卡方值。卡方距离表示如下：

$$X^2 = \sum_{i=1}^{k} \frac{(O_i - E_i)^2}{E_i} \tag{4-25}$$

(4) 给定显著性水平 α，查表得临界值为 X^2_α。若 $X^2 > X^2_\alpha$，表明实际观测频数与期望频数差异显著，或者可以说明检验总体并非服从零假设提出的特定分布；若 $X^2 \leq X^2_\alpha$，表明实际观测频数与期望频数差异不显著，可以认为实际观测的类别分布符合已知类别分布。

4.4 本章小结

前一章中主要介绍了检验假设的理论基础，本章则重点介绍其各个方法。本章内容分为三个大类，分别为：单个总体的假设检验、配对总体的假设检验、非参数检验，并进一步细分了 13 种方法，结合实际交通案例详细介绍了检验步骤和需要注意的问题。相信通过本章的内容，可以对交通领域的检验假设应用有更深入的了解。

本章参考文献

[1] 张德存.统计学[M].北京:科学出版社,2020.
[2] 汪朋.统计学基于Excel和R语言[M].北京:电子工业出版社,2015.

第二篇

交通数据传统回归方法

第 5 章　线性回归与非线性回归

5.1　线性回归

在统计学中,线性回归是利用数理统计中的回归分析量化两个或两个以上变量间相互依赖关系的一种统计分析方法。表征定量关系的函数是一个或多个称为回归系数的模型参数的线性组合。只有一个自变量的情况称为一元线性回归,大于一个自变量的情况称为多元线性回归。在线性回归中,数据使用线性预测函数来建模,并且未知的模型参数也是通过数据来估计。线性回归模型的优点主要是思想简单、实现容易、建模迅速,缺点是难以很好地表达高度复杂数据。在道路交通事故发展趋势分析、交通流预测、交通运输业发展影响因素分析等问题研究过程中经常使用线性回归模型来进行定量分析和预测。

5.1.1　一元线性回归

(1) 一元线性回归模型

如果两个变量之间存在相关,并且一个变量的变化会引起另一个变量按某一线性关系变化,则两个变量间的关系可以用一元线性回归模型描述:

$$y = \beta_0 + \beta_1 x + \varepsilon \tag{5-1}$$

式中,y 为因变量;x 为自变量;β_0、β_1 为模型参数,β_0 为回归截距,β_1 为回归系数;ε 为随机误差项,且服从正态分布,即 $\varepsilon \sim N(0,\sigma^2)$,随机变量 $y \sim N(\beta_0 + \beta_1 x, \sigma^2)$。

(2) 变量相关性

变量与变量之间的关系常见的有两类:一类是确定性的函数关系,如正方形的边长 a 和面积 S 的关系;另一类是变量之间确实存在关系,但又不具备函数关系所要求的确定性,它们的关系是带有随机性的,这两个变量之间的关系叫作相关关系。相关关系包含正相关和负相关。

线性回归模型通常用相关系数来衡量两个变量的线性相关程度,随机变量 X 与 Y 的相关系数 ρ_{xy}:

$$\rho_{xy} = \frac{\text{Cov}(X,Y)}{\sqrt{D(X)}\sqrt{D(Y)}} \tag{5-2}$$

式中,Cov(X,Y)是变量X与Y的协方差,$D(X)$和$D(Y)$分别表示X与Y的方差。

$$\mathrm{Cov}(X,Y) = E\{[X - E(X)][Y - E(Y)]\} \tag{5-3}$$

式中,$E(X)$和$E(Y)$分别表示X与Y的期望值。

相关系数有如下的性质:

① 当$|\rho_{xy}| \leq 1$时,$|\rho_{xy}|$越大,线性相关程度越高,当$|\rho_{xy}| = 0$,表示线性不相关。

② $|\rho_{xy}| = 1$的充要条件是,存在常数a,b使得$P\{Y = a + bX\} = 1$,即X和Y一定存在线性关系。

(3)参数估计

一元线性回归模型根据最小二乘法估计参数,最小二乘法的主要思想是通过确定未知参数(通常是一个参数矩阵),使真实值和预测值的误差(也称残差)平方和最小。

在线性回归中,通常使用均方误差作为损失函数,所以最小二乘法求出的最优解就是将均方误差作为损失函数求出来的最优解。其直观的含义就是调整直线的斜率和截距,使得所有散点从整体上与直线达到一种最优状态。

要使损失函数$Q(\beta_0,\beta_1)$最小,可以将损失函数当作多元函数来处理,采用多元函数求偏导的方法来计算函数的极小值。其中,$Q(\beta_0,\beta_1)$是非负二次函数,因此最小值点存在且唯一。

损失函数可以通过以下公式计算:

$$Q(\beta_0,\beta_1) = \sum_{i=1}^{n}(y_i - \beta_0 - \beta_1 x_i)^2 \tag{5-4}$$

对其偏导求零,可得:

$$\begin{cases} \dfrac{\partial Q}{\partial \beta_0} = -2\sum_{i=1}^{n}(y_i - \beta_0 - \beta_1 x_i) = 0 \\ \dfrac{\partial Q}{\partial \beta_1} = -2\sum_{i=1}^{n}(y_i - \beta_0 - \beta_1 x_i)x_i = 0 \end{cases} \tag{5-5}$$

求解方程组,得到β_0、β_1的最小二乘(LS)估计为:

$$\begin{cases} \hat{\beta}_1 = \dfrac{n\sum\limits_{i=1}^{n}x_i y_i - (\sum\limits_{i=1}^{n}x_i)(\sum\limits_{i=1}^{n}y_i)}{n\sum\limits_{i=1}^{n}x_i^2 - (\sum\limits_{i=1}^{n}x_i)^2} \\ \hat{\beta}_0 = \bar{y} - \hat{\beta}_1 \bar{x} \end{cases} \tag{5-6}$$

其中:

$$\bar{y} = \frac{1}{n}\sum_{i=1}^{n}y_i, \bar{x} = \frac{1}{n}\sum_{i=1}^{n}x_i \tag{5-7}$$

(4)统计检验

一元线性回归方程的假设检验包括两个方面:一个是对模型的检验,即检验自变量与因变量之间的关系能否用一个线性模型来表示,这是由F检验来完成的;另一个检验是关于回归参数的检验,即当模型检验通过后,还要具体检验每一个自变量对因变量的影响程度是否显著。这就是下面要讨论的t检验。在一元线性分析中,由于自变量的个数只有一个,这两种检验是统一的,它们的效果完全是等价的。但是,在多元线性回归分析中,这两个检验的意义是不同的。从逻辑上说,一般常在 F 检验通过后,进一步进行 t 检验。

①回归模型的线性关系检验。

在拟合回归方程之前,曾假设数据总体是符合线性正态误差模型的,也就是说,y 与 x 之间的关系是线性关系,即

$$y_i = \beta_0 + \beta_1 x_i + \varepsilon_i, \varepsilon_i \sim N(0, \sigma^2), i = 1, 2, \cdots, n \tag{5-8}$$

然而,这种假设是否真实,还需进行检验。

对于一个实际观测的样本,虽然可以用判定系数 R^2 说明 y 与 $\hat{y}$ 的相关程度,但是,样本测度指标具有一定的随机因素,还不足以确定 y 与 x 的线性关系。

假设 y 与 x 之间存在线性关系,则总体模型为:

$$y_i = \beta_0 + \beta_1 x_i + \varepsilon_i, i = 1, 2, \cdots, n \tag{5-9}$$

如果 $\beta_1 \neq 0$,则称这个模型为全模型。

用最小二乘法拟合全模型,并求出误差平方和为:

$$\text{SSE} = \sum_{i=1}^{n}(y_i - \hat{y}_i)^2 \tag{5-10}$$

现给出假设 $H_0: \beta_1 = 0$。如果 H_0 假设成立,则:

$$y_i = \beta_0 + \varepsilon_i \tag{5-11}$$

这个模型被称为选模型。用最小二乘法拟合这个模型,则有:

$$\hat{\beta}_1 = 0 \tag{5-12}$$

$$\hat{\beta}_0 = \bar{y} - \hat{\beta}_1 \bar{x} = \bar{y} \tag{5-13}$$

因此,对所有的 $i = 1, 2, \cdots, n$,有:

$$\hat{y}_i \equiv \bar{y} \tag{5-14}$$

该拟合模型的误差平方和为:

$$\sum_{i=1}^{n}(y_i - \bar{y})^2 = \text{SST} \tag{5-15}$$

因此,有:

$$\text{SSE} \leq \text{SST} \tag{5-16}$$

这就是说,全模型的误差总是小于(或等于)选模型的误差。其原因是在全模型中有较多的参数,可以更好地拟合数据。

假如在某个实际问题中,全模型的误差并不比选模型的误差小很多,说明 H_0 假设成立,即 β_1 近似于零。因此,差额(SSR = SST − SSE)很少时,表明 H_0 成立。若这个差额很大,说明增加了 x 的线性项后,拟合方程的误差大幅度减少,则应否定 H_0,认为总体参数 β_1 显著不为零。

假设检验使用的统计量为:

$$F = \frac{\text{SSR}/1}{\text{SSE}/(n-2)} = \frac{\text{MSR}}{\text{MSE}} \tag{5-17}$$

式中:

$$\text{MSR} = \text{SSR}/\text{d}f_R = \text{SSR}/1 \tag{5-18}$$

$$\text{MSE} = \text{SSE}/\text{d}f_E = \text{SSE}/(n-2) \tag{5-19}$$

若假设 $H_0: \beta_1 = 0$ 成立,则 SSE/σ^2 与 SSR/σ^2 是独立的随机变量,且:

$$\frac{\text{SSE}}{\sigma^2} \sim \chi^2(n-2), \frac{\text{SSR}}{\sigma^2} \sim \chi^2(1) \tag{5-20}$$

这时：

$$F = \frac{\text{MSR}}{\text{MSE}} \sim F(1, n-2) \tag{5-21}$$

综上所述，为了检验是否可以用 x 的线性方程式来解释 y，可以进行下面的统计检验。记 y_i 关于 x_i 的总体回归系数为 β_1，则 F 检验的原假设 H_0 与备择假设 H_1 分别是：

$$H_0: \beta_1 = 0, H_1: \beta_1 \neq 0 \tag{5-22}$$

检验的统计量为：

$$F = \frac{\text{MSR}}{\text{MSE}} \sim F(1, n-2) \tag{5-23}$$

对于检验水平 α，按自由度 $(n_1, n_2 = n-2)$ 查 F 分布表，得到拒绝域的临界值 $F_\alpha(1, n-2)$。

决策规则为：

若 $F \leq F_\alpha(1, n-2)$，则接受 H_0 假设，这时认为 β_1 显著为零，无法用 x 的线性关系式来解释 y。

若 $F > F_\alpha(1, n-2)$，则否定 H_0，接受 H_1。这时认为 β_1 显著不为零，可以用 x 的线性关系来解释 y。需要注意的是，即使 F 检验通过了，也不说明

$$y_i = \beta_0 + \beta_1 x_i + \varepsilon_i \tag{5-24}$$

就是一个恰当的回归模型，事实上，当 H_0 假设被拒绝后，只能说明 y 与 x 之间存在显著的线性关系。在模型中还可能包含更多的回归变量，而不仅是一个回归变量 x。

②回归系数的显著性检验。

回归参数的检验是考察每一个自变量对因变量的影响是否显著。换句话说，就是要检验每一个总体参数是否显著不为零。

首先是对 $\beta_1 = 0$ 的检验。β_1 代表 x_i 变化一个单位对 y_i 的影响程度。对 β_1 的检验就是要看这种影响程度与零是否有显著差异。

$$\hat{\beta}_1 \sim N\left[\beta_1, \frac{\sigma^2}{\sum_{i=1}^n (x_i - \bar{x})^2}\right] \tag{5-25}$$

$\text{Var}(\hat{\beta}_1) = \dfrac{\sigma^2}{\sum_{i=1}^n (x_i - \bar{x})^2}$ 的点估计为：

$$S^2(\hat{\beta}_1) = \frac{\text{MSE}}{\sum_{i=1}^n (x_i - \bar{x})^2} \tag{5-26}$$

容易证明统计量：

$$\frac{\hat{\beta}_1 - \beta_1}{S(\hat{\beta}_1)} \sim t(n-2) \tag{5-27}$$

事实上，由于：

$$\frac{\hat{\beta}_1 - \beta_1}{S(\hat{\beta}_1)} = \frac{(\hat{\beta}_1 - \beta_1)/\sqrt{\text{Var}(\hat{\beta}_1)}}{S(\hat{\beta}_1)/\sqrt{\text{Var}(\hat{\beta}_1)}} \tag{5-28}$$

其分子 $(\hat{\beta}_1 - \beta_1)/\sqrt{\mathrm{Var}(\hat{\beta}_1)}$ 服从标准正态分布,而分母项有:

$$\frac{S^2(\hat{\beta}_1)}{\sqrt{\mathrm{Var}(\hat{\beta}_1)}} = \frac{\mathrm{MSE}/\sum_{i=1}^{n}(x_i - \bar{x})^2}{\sigma^2/\sum_{i=1}^{n}(x_i - \bar{x})^2} = \frac{\mathrm{MSE}}{\sigma^2} = \frac{\mathrm{SSE}}{\sigma^2(n-2)} \tag{5-29}$$

已知 $\mathrm{SSE}/\sigma^2 \sim \chi^2(n-2)$,所以:

$$\frac{\hat{\beta}_1 - \beta_1}{S(\hat{\beta}_1)} \sim t(n-2) \tag{5-30}$$

$\hat{\beta}_1$ 的抽样分布清楚后,可以进行 β_1 是否显著为零的检验。

$$H_0:\beta_1 = 0, H_1:\beta_1 \neq 0 \tag{5-31}$$

检验统计量为:

$$t_1 = \frac{\hat{\beta}_1}{S(\hat{\beta}_1)} \tag{5-32}$$

检验统计量 t_1 在 $\beta_1 = 0$ 假设为真时,服从自由度为 $n-2$ 的 t 分布。

对于给定的检验水平 α,则通过 t 分布表可查到统计量 t_1 的临界值 $t_{\frac{\alpha}{2}}(n-2)$。决策规则是:

若 $|t_1| \leq t_{\frac{\alpha}{2}}(n-2)$,则接受 H_0,认为 β_1 显著为零;

若 $|t_1| > t_{\frac{\alpha}{2}}(n-2)$,则拒绝 H_0,认为 β_1 显著不为零。

当拒绝了 H_0,认为 β_1 显著不为零,又称 β_1 通过了 t 检验。

另一方面,由于

$$P\left\{\left|\frac{\hat{\beta}_1 - \beta_1}{S(\hat{\beta}_1)}\right| < t_{\frac{\alpha}{2}}(n-2)\right\} = 1 - \alpha \tag{5-33}$$

还可以确定 β_1 的置信度 $1-\alpha$ 的置信区间为:

$$\hat{\beta}_1 - t_{\frac{\alpha}{2}}(n-2)S(\hat{\beta}_1) \leq \beta_1 \leq \hat{\beta}_1 + t_{\frac{\alpha}{2}}(n-2)S(\hat{\beta}_1) \tag{5-34}$$

同样的,也可以对总体参数 β_0 进行显著性检验,并且求出它的置信区间。它的最小二乘估计量 $\hat{\beta}_0$ 的抽样分布为正态分布,即

$$\hat{\beta}_0 \sim N\left\{\beta_0, \sigma^2\left[\frac{1}{n} + \frac{\bar{x}^2}{\sum_{i=1}^{n}(x_i - \bar{x})^2}\right]\right\} \tag{5-35}$$

可以推出:

$$\frac{\hat{\beta}_0 - \beta_0}{S(\hat{\beta}_0)} \sim t(n-2) \tag{5-36}$$

为检验 β_0 是否显著为零,提出假设:

$$H_0:\beta_0 = 0, H_1:\beta_0 \neq 0 \tag{5-37}$$

检验统计量为:

$$t_0 = \frac{\hat{\beta}_0}{S(\hat{\beta}_0)} \tag{5-38}$$

在 $\beta_0 = 0$ 时,检验统计量 t_0 服从自由度为 $n-2$ 的 t 分布。

对于给定的检验水平 α,则通过 t 分布表可查到统计量 t_0 的临界值 $t_{\frac{\alpha}{2}}(n-2)$。决策规则是:

若 $|t_0| \leq t_{\frac{\alpha}{2}}(n-2)$,则接受 H_0,认为 β_0 显著为零;

若 $|t_0| > t_{\frac{\alpha}{2}}(n-2)$，则拒绝 H_0，认为 β_0 显著不为零。

此外，根据：

$$P\left[\left|\frac{\hat{\beta}_0 - \beta_0}{S(\hat{\beta}_0)}\right| < t_{\frac{\alpha}{2}}(n-2)\right] = 1 - \alpha \tag{5-39}$$

还可以确定 β_0 的置信度 $1-\alpha$ 的置信区间为：

$$\hat{\beta}_0 - t_{\frac{\alpha}{2}}(n-2)S(\hat{\beta}_0) \leq \beta_0 \leq \hat{\beta}_0 + t_{\frac{\alpha}{2}}(n-2)S(\hat{\beta}_0) \tag{5-40}$$

【例 5-1】 公路养路费征收额与众多因素有关，但最主要的因素是该地区的国民生产总值，因为国民生产总值能反映全社会的经济发展状况。一个地区国民生产总值越高，这个地区的公路养路费征收额也就越高，反之亦然。

已知 A 地区的国民生产总值和公路养路费征收额，用一元线性回归分析方法，分析国民生产总值与公路养路费征收额是否具有线性相关关系。如果有线性相关关系，求出线性回归模型并对未来一年的公路养路费征收额进行分析。假定未来一年国民生产总值在前一年基础上增加 4.3%（与前两年间的增长值相同）。见表 5-1。

国民生产总值和公路养路费征收额　　　　表 5-1

序号	国民生产总值(亿元)	养路费征收值(万元)	序号	国民生产总值(亿元)	养路费征收值(万元)
1	4	236	10	10	567
2	4	254	11	17	821
3	3	242	12	18	1066
4	4	231	13	14	860
5	8	288	14	15	911
6	9	338	15	17	1241
7	10	441	16	23	1436
8	12	503	17	24	1596
9	9	636	—	—	—

【解】
假定用 X 代表国民生产总值，用 Y 代表公路养路费征收额，可把 X 与 Y 看成一个数对 (X,Y)，则 $(X_1,Y_1),(X_2,Y_2),\cdots,(X_n,Y_n)$ 分别表示第 1 年、第 2 年、…、第 n 年的国民生产总值和公路养路费实征额。X 和 Y 的相关系数 r 为 0.956，说明国民生产总值与公路养路费征收额有高度的线性相关关系。

在平面直角坐标系中描出点 (X_t,Y_t)，$t=1,2,\cdots,n$，这 n 个点所形成的图叫散点图（图 5-1）。

从这个散点图可以看到，这些点大体上散布在某条直线（设为）l 的周围。设 l 方程为 $y = a + bx$，代入数据得 $b = 64.24$，$a = -68.86$，则 l 方程为 $y = -68.86 + 64.24x$，有时把 l 称为回归直线。

(5) 模型的检验

上述构建的模型是否能代表普遍现象？还须对回归模型进行检验。

①拟合优度评价

可决系数表示一个随机变量与多个随机变量关系的数字特征，是用来反映回归模型因变量变化可靠程度的一个统计指标，一般用符号"R^2"或"r^2"表示。从意义上讲，可决系数与相关系数有很明显的差异，但从数值上，可决系数即为相关系数的平方。故【例5-1】中，可决系数为：$r^2 = 0.914$。这表明在线性回归模型中，公路养路费征收额 y 的总变差中，国民生产总值 x 的部分为91.4%，模型的拟合优度较高。

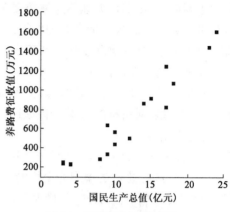

图5-1 养路费征收值散点图

②显著性检验

检验用 $y = -6886 + 6424x$ 来反映国民生产总值和养路费征收额的关系是否可靠。

$$U = \sum (\hat{y}_t - \bar{y})^2 \tag{5-41}$$

$$Q = \sum (y_t - \hat{y}_t)^2 \tag{5-42}$$

$$F = U/[Q/(n-2)] \tag{5-43}$$

根据式(5-41)~式(5-43)，则：

$$F = U/[Q/(n-2)] = 160.47 \tag{5-44}$$

查自由度为1和15的 F 分布表，则：

$$\lambda = F_{0.05}(1,15) = 4.54 \tag{5-45}$$

$$F = 160.47 > \lambda = 4.54 \tag{5-46}$$

通过上面的研究可知，国民生产总值和养路费征收额有着密切的线性正相关关系。养路费征收额增加有91.4%可由国民生产总值的增加来解释。

5.1.2 多元线性回归

(1) 多元线性回归模型

一元线性回归将影响因变量的自变量限制在一个，但在实际中，某一现象的变动往往受多种因素的影响。这就需要研究两个或两个以上自变量对因变量的影响。

一个因变量与多个自变量之间的线性相关关系称为多元线性回归。假设有 k 个因素，即 $x_1, x_2, \cdots, x_k$，表示如下：

$$y = \beta_0 + \beta_1 x_1 + \beta_2 x_2 + \cdots + \beta_k x_k + \varepsilon \tag{5-47}$$

对 y 与 k 个因素 $x_1, x_2, \cdots, x_k$ 同时作 n 次独立观察得 n 组观测值，$(x_{t1}, x_{t2}, \cdots, x_{tk})$，$t = 1, 2, \cdots, n (n > k+1)$，满足关系式：

$$y = \beta_0 + \beta_1 x_{t1} + \beta_2 x_{t2} + \cdots + \beta_k x_{tk} + \varepsilon_t \tag{5-48}$$

式中，y 为因变量，x 为自变量，β_i 为回归参数，服从正态分布。

(2) 变量选取

使用多元线性回归模型时，需要考虑的是选择哪些变量作为因变量的解释变量。在选择自变量时,既要尽可能地不遗漏重要的解释变量,又要遵循参数节省原则,尽可能减少自变量的个数。随着自变量个数的增加,模型的精度会降低。针对上述情况,下面主要介绍向前选择变量法、向后删除变量法和逐步回归法。

①向前选择变量法

在向前选择变量法起始时,模型中没有任何变量。分别考虑y与每一个自变量的一元线性回归模型,对所有的这m个模型进行F检验,选择F值最高者作为第一个进入模型的自变量(记为x_1)。

然后,对剩下的$m-1$个变量分别进行偏F检验(即以y与x_1的模型为减模型,以y与x_1以及另一个自变量x_2的模型为全模型)。如果至少有一个x通过了偏F检验,则在所有通过偏F检验的变量中,选择F_j值最大者作为第二个被选的自变量,进入模型(记为x_2)。

继续上述步骤,直到在模型之外的自变量均不能通过偏F检验,则算法终止。

②向后删除变量法

向后删除变量法的工作方法正好与向前选择变量法完全相反。在算法的起步,所有的自变量都被包含在模型之中(起始的全模型)。依次对每一个自变量做偏F检验(以去掉变量x_j的模型为减模型)。如果所有的自变量都通过了偏F检验,则计算停止,所有自变量被包含在模型中。如果有若干自变量未能通过偏F检验,则选择出F_j值最小的自变量,将它从模型中删除。

对剩下的$m-1$个自变量拟合一个全模型。重新对每一个模型中的自变量进行偏F检验。在没有通过检验的自变量中,选择F_j值最小者,将它从模型中删除。

重复以上步骤,直到模型中包含的所有自变量都能通过偏F检验,算法终止。

③逐步回归

逐步回归法是最常选用的变量筛选方法。它是向前选择变量法和向后删除变量法的一种结合。在向前选择变量法中,一旦某个自变量被选入模型,它就永远留在模型之中。然而,随着其他变量的引入,由于变量之间相互传递的相关关系,一些先进入模型的变量的解释作用可能会变得不再显著。而对于向后删除变量法,一旦某个自变量被删除后,它就永远被排斥在模型之外。但是,随着其他变量被删除,它对y的解释作用也可能会显著起来。

所以,逐步回归法采取边进边退的方法。对于模型外部的变量,只要它还可提供显著的解释信息,就可以再次进入模型;而对于已在内部的变量,只要它的偏F检验不能通过,则还可能从模型中被删除。

重复上述步骤,直到所有模型外的变量都不能通过偏F检验,则算法终止。为了避免变量的进出循环,一般取偏F检验拒绝域的临界值为:

$$F_{进} > F_{出} \tag{5-49}$$

式中,$F_{进}$为选入变量时的临界值;$F_{出}$为删除变量时的临界值。在所有标准的统计软件中都有逐步回归的程序。$F_{进}$和$F_{出}$的检验水平值可以自定,也可以是备择的。常见的检验水平值为$\alpha_{进}=0.05, \alpha_{出}=0.1$。

(3)回归参数的估计

多元线性模型对未知的回归进行估计,需要先把多元线性模型表示为矩阵形式。对y与$x_1, x_2, \cdots, x_k$同时作n次独立观察得n组观测值,即$(x_{t1}, x_{t2}, \cdots, x_{tk}), t=1, 2, \cdots, n(n>p+1)$。

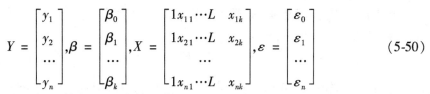

$$Y = \begin{bmatrix} y_1 \\ y_2 \\ \cdots \\ y_n \end{bmatrix}, \beta = \begin{bmatrix} \beta_0 \\ \beta_1 \\ \cdots \\ \beta_k \end{bmatrix}, X = \begin{bmatrix} 1 x_{11} \cdots L & x_{1k} \\ 1 x_{21} \cdots L & x_{2k} \\ \cdots \\ 1 x_{n1} \cdots L & x_{nk} \end{bmatrix}, \varepsilon = \begin{bmatrix} \varepsilon_0 \\ \varepsilon_1 \\ \cdots \\ \varepsilon_n \end{bmatrix} \tag{5-50}$$

式中,β是未知的回归系数向量。最小二乘法通过最小化误差平方和$Q(\beta)$来求回归系数β的估计值。

偏差平方和可用以下公式表示:

$$Q(\beta) = (Y - X\beta)^T(Y - X\beta) \tag{5-51}$$

参数的最小二乘估计向量可用以下公式表示:

$$\hat{\beta} = (X^T X)^{-1} X^T Y \tag{5-52}$$

根据经验回归方程:

$$\hat{Y} = \hat{\beta}_0 + \hat{\beta}_1 X_1 + \hat{\beta}_2 X_2 + L + \hat{\beta}_k X_k \tag{5-53}$$

在方程求解过程中,要求$(X^T X)^{-1}$为非奇异矩阵,即$|X^T X| \neq 0$,换句话说,也就是样本容量不得小于模型中参数的个数。

多元线性回归模型的检验包括两个方面:对回归模型的拟合程度的评价和回归线性相关关系的检验,其方法和一元线性回归类似。

(4)统计检验

多元线性回归的统计检验主要包括回归模型的假设检验和回归系数的假设检验。

①回归模型的假设检验

因变量y与自变量$x_1,\cdots,x_m$之间是否存在线性关系是需要检验的,当$|\beta_j|(j = 1,\cdots,m)$都很小时,自变量与因变量的线性关系就不明显,所以可令原假设为:

$$H_0: \beta_j = 0 \quad j = 1, \cdots, m \tag{5-54}$$

当H_0成立时,以下式子成立:

$$SST = Q + U, U = \sum_{i=1}^{n}(y_i - \bar{y})^2 \tag{5-55}$$

$$F = \frac{U/m}{Q/(n-m-1)} \sim F(m, n-m-1) \tag{5-56}$$

在显著性水平α下有上α分位数$F_\alpha(m, n-m-1)$,若$F < F_\alpha(m, n-m-1)$,接受H_0;否则,拒绝。

注意接受H_0只说明y与$x_1,\cdots,x_m$的线性关系不明显,可能存在非线性关系,如平方关系。还有一些衡量y与$x_1,\cdots,x_m$相关程度的指标,如用回归平方和在总平方和中的比值定义复判定系数。

$$R^2 = \frac{U}{SST} \tag{5-57}$$

$$R = \sqrt{R^2} \tag{5-58}$$

其中R越大,y与$x_1,\cdots,x_m$相关关系越密切。通常,R大于0.8(或0.9)才认为相关关系成立。

②回归系数的假设检验和区间估计

当上面的 H_0 被拒绝时，β_j 不全为零，但是不排除其中若干个等于零，所以应进一步作如下 $m+1$ 个检验 $(j=1,\cdots,m)$：

$$H_0^{(j)}: B_j = 0 \tag{5-59}$$

由 $\hat{\beta} \sim N(\beta, \sigma^2(X^TX)^{-1})$ 式，$\hat{\beta} \sim N(B_j, \sigma^2 c_{jj})$，$c_{jj}$ 是 $(X^TX)^{-1}$ 中的第 (j,j) 元素，用 s^2 代替 σ^2，当 $H_0^{(j)}$ 成立时：

$$t_j = \frac{\beta_j / \sqrt{c_{jj}}}{\sqrt{Q/(n-m-1)}} \sim t(n-m-1) \tag{5-60}$$

对给定的 α，若 $|t_j| < t_{\frac{\alpha}{2}}(n-m-1)$，接受 $H_0^{(j)}$；否则，拒绝。

上式也可用于对 β_j 作区间估计 $(j=1,\cdots,m)$，在置信区间 $1-\alpha$ 下，β_j 的置信区间为：

$$[\beta_j - t_{\frac{\alpha}{2}}(n-m-1)s\sqrt{c_{jj}}, \beta_j + t_{\frac{\alpha}{2}}(n-m-1)s\sqrt{c_{jj}}] \tag{5-61}$$

式中，$s = \sqrt{\dfrac{Q}{n-m-1}}$。

5.1.3 案例：A 港吞吐量与交通量关系数学模型研究

2017 年 1 月至 2020 年 12 月的 A 港集装箱吞吐量数据，如表 5-2 所示，对吞吐量与 A 港集疏运道路交通量间的数学关系进行研究，建立利用预测吞吐量得到预测交通量的数学模型，实际上就是集装箱吞吐量与集装箱货车交通量之间的线性回归关系。

拟合结果对比 表 5-2

时间	当月日平均高峰小时交通量(辆)	A 港月集装箱吞吐量(万 TEU)
2017 年 6 月	546	138.2
2018 年 10 月	558	161.6
2018 年 11 月	577	160.3
2019 年 1 月	617	173.6
2019 年 2 月	541	132.6
2019 年 3 月	547	175.7
2019 年 9 月	601	168.6
2019 年 10 月	573	158.9
2019 年 11 月	559	153.8
2019 年 12 月	590	141.1
2020 年 1 月	601	167.7

以交通量为纵坐标，建立坐标系，分别采用指数函数、线性函数、对数函数、二次多项式函数、三次多项式函数和幂函数，通过最小二乘法对其进行拟合，得到如表 5-3 所示拟合结果。

拟 合 结 果 对 比　　　　　　　　　表 5-3

趋势线函数类型	趋势线公式	R^2
指数函数	$y = 421.177\mathrm{e}^{1.901\times 10^{-3}x}$	0.383
线性函数	$y = 1.093x + 396.629$	0.380
对数函数	$y = 167.351\ln x - 277.304$	0.383
二次多项式函数	$y = -1.164\times 10^{-2}x^2 + 4.666x + 124.847$	0.387
三次多项式函数	$y = -4.465\times 10^{-3}x^3 + 2.061x^2 - 314.304x + 1639.626$	0.468
幂函数	$y = 130.177x^{0.291}$	0.387

虽然更高次数的多项式函数能够达到更高的拟合优度,但失去了对吞吐量与交通量之间数学关系的研究意义,所以选用的最高次数多项式函数为三次多项式函数。从上表的拟合结果中,对比得到 $R^2 = 0.468$ 的最佳拟合,其趋势线公式如下:

$$y = -4.465\times 10^{-3}x^3 + 2.061x^2 - 314.304x + 1639.626 \tag{5-62}$$

由模型可知,A 港集装箱吞吐量与当月日平均高峰小时交通量间具有正相关关系。但该趋势线的决定系数 R^2 仅为 0.468,从数值上来说拟合效果并不好,这与数据量较少,且一个月中每日车流量并不恒定有一定关系。此外,实际测得的车流量具有偶然性,导致数据中有异常数值出现时,对整体产生的影响显著。同时还与以下原因有关:

(1) 第一个明显异常点出现于 2019 年 3 月,吞吐量回升,但交通量并未产生明显变化。这可能是因为春节过后许多行业如零售业、制造业,正处于疲软期,但由于春节前后海运物流成本较高,3 月正好有所回落,部分货主趁此备货,而仓库里的货物尚未及时消化,到岸货物便不急于从港口运出,导致交通量较吞吐量的滞后性增强,港口货物堆积,而无法将吞吐量及时转化为交通量。

(2) 第二个明显异常点出现于 2019 年 12 月,吞吐量下降,但交通量上升。这可能是因为年底将至,港口催促货主提货,进行港口堆积货物的清理,或者货主在此时集中提货,用于春节前购物高峰的销售。

若去除上述明显异常点,再次进行拟合,得到如下趋势线(图 5-2),最佳趋势线的决定系数 R^2 达到 0.808,拟合效果极佳,且 A 港月集装箱吞吐量与当月日平均高峰小时交通量间具有明显的正相关关系。见表 5-4。

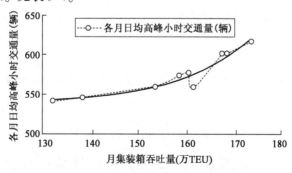

图 5-2　去除明显异常点后的最佳拟合图

去除明显异常点后拟合结果对比　　　　　　　　表 5-4

趋势线函数类型	趋势线公式	R^2
指数函数	$y = 357.126\mathrm{e}^{3.032\times10^{-3}x}$	0.814
线性函数	$y = 1.741x + 302.035$	0.805
对数函数	$y = 258.993\ln x - 733.279$	0.781
二次多项式函数	$y = 5.824\times10^{-2}x^2 - 15.945x + 1633.672$	0.924
三次多项式函数	$y = 1.094\times10^{-3}x^3 - 0.446x^2 + 61.198x - 2279.475$	0.928
幂函数	$y = 58.764x^{0.451}$	0.791

最佳趋势线公式为：

$$y = 1.094\times10^{-3}x^3 - 0.446x^2 + 61.198x - 2279.475 \tag{5-63}$$

本案例通过对比不同的模型，最终建立了吞吐量与交通量关系的三次多项式函数数学模型，多项式回归模型是线性回归模型的一种，此时回归函数关于回归系数是线性的，实际上就是把一次特征转换成高次特征的线性组合多项式。

5.2　非线性回归

5.2.1　非线性回归模型

现实世界中严格的线性模型并不多见，它们或多或少都带有某种程度的近似。在大多数情况下，非线性模型可能更加符合实际。在交通流预测和高速公路交通事故预测等问题分析中经常使用非线性回归模型来进行分析。

非线性回归模型一般可以记为：

$$y_i = f(x_i, \theta) + \varepsilon_i \quad i = 1, 2, 3, \cdots, n \tag{5-64}$$

式中，y_i 是因变量；$x_i = (x_{i1}, x_{i2}, \cdots, x_{ik})'$ 是非随机向量的自变量；$\theta = (\theta_0, \theta_1, \cdots, \theta_p)'$ 为未知参数向量；ε_i 为随机误差项并且满足独立同分布假定，也就是说：

$$E(\varepsilon_i) = 0 \quad i = 1, 2, 3, \cdots, n \tag{5-65}$$

$$\mathrm{cov}(\varepsilon_i, \varepsilon_j) = \begin{cases} \sigma^2, i = j \\ 0, i \neq j \end{cases} \quad i, j = 1, 2, 3, \cdots, n \tag{5-66}$$

其中，对于一般情况下的非线性模型，参数的数目与自变量的数目并没有一定的对应关系。

（1）回归参数的估计

对于非线性回归模型，仍然使用最小二乘法估计参数 θ，也就是说要使得 $Q(\theta)$ 达到最小的 $\hat{\theta}$：

$$Q(\theta) = \sum_{i=1}^{n}[y_i - f(x_i, \theta)]^2 \tag{5-67}$$

这样，称 $\hat{\theta}$ 为非线性最小二乘估计。在假定 f 函数对参数 θ 连续可微时，可以利用微分法建立正规方程组求解。

将函数 $Q(\theta)$ 对参数求偏导,并且使其为 0,可得非线性最小二乘估计的正规方程组:

$$\left.\frac{\partial Q}{\partial \theta_j}\right|_{\theta_j = \hat{\theta}_j} = -2\sum_{i=1}^{n}\left[y_i - f(x_i, \hat{\theta})\right]\left.\frac{\partial f}{\partial \theta_j}\right|_{\theta_j = \hat{\theta}_j} = 0 \quad j = 0,1,2,\cdots,p \tag{5-68}$$

求得的即非线性最小二乘估计 $\hat{\theta}$,一般可用 Newton 迭代法求解此正规方程组,也可以选择直接极小化残差平方和 $Q(\theta)$,求出未知参数的非线性最小二乘估计 $\hat{\theta}$。

(2) 统计检验

在非线性最小二乘中,很难得到一些精确的分布,但是基于大样本的情况,可以得到近似的分布。在非线性回归中,平方和分解式 SST = SSE + SSR 不再成立,类似于线性回归,定义非线性回归的相关系数,可由下式表示:

$$R^2 = 1 - \frac{\text{SSE}}{\text{SST}} \tag{5-69}$$

5.2.2　Logistic 回归

(1) Logistic 回归模型

Logistic 回归模型根据自变量的取值数量,分为二元 Logistic 回归模型(因变量的取值非 0 即 1)和多元 Logistic 回归模型(多个因变量),逻辑回归(Logistic Regression)是一种用于解决二分类(0 或 1)问题的机器学习方法,用于估计某种事物的可能性。在交通出行者行为的影响程度分析中就经常用到 Logistic 回归模型。需要注意的是,这里用的是"可能性",而非数学上的"概率",Logistic 回归的结果并非数学定义中的概率值,不可以直接作为概率值来用。该结果往往用于和其他特征值加权求和,而非直接相乘。

Logistic 函数如下:

$$f(z) = \frac{1}{1 + e^{-z}} \tag{5-70}$$

其函数曲线如图 5-3 所示,可以看到 Logistic 函数是一个 S 形的曲线,它的取值在 [0,1] 之间,自变量越大,函数值越接近 1,自变量越小,函数值越接近 0。

由于 y 是 0 - 1 型贝努利随机变量,概率分布对应的为:

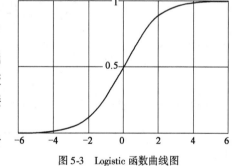

图 5-3　Logistic 函数曲线图

$$P(y = 1) = \pi \quad P(y = 0) = 1 - \pi \tag{5-71}$$

根据离散型随机变量期望值的定义,可得:

$$E(y) = 1 \times P(y = 1) + 0 \times P(y = 0) = \pi \tag{5-72}$$

在进行了 n 次观测后,研究 0 - 1 型因变量 y 与自变量 $x_i, j = 1,2,\cdots,p$ 间的关系是非常合理的。

$$E(y_i) = \frac{1}{1 + e^{-(\beta_0 + \sum_{j=1}^{p}\beta_j x_{ij})}} \quad i = 1,2,\cdots,n \tag{5-73}$$

其中 Logistic 函数如下：

$$f(X_i,\theta) = f(X_i'\beta) = \frac{1}{1 + e^{-X_i'\beta}} \tag{5-74}$$

（2）回归参数的估计

由于 $E(y_i) = \pi_i = P(y_i = 1)$。因此，logistic 回归模型也可以表示为：

$$P(y_i = 1) = \frac{1}{1 + e^{-X_i'\beta}} \quad i = 1,2,\cdots,n \tag{5-75}$$

其中，$X_i = (1, x_{i1}, x_{i2}, \cdots, x_{ip})$，$i = 1, 2, \cdots, n$，$\beta = (\beta_0, \beta_1, \cdots, \beta_p)'$ 为未知参数向量。对其两端做变换，可得：

$$g(x) = \ln\left(\frac{x}{1-x}\right) \quad 0 < x < 1 \tag{5-76}$$

可得：

$$\ln\left(\frac{\pi_i}{1-\pi_i}\right) = \ln\left[\frac{P(y_i = 1)}{P(y_i = 1)}\right] = X_i'\beta \quad i = 1,2,\cdots,n \tag{5-77}$$

Logistic 模型经逻辑变换后的模型右端已经变成参数 $\beta = (\beta_0, \beta_1, \cdots, \beta_p)'$ 的线性函数。因此，如果已知事件 $y_i = 1$ 发生的概率 π_i，就可以估计出 Logistic 模型的参数 $\beta = (\beta_0, \beta_1, \cdots, \beta_p)'$。

在对因变量进行的 n 次观测 y_i，$j = 1, 2, \cdots, n$ 中，如果在相同的 $X_i = (1, x_{i1}, x_{i2}, \cdots, x_{ip})$ 处进行了多次重复观测，则可用样本比例对 π_i 进行估计，这种结构的数据称为分组数据，分组个数记为 c。将 π_i 的估计值 $\hat{\pi}_i$ 代替 π_i，并记：

$$y_i^* = \ln\left(\frac{\hat{\pi}_i}{1 - \hat{\pi}_i}\right) \quad i = 1,2,\cdots,c \tag{5-78}$$

则得：

$$y_i = \beta_0 + \sum_{j=1}^{p}\beta_j x_{ij} \quad i = 1,2,\cdots,c \tag{5-79}$$

参数 $\beta = (\beta_0, \beta_1, \cdots, \beta_p)'$ 的最小二乘估计为：

$$\hat{\beta} = (X'X)^{-1}X'Y^* \tag{5-80}$$

其中：

$$Y^* = (y_1^*, y_2^*, \cdots, y_c^*)' \tag{5-81}$$

$$X = \begin{pmatrix} 1 & x_{11} & \cdots & x_{1p} \\ 1 & x_{21} & \cdots & x_{2p} \\ \vdots & \vdots & \vdots & \vdots \\ 1 & x_{c1} & \cdots & x_{cp} \end{pmatrix} \tag{5-82}$$

（3）模型的适用条件及局限性

Logistic 回归模型要求所研究自变量的发生率较低，自变量和因变量之间呈现或基本呈

现 S 形曲线关系。除此之外，模型对样本大小有一定的要求，由于模型的参数估计大多采用最大似然函数法，理论上要求有大样本，否则它的检验公式是不合理的。

Logistic 回归模型不能解决"多重共线性"的问题，如果变量 x_1 与 x_2 之间有共同趋势（相关），即存在共线性问题。在这种情况下，变量的效应很难分离，即一个变量的作用可部分甚至完全地被另一个变量所取代，或相互抵消对因变量的作用。如果模型存在共线性问题，将会使得回归模型缺乏稳定性，影响模型的泛化误差，变量的显著性检验失去意义等后果。

5.2.3　Poisson 回归

（1）Poisson 回归模型

Poisson 回归模型是描述服从泊松分布的因变量 y 的均值 μ 与各协变量 $x_1,\cdots,x_m$ 关系的回归模型，用来分析列联表和分类数据的一种方法，它实际上也是一种对数线性模型，不同的是对一般的对数线性模型假定频数分布为多项式分布，而 Poisson 回归模型假定频数分布为泊松分布。

泊松分布的概率密度函数：

$$P(Y = y_i) = \frac{e^{-\lambda_i}\lambda_i^{y_i}}{y_i!} \quad i = 1,2,\cdots,n \tag{5-83}$$

$$E(Y_i) = \lambda_i \quad \mathrm{Var}(Y_i) = \lambda_i \tag{5-84}$$

$$\ln(\lambda_i) = X_i\beta \quad E[Y_i \mid X_i] = \mathrm{Var}[Y_i \mid X_i] = \lambda_i = e^{X_i\beta} \tag{5-85}$$

$$P[Y_i = k \mid x_i] = \frac{e^{-e^{x_i\beta}}e^{kx_i\beta}}{k!} \tag{5-86}$$

（2）回归参数的估计

计算泊松模型中参数的估计值。首先计算出似然函数，然后取对数，对"对数似然函数"求极值，写成 Hessian 矩阵，利用迭代算法比如 Newton-Raphson 方法进行求解。

$$l(\beta;y,x) = \sum_{i=1}^{n}[-e^{x_i\beta} + y_ix_i\beta - \ln(y_i!)] \tag{5-87}$$

$$H(\beta;y,x) = \frac{\partial^2 l(\beta;y,x)}{\partial\beta\partial\beta'} = -\sum_{i=1}^{n}e^{x_i\beta}x_ix_i' = 0 \tag{5-88}$$

$$\hat{\beta}_{t+1} = \hat{\beta}_t - [H(\hat{\beta}_t)]^{-1}g(\hat{\beta}_t) \tag{5-89}$$

（3）统计检验

因为泊松回归模型假定被解释变量的均值等于方差，在这里使用基于回归的检验方法来检验假设条件是否成立。如果估计值趋近于 0，则不拒绝零假设。泊松回归模型的拟合优度检验多采用以下两种统计量，R^2 统计量被应用软件普遍采用，如果完全拟合，则 R^2 为 1。G^2 统计量为各样本观察值的偏差之和，如果拟合达到完美状态，则该统计量为零。

①基于回归的分布检验

$$H_0: \text{Var}[Y_i] = E[Y_i] \quad H_1: \text{Var}[Y_i] = E[Y_i] + \alpha(E[Y_i]) \tag{5-90}$$

$$\text{Var}(Y_i) = (Y_i - \hat{\lambda}_i)^2 = \hat{u}_i^2 \tag{5-91}$$

$$\hat{u}_i^2 = \alpha\hat{\lambda}_i + \varepsilon_i \frac{\hat{u}_i^2}{\hat{\lambda}_i} = \alpha + \beta\hat{\lambda}_i + \varepsilon_i \tag{5-92}$$

②拟合优度检验

$$R^2 = \frac{\sum_{i=1}^{n}\{y_i\log(\hat{\lambda}_i/\bar{y}) - (\hat{\lambda}_i - \bar{y})\}}{\sum_{i=1}^{n}y_i\log(y_i/\bar{y})} \tag{5-93}$$

$$G^2 = \sum_{i=1}^{n}d_i = 2\sum_{i=1}^{n}Y_i\ln(Y_i/\hat{\lambda}_i) \tag{5-94}$$

(4)模型的适用条件

Poisson回归模型适用于描述单位时间、单位面积或者单位容积内某事件发现的频数分布情况,通常用于描述稀有事件(即小概率)发生数的分布。如一天中发生车祸的次数。

上述例子具有一个共同的特点:低概率性以及单位时间(或面积、体积)内的数量。通常情况下,满足以下三个条件时,可认为数据满足Poisson分布:

①平稳性:发生频数的大小,只与单位大小有关系(比如1万为单位,或者100万为单位时发生过交通事故的人数不同)。

②独立性:发生频数的大小,各个数之间没有影响关系,即频数数值彼此独立没有关联关系。比如前1小时闯红灯的人多了,第2小时闯红灯人数并不会受影响。

③普通性:发生频数足够小,即低概率性。

如果数据符合这些特征时,而又想研究X对于Y的影响(Y呈现出Poisson分布);此时则需要使用Poisson回归,而不是使用常规的线性回归等。

5.2.4 案例:道路交通事故起数和机动车保有量的数学关系分析

在这里通过一个案例来更清楚地了解非线性回归模型。案例采用非线性回归的方法来拟合道路交通事故起数和机动车保有量之间的关系。

影响道路交通事故起数的主要因素有许多,比如:道路等级、天气状况、交通流、机动车保有量等。根据不同因素建立预测模型,可以发现哪些因素与道路交通事故起数之间关联性较强,哪些因素的关联性较弱。以近几年全国道路交通事故起数与机动车保有量的数据为例,采用非线性回归的方式,拟合对应的函数关系式,根据得到的回归函数预测数据。

首先,对数据进行描述性统计分析,绘制事故起数与机动车保有量的散点图。从图5-4中可以看出两者之间的关系是非线性的,因此,采用非线性回归的方法来拟合道路交通事故起数和机动车保有量之间的关系,得到如图5-5所示的拟合结果,事故起数 $= 1.75765 \times 10^6 \times e^{(-0.00010498 \times 机动车保有量)}$。

本案例通过非线性回归的拟合方式,建立了道路交通事故起数和机动车保有量的数学关系。

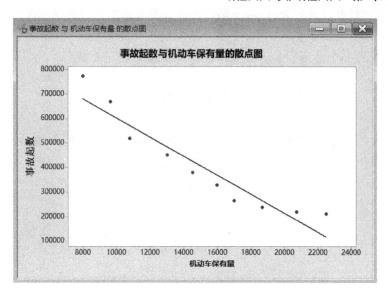

图 5-4 事故起数与机动车保有量的散点图

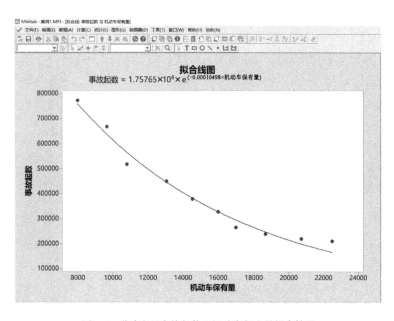

图 5-5 道路交通事故起数和机动车保有量拟合情况

5.3 本章小结

本章主要介绍了线性回归和非线性回归问题,在线性回归中根据自变量的个数分为一元线性回归和多元线性回归并分别对其进行介绍。一元线性回归中介绍了一元线性模型、自变量和因变量之间的相关性、用最小二乘法进行参数估计,最后分别对回归模型、回归模型的线性关系以及回归系数的线性关系进行统计检验。在多元线性回归中同样介绍了多元回归模型、参数估计和统计检验，但由于多元线性需要考虑选择哪些变量作为因变量的解释变量，所以在此部分增加了变量选取，主要介绍向前选择变量法、向后删除变量法和逐步回归法。在非线性回归中介绍了 Logistic 回归模型、Poisson 回归模型。

本章参考文献

[1] 司守奎,孙玺菁.数学建模算法与应用[M].北京:国防工业出版社,2011.
[2] 钱莹,方秀男.多元线性回归模型及实例应用[J].中国科技信息,2022(4):73-74.
[3] 王大荣,张忠占.线性回归模型中变量选择方法综述[J].数理统计与管理,2010,29(4):13.

第6章 离散模型

6.1 离散选择模型

离散选择模型(Discrete Choice Model,DCM),是将离散因变量的概率分布定义为由自变量和未知参数组成的函数。当样本集是由多个离散的个体组成时,离散变量的行为几乎与连续变量的行为相似,因此,对此样本集可以进行标准回归分析。当对离散个体的行为进行建模时,离散选择模型是最佳选择之一。

离散选择模型在多个领域中都有应用,尤其是计量经济学和生物统计学。在交通领域中,离散选择模型可用于分析出行者的出行方式选择、不同类型事故的发生概率及影响因素等。

假设 T_{in} 为一个线性函数,它确定了个体 n 的离散结果 i,其公式可写为:

$$T_{in} = \boldsymbol{\beta}_i X_{in} \tag{6-1}$$

式中,$\boldsymbol{\beta}_i$ 是离散结果 i 的可估计参数向量;X_{in} 是确定个体 n 的离散结果的可观察特征(协变量)的向量。

为了得到一个在统计上可估计的概率模型,需要添加一个干扰项 ε_{in},方程(6-1)变为:

$$T_{in} = \boldsymbol{\beta}_i X_{in} + \varepsilon_{in} \tag{6-2}$$

添加干扰项 ε_{in} 的原因如下:
(1)方程(6-1)中省略了部分数据不可获取的重要变量;
(2)方程(6-1)的函数形式具有不确定性(即实际的数据模型可能不是线性的);
(3)可能使用代理变量(近似数据库中缺失变量的变量);
(4)未考虑到 $\boldsymbol{\beta}_i$ 的变化($\boldsymbol{\beta}_i$ 可能在不同的观察情况下会有所变化)。

干扰项 ε_{in} 的存在是为了减少模型误差,使模型能够更好地拟合实际数据。

导出离散结果的可估计概率模型,其公式可写为:

$$P_n(i) = P(T_{in} \geq T_{In}) \,\forall\, I \neq i \tag{6-3}$$

式中,I 表示所有个体 n 的可能结果,$i(i \in I)$;$P_n(i)$ 是个体 n 选择离散结果 i 的概率;T_{in} 即为效用函数。$P(T_{in} \geq T_{In})$ 表示当个体 n 选择离散结果 i 时的效用大于等于个体 n 选择所有可能结果 I 时的效用的概率,其中假设个体 n 会选择效用值最大的方案。

把方程(6-2)代入方程(6-3)得：
$$P_n(i) = P(\boldsymbol{\beta}_i X_{in} + \varepsilon_{in} \geq \boldsymbol{\beta}_I X_{In} + \varepsilon_{In}) \ \forall I \neq i \tag{6-4}$$
或者，也可以写成：
$$P_n(i) = P(\boldsymbol{\beta}_i X_{in} - \boldsymbol{\beta}_I X_{In} \geq \varepsilon_{In} - \varepsilon_{in}) \ \forall I \neq i \tag{6-5}$$

6.1.1 二元选择模型

(1) 二元概率模型

二元概率模型是最简单的离散选择模型。单变量二元模型，其表示单个因变量的二元结果(例如：1 或 0)。假设 y_i 表示因变量的第 i 个观测值，而 x_i 表示对自变量向量的第 i 个观测值向量。因此，通用的单变量二元模型公式可写为：
$$P(y_i = 1) = F(x_i \boldsymbol{\beta}) \quad i = 1, 2, \cdots, n \tag{6-6}$$
式中，P 表示概率；F 表示特定的分布函数；$\boldsymbol{\beta}$ 表示未知参数的向量。例如，事件 $y_i = 1$ 可以表示为第 i 个选择私人小汽车通勤的人，向量 x_i 的元素可能包括第 i 个人的收入和通勤距离。

假设公式(6-6)中分布函数 F 中的参数是关于自变量的线性函数，那么 x_i 不一定是原始的经济变量，如个人收入和通勤成本等，其可以是包含原始变量的各种变换形式。对于函数 F 是关于自变量和未知参数的非线性函数的模型来说，当函数 F 选择不同的分布函数时会产生各种不同的模型。其中，最常用的函数是标准正态分布函数 Φ 和 Logistic 分布函数 Λ。这些函数的定义分别为：$\Phi(x) = \int_{-\infty}^{x}(2\pi)^{-1/2}\exp(-2^{-1}t^2)\mathrm{d}t$ 和 $\Lambda(x) = (1 + \mathrm{e}^{-x})^{-1}$。

当 $F = \Phi$ 时，即 F 为标准正态分布函数时，该模型称为 Probit 模型，当 $F = \Lambda$ 时，即 F 为 Logistic 分布函数时，该模型称为 Logit 模型。

抉择 F 使用哪个函数是基于理论考虑和模型对数据的拟合程度的。经研究发现，如果函数 F 中有多个不同的自变量，或者自变量在函数 F 的参数中出现的方式不同，函数 F 的特定选择对于模型建立是无影响的。

(2) 二元 Probit 模型

当 F 为标准正态分布函数时，假设随机变量 X 只可能取 1 与 2 两个值，由方程(6-5)可得到个体 n 出现 $X = 1$ 的概率的表达式为：
$$P_n(1) = P(\boldsymbol{\beta}_1 X_{1n} - \boldsymbol{\beta}_2 X_{2n} \geq \varepsilon_{2n} - \varepsilon_{1n}) \tag{6-7}$$
式中，ε_{1n} 和 ε_{2n} 服从正态分布，其均值都为 0，其方差分别为 σ_1^2 和 σ_2^2，其协方差为 σ_{12}。将两个服从正态分布的变量相加或相减会产生一个新的服从正态分布的变量，因此，$\varepsilon_{2n} - \varepsilon_{1n}$ 也服从正态分布，其均值为 0，其方差为 $\sigma_1^2 + \sigma_2^2 - \sigma_{12}$，其累积正态函数为：
$$P_n(1) = \frac{1}{\sqrt{2\pi}} \int_{-\infty}^{(\boldsymbol{\beta}_1 X_{1n} - \boldsymbol{\beta}_2 X_{2n})/\sigma} \exp\left(-\frac{1}{2}\omega^2\right) \mathrm{d}\omega \tag{6-8}$$
当假设 $\Phi(\cdot)$ 是标准累积正态分布函数时，则方程(6-8)可表示为：
$$P_n(1) = \Phi\left(\frac{\boldsymbol{\beta}_1 X_{1n} - \boldsymbol{\beta}_2 X_{2n}}{\sigma}\right) \tag{6-9}$$
其中，$\sigma = (\sigma_1^2 + \sigma_2^2 - \sigma_{12})^{0.5}$。此外，方程(6-8)和方程(6-9)中的项"$1/\sigma$"决定了离散结果函数的缩放，"$1/\sigma$"可以设置为任意正值，通常取 $\sigma = 1$。

使用标准最大似然估计法来求解估计参数向量($\boldsymbol{\beta}$)。假设：$\delta_{in} = 1$，如果个体 n 的离散

结果为 i 或者 0,其似然公式为:

$$L = \prod_{n=1}^{N} \prod_{i=1}^{I} P(i)^{\delta_{in}} \tag{6-10}$$

式中,N 表示个体 n 的总数。

在 $i=1$ 或 2 的二进制情况下,上式的对数似然公式可转化为:

$$LL = \sum_{n=1}^{N} \left[\delta_{1n} LN\Phi\left(\frac{\boldsymbol{\beta}_1 X_{1n} - \boldsymbol{\beta}_2 X_{2n}}{\sigma}\right) + (1 - \delta_{1n}) LN\Phi\left(\frac{\boldsymbol{\beta}_1 X_{1n} - \boldsymbol{\beta}_2 X_{2n}}{\sigma}\right) \right] \tag{6-11}$$

以研究某地区居民的通勤方式(自驾车或其他出行方式)为例,设 T_{i1} 和 T_{i0} 分别是第 i 个人与选择自驾车和选择其他出行方式相关的效用,默认人们将选择效用更大的备选方案。当假设是具有附加干扰项的自变量的线性函数时,得到下式:

$$\begin{aligned} T_{1i} &= \boldsymbol{x}'_{1i}\boldsymbol{\beta}_1 + \varepsilon_{1i} \\ T_{0i} &= \boldsymbol{x}'_{0i}\boldsymbol{\beta}_0 + \varepsilon_{0i} \end{aligned} \tag{6-12}$$

式中,假设向量 $\boldsymbol{x}_{1i}$ 与 $\boldsymbol{x}_{0i}$ 是由时间和通勤成本组成的向量,干扰项 ε_{1i} 和 ε_{0i} 是所有未观察到的自变量的总和。如果第 i 个人选择自驾车,设为 $y_i = 1$;如果第 i 个人选择以其他方式出行,则设为 $y_i = 0$,可以得到:

$$P(y_i = 1) = P(T_{1i} > T_{0i}) = F(\boldsymbol{x}'_{1i}\boldsymbol{\beta}_1 - \boldsymbol{x}'_{0i}\boldsymbol{\beta}_0) \tag{6-13}$$

式中,F 是 $(\varepsilon_{0i} - \varepsilon_{1i})$ 的分布函数。Probit 模型从 $(\varepsilon_{0i} - \varepsilon_{1i})$ 的正态性中产生,其正态性可根据中心极限定理来得以证明。

如果 Probit 模型能很好地拟合数据,那么 Logit 模型也可以很好地拟合数据,因为 Logistic 分布函数是类似于标准正态分布函数的。

当用最大似然(ML)估计方法来求解模型中参数向量 $\boldsymbol{\beta}$ 的估计时,似然函数是基于 n 个独立的二元观测值 $y_1, y_2, \cdots, y_n$ 的,可得到下式:

$$L = \prod_{i=1}^{n} F(\boldsymbol{x}'_i\boldsymbol{\beta})^{y_i} [1 - F(\boldsymbol{x}'_i\boldsymbol{\beta})]^{1-y_i} \tag{6-14}$$

最大似然(ML)估计量 $\hat{\boldsymbol{\beta}}$ 是通过最大化 $\ln L$ 获得的。在一般条件下,$\hat{\boldsymbol{\beta}}$ 是连续的,并且在由下式给出的渐近方差-协方差矩阵的情况下,趋向于渐近正态:

$$V\hat{\boldsymbol{\beta}} = \left\{ \sum_{i=1}^{n} \left[\frac{f^2(\boldsymbol{x}'_i\boldsymbol{\beta})}{F(\boldsymbol{x}'_i\boldsymbol{\beta})[1 - F(\boldsymbol{x}'_i\boldsymbol{\beta})]} x_i x'_i \right] \right\}^{-1} \tag{6-15}$$

式中,f 是 F 的导数。

(3) 二元 Logit 模型

当 F 为 Logistic 分布函数时,假设离散随机变量 X 只可能取 1 与 2 两个值,由方程(6-5)可得个体 n 出现 $X=1$ 的概率的表达式为:

$$\begin{aligned} P_n(1) &= P(\boldsymbol{\beta}_1 X_{1n} - \boldsymbol{\beta}_2 X_{2n} \geq \varepsilon_{2n} - \varepsilon_{1n}) \\ &= \frac{1}{1 + e^{-(\beta_1 X_{1n} - \beta_2 X_{2n})}} \end{aligned} \tag{6-16}$$

其中,$\varepsilon_{2n} - \varepsilon_{1n}$ 服从 Logistic 分布,即

$$\begin{aligned} F(\varepsilon_{2n} - \varepsilon_{1n}) &= [1 + e^{-(\varepsilon_{2n} - \varepsilon_{1n})}]^{-1} \\ f(\varepsilon_{2n} - \varepsilon_{1n}) &= \frac{e^{-(\varepsilon_{2n} - \varepsilon_{1n})}}{[1 + e^{-(\varepsilon_{2n} - \varepsilon_{1n})}]^2} \end{aligned} \tag{6-17}$$

同理使用最大似然估计法来求解估计参数向量 $\boldsymbol{\beta}$。需要注意的是,在线性回归分析中,最大似然估计法是通过对对数似然函数求偏导并令其为零,得到 $\boldsymbol{\beta}_1$ 和 $\boldsymbol{\beta}_2$ 的最大似然估计值,由于所得等式对于未知参数都是线性的,因此易求解。但对于 Probit 模型和 Logit 模型来说,相同步骤所得的等式是关于 $\boldsymbol{\beta}_1$、$\boldsymbol{\beta}_2$ 的非线性函数,难以求解。

【例 6-1】 以英国伦敦的交通事故受伤程度研究为例,研究 2020 年伦敦交通事故受伤程度与受伤者年龄、道路限速情况、道路等级以及事故现场的光照情况的关系。

【解】

(1)假设:①交通事故受伤程度分为轻伤和死亡,0 代表轻伤,1 代表死亡;②道路限速情况以 40m/h 为界,1 代表道路限速小于 40m/h,2 代表道路限速大于 40m/h,3 代表高速公路限速;③道路等级共分为五类,1 代表高速公路,2 代表 A 级道路,3 代表 B 级道路,4 代表 C 级道路,5 代表未划分等级的道路;④照明情况共有四种,1 代表日照光,2 代表黑暗但有光(光照不受限制),3 代表黑暗且光照有限,4 代表黑暗且无光。

(2)对原始数据进行初步处理后,如表 6-1 所示。

伦敦 2020 年事故伤亡数据表(部分)　　　　表 6-1

交通事故受伤程度	受伤者年龄	道路限速情况	道路等级	照明情况
0	1	1	3	1
0	1	1	2	1
0	2	1	4	1
0	2	1	2	1
0	3	1	2	1
0	4	1	5	1
0	4	1	4	1
0	4	1	2	1
0	5	1	4	1
0	5	1	3	1
0	5	1	2	1
0	6	1	2	1
0	7	1	5	1
0	7	1	4	1
0	7	1	3	1
0	7	1	2	1
0	7	1	2	3
0	7	3	1	1
0	8	1	5	1
0	8	1	4	1
0	8	1	3	1
0	8	1	2	1

续上表

交通事故受伤程度	受伤者年龄	道路限速情况	道路等级	照明情况
0	8	1	2	3
0	9	1	5	1
0	9	1	5	3
0	9	1	4	1
0	9	1	4	3
0	9	1	3	1
0	9	1	2	1
0	9	1	2	3
…	…	…	…	…

数据来源：英国政府道路交通网站（https://roadtraffic.dft.gov.uk/）。

(3) 根据已有数据建立二元概率模型，本案例运用 STATA 软件进行模型建立与结果输出。分别建立二元 Probit 模型与二元 Logit 模型，并求取两个模型的边际效应。

输出结果解析：

①模型经过多次迭代过程，最终得到所有迭代结果中绝对值最小的最大似然估计值，且模型中最大似然估计值越小，模型的可信度越高。

②似然比统计量是评估模型拟合程度的指标，检验了除常数项外所有变量的联合显著性。

③Prob > chi2 = 0.0000，表明与仅包含常数项的模型相比，该模型从整体而言具有更好的拟合优度。

④Odds Ratio（优势比）指在其他自变量保持不变的情况下，被观测自变量每增加一个单位时，因变量等于 1 发生的变化倍数。例如，在其他自变量保持不变的情况下，受伤者年龄每增加一个单位，交通事故受伤程度为死亡的变化倍数约为 1.049。

⑤受伤者年龄、道路限速情况和事故现场的光照情况对交通事故受伤程度的影响都为正影响；道路等级对交通事故受伤程度的影响为负影响。

⑥两个模型中都显示自变量受伤者年龄和道路等级在 95% 的置信水平下显著，对因变量交通事故受伤程度有影响。

⑦根据每一个因变量等级的边际效应可以解释，当其他自变量保持不变，自变量 x 变化一个单位对输出因变量概率 $P(y=j)$ 的影响，其中正数则为正影响，负数则为负影响。

6.1.2 多元概率模型

多元概率模型是关于多个相互独立的离散随机变量的统计模型，其中的离散随机变量 X 可能取两个以上的值。

1) 有序选择模型

(1) 有序 Probit 模型

有序概率模型（包括 Probit 和 Logit）现已被广泛使用。有序概率模型是通过定义一个未观察到的变量 z 推导出来的，该变量是对数据的有序排序进行建模的基础。这个未观察到

的变量 z 通常被定义为是关于每个个体的线性函数,所以得到:

$$z_n = \boldsymbol{\beta}_n \boldsymbol{X} + \varepsilon_n \tag{6-18}$$

式中,$\boldsymbol{X}$ 是确定所观察个体 n 的离散顺序的变量的向量;$\boldsymbol{\beta}$ 是可估计参数的向量;ε 是随机干扰项。

假设观察到的有序数据为 y,对于每个观察值,可根据方程(6-18)定义为:

$$\begin{aligned}
&\text{当 } z \leqslant \mu_0 \text{ 时}, y = 1 \\
&\text{当 } \mu_0 < z \leqslant \mu_1 \text{ 时}, y = 2 \\
&\text{当 } \mu_1 < z \leqslant \mu_2 \text{ 时}, y = 3 \\
&y = \cdots \\
&\text{当 } z \geqslant \mu_{I-2} \text{ 时}, y = I
\end{aligned} \tag{6-19}$$

式中,μ 是定义对应于整数排序的 y 的可估计参数(也被称为阈值);I 是整数排序的最高结果值。

在进行估计数据整理时,通常会用整数来替代非数字排序(例如:从不 =1、有时 =2、经常 =3),这不失数据的一般性。

μ 是与模型参数 $\boldsymbol{\beta}$ 联合估计的参数。估计问题是确定每个个体 n 的具体有序结果 I 的概率的问题之一,可通过对 ε 的分布进行假设来解决问题。假设 ε 服从正态分布,且其均值等于0,其方差等于1,则有序概率模型的有序选择概率结果如下:

$$\begin{aligned}
P(y=1) &= \boldsymbol{\Phi}(-\boldsymbol{\beta X}) \\
P(y=2) &= \boldsymbol{\Phi}(\mu_1 - \boldsymbol{\beta X}) - \boldsymbol{\Phi}(\boldsymbol{\beta X}) \\
P(y=3) &= \boldsymbol{\Phi}(\mu_2 - \boldsymbol{\beta X}) - \boldsymbol{\Phi}(\mu_1 - \boldsymbol{\beta X}) \\
&\cdots \\
&\cdots \\
&\cdots \\
P(y=I) &= 1 - \boldsymbol{\Phi}(\mu_{I-2} - \boldsymbol{\beta X})
\end{aligned} \tag{6-20}$$

式中,$\boldsymbol{\Phi}(\cdot)$ 表示累积正态分布,则:

$$\boldsymbol{\Phi}(\mu) = \frac{1}{\sqrt{2\pi}} \int_{-\infty}^{\mu} \exp\left(-\frac{1}{2} t^2\right) dt \tag{6-21}$$

在公式(6-20)中,假设阈值 μ_0 为零(后面只需估计 1~2 个阈值),则公式(6-20)可写为:

$$P(y=i) = \boldsymbol{\Phi}(\mu_i - \boldsymbol{\beta X}) - \boldsymbol{\Phi}(\mu_{i+1} - \boldsymbol{\beta X}) \tag{6-22}$$

式中,μ_i 和 μ_{i+1} 分别表示离散结果 i 的最高阈值和最低阈值。

其对应的似然函数为(假设其中总体共有 N 个个体):

$$L(y|\boldsymbol{\beta},\mu) = \prod_{n=1}^{N}\prod_{i=1}^{I} [\boldsymbol{\Phi}(\mu_i - \boldsymbol{\beta X}_n) - \boldsymbol{\Phi}(\mu_{i+1} - \boldsymbol{\beta X}_n)]^{\delta_{in}} \tag{6-23}$$

其中,当个体 n 所观察到的离散结果为 i 时,$\delta_{in} = 1$,否则,$\delta_{in} = 0$。

这个公式的对数似然公式为:

$$LL = \sum_{n=1}^{N}\sum_{i=1}^{I} \delta_{in} \ln[\boldsymbol{\Phi}(\mu_i - \boldsymbol{\beta X}_n) - \boldsymbol{\Phi}(\mu_{i+1} - \boldsymbol{\beta X}_n)] \tag{6-24}$$

$$\frac{P(y=i)}{\partial X} = [\boldsymbol{\Phi}(\mu_{i-1} - \boldsymbol{\beta}X) - \boldsymbol{\Phi}(\mu_i - \boldsymbol{\beta}X)]\boldsymbol{\beta} \qquad (6\text{-}25)$$

式中,$\boldsymbol{\Phi}(\cdot)$表示标准正态分布密度函数。

在实际情况中,可运用有序 Probit 模型来研究出行方式选择问题。比如,调查研究某地区常住人口的交通出行方式选择与性别、年龄、家庭收入等因素之间的关系。

(2)有序 Logit 模型

当存在不可观测的连续随机变量 y_t^*(y_t^* 是决定 y_t 结果的变量)时,适宜用有序多项式模型。其中:

当且仅当 $\alpha_j < y_t^* < \alpha_{j+1}, j = 0,1,\cdots,m, \alpha_0 = -\infty, \alpha_{m+1} = \infty$ 时,$y_i = j$。这个公式适用于交通问题的研究。以研究个人拥有车辆数为例,如果假设 $y_i = j$ 表示第 i 个人拥有 j 辆汽车的事件,而 y_t^* 则可能表示第 i 个人拥有汽车的愿望的强度。此外,假设 $y_t^* - \boldsymbol{x}_t'\boldsymbol{\beta}$ 的分布函数是 F,则有序 Logit 模型公式可定义为:

$$P(y_i = j) = F(\alpha_{j+1} - \boldsymbol{x}_t'\boldsymbol{\beta}) - F(\alpha_j - \boldsymbol{x}_t'\boldsymbol{\beta}) \qquad (6\text{-}26)$$

有序模型因其简单易操作而受到广泛运用。然而,在许多交通问题的分析中,假设多项式变量的结果可以完全由简单连续变量的结果决定,则过于简单化。此外,不是所有有序模型的多项式模型都被称为无序模型。

2)无序选择模型

(1)多项 Logit 模型(MNL)

标准多项 Logit 模型公式如下:

$$P_n(i) = \frac{\exp(\boldsymbol{\beta}_i \boldsymbol{X}_{in})}{\exp[\boldsymbol{\beta}_i \boldsymbol{X}_{in}] + \exp[\ln \sum_{\forall I \neq i} \exp(\boldsymbol{\beta}_i \boldsymbol{X}_{in})]} \qquad (6\text{-}27)$$

或

$$P_n(i) = \frac{\exp(\boldsymbol{\beta}_i \boldsymbol{X}_{in})}{\sum_{\forall I} \exp(\boldsymbol{\beta}_I \boldsymbol{X}_{In})} \qquad (6\text{-}28)$$

对于最大似然估计参数向量 $\boldsymbol{\beta}$ 来说,其对数似然函数为:

$$LL = \sum_{n=1}^{N} \left\{ \sum_{i=1}^{I} \delta_{in} [\boldsymbol{\beta}_i \boldsymbol{X}_{in} - LN \sum_{\forall I} \exp(\boldsymbol{\beta}_I \boldsymbol{X}_{In})] \right\} \qquad (6\text{-}29)$$

式中,I 表示离散结果的个数;δ_{in} 定义为 1;N 表示个体 n 的总数,即总体个数;$\boldsymbol{\beta}_i$ 表示离散结果等于 i 的可估计参数向量;$\boldsymbol{X}_{in}$ 表示确定个体 n 的离散结果的可观察特征(协变量)的向量;$\boldsymbol{X}_{In}$ 表示确定个体 n 的离散结果的所有特征(协变量)的向量。

在实际情况中,可运用多项 Logit 模型来研究交通事故严重程度与道路所在地区、道路等级、天气以及路面状况等因素的相关性。

多项 Logit 模型的一个主要局限在于其独立性假设,即假设不同选择方案的随机效用间相互独立。当考虑交通方式的选择时,假设替代方案包括汽车、公共汽车和地铁,那么独立效用的假设可能是合理的。但是,以著名的蓝巴士红巴士为例,独立效用的假设就显得不合理了。首先,假设通勤者的出行方式有两种选择:小汽车和巴士(假设所有的巴士是红巴士),通勤者选择小汽车或巴士的概率各为 0.5,两者的选择概率之比为 1:1。但如果假设上述的巴士中有一半为蓝巴士,且蓝巴士和红巴士除了颜色不同外,其他都完全相同,同时两者的选择概率之比也为1:1。因此,在加入蓝巴士以后,通勤者选择小汽车、蓝巴士、红巴士的概率各为1/3,三者的选择概率之比为1:1:1。但在现实中,人们在选择巴士时不会考虑巴士颜色,即选择结果与巴士颜色无关,因此选择小汽车或巴士的概率仍各为0.5,选择蓝、红巴士的概率也各为0.5,而不是多项Logit模型预测的33.33%和66.67%。多项Logit模型忽略了蓝巴士和红巴士之间的紧密相关性,所以假设红色巴士和蓝色巴士相关的效用是独立的,显然是不合理的。

当检验多项Logit模型(MNL)模型中各个参数的统计显著性时,可近似使用单侧t检验。为了确定被估计的参数是否与零有显著不同,近似t分布的检验统计量t^*的公式为:

$$t^* = \frac{\boldsymbol{\beta} - 0}{\text{S.E.}(\boldsymbol{\beta})} \tag{6-30}$$

式中,S.E.$(\boldsymbol{\beta})$表示参数的标准误差。

由于多项Logit模型(MNL)是基于极值分布而不是正态分布,所以使用t统计量严格来说是不正确的,即使在实践中t统计量是一个可靠的近似值。

更通用和合适的检验方式是似然比检验法。例如:评估单个参数的显著性、评估模型的整体显著性(类似于最小二乘法的F检验)、检查不同模型结果函数中相同变量的分离参数的适当性,并检查模型结果随时间和空间的可转移性。似然比检验统计量的公式为:

$$LR = 2[LL(_R) - LL(_U)] \tag{6-31}$$

式中,$LL(_R)$是"受限"模型(包含了所有变量X_i)收敛时的对数似然函数值;$LL(_U)$是"非受限"模型(包含了除$X_i, j = 1, 2, \cdots, i$之外的所有变量)收敛时的对数似然函数值。该统计量是服从χ^2分布的,其自由度等于"受限"模型和"非受限"模型之间参数数量的差值(即参数向量$\boldsymbol{\beta}_R$和$\boldsymbol{\beta}_U$中参数数量的差值)。该检验统计量通过比较添加单个变量时似然函数值的改变来进行检验,这是一种较好的检验单个变量显著性的方法。

(2) 条件Logit模型

常用的t检验统计量是基于正态性假设,而多项Logit模型(MNL)模型并不符合这种情况。

条件Logit模型可用来处理$J(J>1)$个替代方案,对于替代方案k的效用来说:

$$Y_k^* = \boldsymbol{X}_k \boldsymbol{\beta} + \varepsilon_k \tag{6-32}$$

式中,$Y^* = T_a - T_b = (\boldsymbol{X}_a - \boldsymbol{X}_b)\boldsymbol{\beta} + (\varepsilon_a - \varepsilon_b)$;$\varepsilon_k$服从第二类极值分布,其对应的密度函数和分布函数分别为:$f(\varepsilon) = \exp(-\varepsilon)\exp(-e^{-\varepsilon})$和$F(\varepsilon) = \exp(-e^{-\varepsilon})$。

选择备选方案k的概率是已定的,是$P_n(T_k > T_j), k \neq j$,可得第t个人选择方案k的概率为:

$$P_n(k) = P_{kt} = \frac{\exp(\boldsymbol{X}_{kt}\boldsymbol{\beta})}{\sum_{j=1}^{J}\exp(\boldsymbol{X}_{jt}\boldsymbol{\beta})} \tag{6-33}$$

但是,回归量的向量(J个回归量的向量)与每个备选方案和模型的一个参数向量相关联。考虑到条件Logit模型的回归量与特定替代方案相关的属性,其条件Logit模型的优势比为:

$$\frac{P_{kt}}{P_{lt}} = \frac{\exp(\boldsymbol{X}_{kt}\boldsymbol{\beta})}{\exp(\boldsymbol{X}_{lt}\boldsymbol{\beta})} = \exp(\boldsymbol{X}_{kt} - \boldsymbol{X}_{lt})\boldsymbol{\beta} \tag{6-34}$$

3) 广义极值模型[GEV(Generalized Extreme Value)]

GEV模型是极值选择模型,旨在放宽多项Logit的IIA假设。其方程为:

$$Y_j = \exp(Z_j) \tag{6-35}$$

式中,Z_j 表示与备选方案 j 相联系的效用的可观察部分。

此外,$G = G(Y_j, \cdots, Y_J)$ 表示基于所有 j 的 Y_j 的公式。

如果 G 满足下列4个特性:

条件1:对于所有正数 Y_j, $G \geq 0$;

条件2:G 具有同质性(homogeneous of degree one);

条件3:对于任意 j 都存在:$Y_j \to \infty$ 时,$G \to \infty$;

条件4:当 i、j 和 k 是不同的值时,函数的偏导数的符号如下:$G_i = \frac{\partial G}{\partial Y_i} \geq 0$, $G_{ij} = \frac{\partial^2 G}{\partial Y_i \partial Y_j} \leq 0$, $G_{ijk} = \frac{\partial^3 G}{\partial Y_i \partial Y_j \partial Y_k} \geq 0$,即奇数阶偏导数非负,偶数阶偏导数非正。

则

$$P_i = \frac{Y_i G_i}{G} = \frac{\exp(Z_i) \frac{\partial G}{\partial Y_i}}{G} \tag{6-36}$$

当 $G(Y_j, \cdots, Y_J) = \sum_{j=1}^{J} Y_j$ 时,为多项Logit模型,则方程(6-34)可改写为:

$$P_n(i) = \frac{Y_i G_i}{G} = \frac{\exp(Z_i) \frac{\partial G}{\partial Y_i}}{\sum_{j=1}^{J} \exp(Z_j)} \tag{6-37}$$

4) Nested Logit 模型(Nested MNL)

如上文所述,多项Logit模型(MNL)的一个限制性特性是:无关选择独立性(IIA)。此特性来源于模型的推导,在上文中的模型推导中,假设干扰项 ε_{in} 在备选方案结果中是独立的、互不相关的,但这在实际的复杂问题中是不现实的,事物之间或多或少都存在着联系,没有完全独立的事物。为了克服简单MNL模型中的IIA限制,McFadden(1981)开发了广义极值模型(GEV),其基于广义极值(GEV)和干扰项 ε_{in} 的假设推导出的模型可以轻松解决IIA问题。

Nested Logit 模型就是基于广义极值模型(GEV)和干扰项 ε_{in} 的假设推导出来的,其以特定的方式放宽了IIA假设。Nested Logit 模型将可能共享未观察到的效果影响的备选方案结果分组到嵌套中(这种共享是违背前文推导中干扰项相关性的假设)。因为离散结果(包括可观察到的和不可观察到的)的概率是由确定这些概率的函数的差异所决定的,如果嵌套中的所有备选方案共享相同的未观察到的效果影响,则每个嵌套中共享的未观察到的效果影响将相互抵消。反之,如果一个嵌套(即一组备选方案)同时包含共享相同的未观察到的效果影响的备选方案和不共享相同的未观察到的效果影响的备选方案,则不会发生这种抵消。

假设决策者面临一组可以划分为子集或嵌套的备选方案,使得:

(1) IIA假设存在于每个嵌套中,即同一嵌套中任意两个备选方案的概率比与其他备选方案无关。

(2) ⅡA 假设不支持不同嵌套中的备选方案,即不同嵌套中任意两个备选方案的概率比取决于其他备选方案的属性。

Nested Logit 模型的公式为:

$$P_n(i) = \frac{\exp[\boldsymbol{\beta}_i X_{in} + \varphi_i L_{in}]}{\sum_{\forall I} \exp(\boldsymbol{\beta}_I X_{In} + \varphi_I LS_{In})} \tag{6-38}$$

$$P_n(j|i) = \frac{\exp[\boldsymbol{\beta}_{j|i} X_n]}{\sum_{\forall J} \exp[\boldsymbol{\beta}_{J|i} X_{Jn}]} \tag{6-39}$$

$$LS_{in} = \ln\left[\sum_{\forall J} \exp(\boldsymbol{\beta}_{J|i} X_{Jn})\right] \tag{6-40}$$

式中,$P_n(i)$ 表示个体 n 具有离散结果 i 时的无条件概率;X 表示确定离散结果概率的可测量特征的向量;$\boldsymbol{\beta}$ 表示可估计参数的向量;$P_n(j|i)$ 表示个体 n 的离散结果在属于结果类别 i 中的 j 的概率;J 表示离散结果的条件集(以 i 为前提条件);I 是结果类别的无条件集;LS_{in} 表示包含性值(即对数和);φ_i 表示一个可估计的参数。此外,由方程(6-38)、方程(6-39)和方程(6-40)可以得到当个体 n 的离散结果为 j 时的无条件概率公式,如下:

$$P_n(j) = P_n(i) \times P_n(j|i) \tag{6-41}$$

6.2 离散-连续模型

在传统的离散选择模型中,研究人员通常建立多个备选方案,从中选择合适的一种。而离散-连续模型是在传统的基础上进行扩展,不仅考虑选择备选方案的数量,还要考虑每个选择的取值。

在交通运输数据分析领域,研究人员普遍使用的是单独研究连续数据或离散数据的统计方法。然而,研究人员也发现了一类涉及离散和连续数据的运输相关问题。例如,通勤者选择自己的车辆类型(离散)和行驶路程(连续),选择路线(离散)和行驶速度(连续),选择行程活动(离散)活动持续时间(连续)。相互关联的离散-连续数据很容易被忽略,甚至有时候也难以识别,它们经常会被认为是连续数据,而实际上这些数据是相互关联的离散-连续过程中的一部分。这种错误的判断会导致估计结果的偏差,从而可能会极大地改变从数据中得出的推论和结论。

6.2.1 选择性偏差

在研究过程中,因样本选择的非随机性而导致所得结论中存在的偏差,称为选择性偏差。选择性偏差是一种认知上的倾向,是指人们在对某一事件作出判断时,往往倾向于某种熟悉的模式,过分强调某种因素的重要性,而忽略了其他潜在的可能性所造成的预测偏差,比如由于人为主观的选择而导致的数据偏差。

【例 6-2】 以预测行驶速度的模型为例,探讨上班路线的选择对行驶速度预测的影响。假设由家到公司上班,通勤者可以选择三条路线通勤:一为四车道干道(限速 60km/h,每个方向两条车道),二为两车道公路(限速 60km/h,每个方向一条车道),三为限制通行的四车道高速公路(限速 90km/h,每个方向两条车道)。在这里,路径选择和行驶速度就存在明显的关联性,因为行车速度可能受到路径选择的影响。

【解】

从模型估计的角度来看,无法观测习惯选择干道的通勤者在高速公路上的行驶速度,也无法观测习惯选择高速公路的通勤者在干道上的行驶速度。开车速度快的通勤者确实更有可能选择高速公路,而速度更慢的通勤者更有可能选择干道。习惯选择干道的通勤者在高速公路上的速度可能与习惯选择高速公路的驾驶人车速不同。如果忽略了路线(离散的)和旅行速度(连续的)之间的这种相互关系,预测行驶速度的统计模型就会出现选择性偏差。误差项是模型解释变量无法解释的部分,如果误认为两个误差项是相互独立的,并使用两个独立的模型对出行方式选择和平均行驶速度建模,模型的参数就容易出现偏差,可能会导致解释变量的错误解释。

考虑通勤者在高速公路上平均行驶速度的初始回归模型。选择性偏差对速度的影响可以表示为:

$$S_{fn} = \boldsymbol{\beta}_f X_n + \boldsymbol{\xi}_{fn} \tag{6-42}$$

式中,S_{fn} 是通勤者 n 在高速公路上的平均行驶速度;X_n 是影响平均行驶速度的通勤者 n 特征的向量;$\boldsymbol{\beta}_f$ 是可估计参数的向量;$\boldsymbol{\xi}_{fn}$ 是影响平均行驶速度的因素中难以观察到的特征向量。

图 6-1 给出了采用上述模型预测平均行驶速度所产生的选择性偏差。

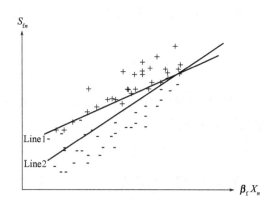

图 6-1 选择性偏差示意图

在该图中,Line1 表示仅使用观测到的数据得到的平均行驶速度预测结果。而 Line2 表示的是考虑了未观测到的情形所建立的速度预测模型得出的真实结果。"+"表示的是通勤者选择高速公路的行驶速度观测值,"-"表示的是通常选择非高速公路的通勤者在高速公路上行驶未观测行驶速度。

从平均速度预测的角度来看,Line1 的问题在于,由于方程估计中存在选择性偏差,任何导致路线选择转变的契机都会影响对平均速度的预测从而出现偏差。例如,如果主干道因改建而被关闭,主干道通勤者转到高速公路进行通勤,其速度将与高速公路通勤者的速度有很大的不同。如果对三条路线的平均速度使用单一的方程进行估计,这个问题也会存在,因为每条路线都有一个基于速度偏好的通勤者样本。

6.2.2 工具变量和期望值法

(1) 工具变量法

校正这种选择性偏差,最简单的方法是工具变量法。如果某一个变量与模型中随机解释变量高度相关,但却与随机误差项不相关,那么就可以用此变量与模型中相应回归系数得到一个一致估计量,这个变量就称为工具变量,这种估计方法就叫工具变量法。

针对上述通勤背景,假设通勤者从三条可能的路线(高速公路、四车道干道和双车道公路)中选择,那么通勤者 n 在所选路线上的平均行驶速度为:

$$S_n = \boldsymbol{\beta} \boldsymbol{X}_n + \partial \boldsymbol{Z}_n + \boldsymbol{\xi}_n \tag{6-43}$$

式中,S_n 是通勤者 n 在所选路线上的平均行驶速度;$\boldsymbol{X}_n$ 是影响平均行驶速度的通勤者 n 特征的向量,这些特征不是所选路线的函数(例如收入、驾驶人年龄);$\boldsymbol{Z}_n$ 是影响通勤者 n 平均行驶速度的特征向量,这些特征是所选路线的函数(如交通信号的数量和行驶距离);$\boldsymbol{\beta}$ 和 ∂ 是相应的可估计参数;$\boldsymbol{\xi}_n$ 是影响行驶速度的未观察到的特征向量。

直接估计方程(6-43)会导致参数估计的偏差和不精确,由于行驶速度和路线选择之间存在着离散-连续的相互关系,因而 $\boldsymbol{Z}_n$ 是内生变量,这是因为,当通勤者选择更高的速度时,$\boldsymbol{Z}_n$ 向量中的元素将发生变化,选择某条特定路线的可能性与速度偏好相互关联。可以用 $\boldsymbol{Z}_n$ 对所有外在变量进行回归的估计值 $\hat{\boldsymbol{Z}}_n$ 来代替 $\boldsymbol{Z}_n$ 的元素。此时平均行驶速度可以表示为:

$$S_n = \boldsymbol{\beta} \boldsymbol{X}_n + \partial \hat{\boldsymbol{Z}}_n + \boldsymbol{\xi}_n \tag{6-44}$$

(2) 期望值法

除工具变量法外,还可以将内生变量直接与相应的离散结果模型联系起来,最常用的方法是使用期望值 $E(Z_{j_n})$ 来代替 $\boldsymbol{Z}_n$ 的元素:

$$E(Z_{jn}) = \sum_{\forall j} \sum_{\forall i} P_n(i) Z_{jn} \tag{6-45}$$

式中,$P_n(i)$ 是由离散结果模型确定的通勤者 n 选择某一条路线 i 的预测概率,于是行驶速度可以表示为:

$$S_n = \boldsymbol{\beta} \boldsymbol{X}_n + \partial \sum_{\forall j} \sum_{\forall i} P_n(i) Z_{jn} + \boldsymbol{\xi}_n \tag{6-46}$$

【例 6-3】对【例 6-2】背景下所产生的选择性偏差进行校正。

可用于估算从家到公司平均速度模型的变量如表 6-2 所示。

模型各变量及其描述　　　　　　　　　　表 6-2

序号	变量描述
1	平均通勤速度,单位:km/h
2	路线选择:1 表示干道;2 表示公路;3 表示高速公路
3	出发时的交通流率,以每小时车辆数计
4	所选路线上的交通信号灯数量

续上表

序号	变 量 描 述
5	所选路线上的距离,以 km 计
6	安全带:如果系了安全带则为1,如果没有则为0
7	车内乘客数量
8	通勤者年龄;1:<23 岁;2:24~29 岁;3:30~39 岁;4:40~49 岁;5:≥50 岁
9	性别。如果是男性为1;女性为0
10	婚姻状况。1 表示单身;0 表示已婚
11	孩子的数量(16 岁或以下)
12	年收入(美元):1:<20000;2:20000~29999;3:30000~39999;4:40000~49999;5:≥50000
13	驾驶车辆的年龄,以年为单位
14	驾驶车辆的制造商来源。1 表示国内;0 表示国外
15	基于车辆燃料效率的旅行运营成本(以美元计)

按照 Logit 模型的估计方法可得:

$$V_a = -0.942(\text{Dista}) \tag{6-47}$$

$$V_t = 1.65 - 1.135(\text{Distt}) + 0.128(\text{Veh-age}) \tag{6-48}$$

$$V_f = -3.20 - 0.694(\text{Distf}) + 0.233(\text{Veh-age}) + 0.764(\text{Male}) \tag{6-49}$$

式中,Dista、Distt 和 Distf 分别是通勤者在干道、双车道公路和高速公路路线上的距离;Veh-age 是通勤者的车龄,以年为单位,Male 男性是一个指标变量,如果通勤者是男性则等于1,如果是女性则等于0。

以下为估计路线的概率:

$$\begin{cases} P(a) = \dfrac{e^{V_a}}{e^{V_a} + e^{V_t} + e^{V_f}} \\ P(t) = \dfrac{e^{V_t}}{e^{V_a} + e^{V_t} + e^{V_f}} \\ P(f) = \dfrac{e^{V_f}}{e^{V_a} + e^{V_t} + e^{V_f}} \end{cases} \tag{6-50}$$

表 6-3 给出了两个模型的估计结果,括号中为 t 统计量。结果表明,对于子女较多的男性出行者,随着行驶距离的增加,平均速度往往会更高;随着信号灯数量和车辆使用年限的增加,平均速度越低。

模型参数估计结果 表 6-3

变 量	未校正的参数估计	修正的参数估计
常数	14.54(2.97)	15.37(2.14)
距离(km)	4.08(7.71)	4.09(2.48)

续上表

变量	未校正的参数估计	修正的参数估计
信号灯数量	−0.48(−1.78)	−1.30(−0.81)
子女数量	3.10(2.16)	2.85(1.75)
婚姻状况(1 未婚,0 已婚)	3.15(1.52)	3.98(1.70)
车辆年限	−0.51(−2.13)	−0.16(−0.57)
样本数	151	151
R^2	0.32	0.13
修正 R^2	0.30	0.10

虽然校正前后两个模型中变量在平均出行速度上的影响方向上一致,但这些变量的估计系数大小及其统计意义差异很大。

具体地,对于校正后的模型结果,信号灯数量和车辆年限不再显著。两种模型结果的差异体现了需要考虑选择性偏差的重要性。如果不校正选择性偏差,可能会得出有关信号灯数量和车辆年限对平均车速有显著影响的错误结论。

6.2.3 选择性偏差校正项

另一种解决选择性偏差问题常用的方法是在预测模型中加入一个选择性偏差校正项,在第一节例子的背景下,可以将通勤者 n 从家到工作地点的平均行驶速度表示成如下公式:

$$E(S_n \mid i) = \beta_i X_n + E(\xi_n \mid i) \tag{6-51}$$

式中,$E(S_n|i)$ 是通勤者 n 在选择路线 i 时的平均行驶速度;X_n 是通勤者 n 特征中影响平均行驶速度的向量;β_i 是可估计参数的向量;$E(\xi_n|i)$ 是条件性的未观察到的特征向量。

请注意,这个方程的右侧省略了与 i 有关的变量[方程(6-45)中的 Z_n]。应用这个方程可以提供对 β_i 的偏差校正和一致性估计。这是因为 ξ_n 的条件期望值 $E(\xi_n|i)$ 占了非随机观察到的行驶速度,而通勤者对路线的选择是有选择性偏差的。

问题就变成了推导出用于方程估计的 $E(\xi_n|i)$ 的表示方法,因此令 γ 表示一个离散结果干扰项的向量,J 是离散结果的总数。条件期望 ξ(以离散结果 K 为条件)可表示为:

$$E(\xi \mid i) = \left(\frac{1}{p_i}\right) \int_{\gamma \mid i} E(\xi \mid \gamma) \prod_{j=1}^{J} f(\varepsilon_j) d\gamma \tag{6-52}$$

式中,p_i 是离散结果 i 的概率。

假设 γ 是广义极值分布,σ^2 是 ξ 的无条件方差,p_i 是 ξ 和离散结果逻辑误差项(由 $\varepsilon_i - \varepsilon_j$ 的差分产生)之间的相关性。则方程(6-52)可以表示为:

$$E(\xi_n \mid i) = (-1)^{J+1}(\sigma 6 p_i / \pi^2)\left\{(1/J)\sum_{j \neq i}^{J}[p_j LN(p_j)/(1-p_j)] + LN(p_i)\right\} \tag{6-53}$$

当使用方程(6-53)时,离散-连续模型中的选择性偏差通过以下三个步骤进行校正:

(1)估算一个多项式 Logit 模型,预测每个观察点的离散结果 i 的概率。

(2)使用对数预测的结果概率计算上式方程中大括号([.])内的每个观察值。

(3)使用步骤(2)中计算的数值,用标准最小二乘法回归方法估计方程(6-51)。该项成为一个单一的可估计参数。

因此,方程(6-51)对每条路线 k 的估计为:

$$S_{in} = \boldsymbol{\beta}_i X_n + \partial_i \lambda_n + \eta_n \quad (6-54)$$

其中:

$$\partial_i = (-1)^{J+1} \left(\frac{\sigma 6 p_i}{\pi^2} \right) \quad (6-55)$$

$$\lambda_n = \left\{ (1/J) \sum_{j \neq i}^{J} [p_j LN(p_j)/(1-p_j)] + LN(p_i) \right\} \quad (6-56)$$

η_n 是一个干扰项,通常的做法是不把 p_i 包括在离散结果 J 的总和中,这样做对 ξ_n 与 $\varepsilon_i - \varepsilon_j$ 之间的相关性施加了一个平等的限制。这一限制通过在求和中移动 p_i 而解除,使得有必要为每个与离散结果 i 相关的连续方程估计 $J-1$ 的选择性偏差参数(α)。

【例6-4】 利用加入选择性偏差校正项对模型进行校正。

计算结果如表6-4所示。

加入选择性偏差校正项校正结果　　　　表6-4

变量	参数估计与选择性校正	未校正的参数估计
常数	77.04(5.25)	26.12(5.03)
车辆载客人数	4.31(1.92)	5.07(2.14)
安全带指示灯(1为系安全带,0为不系安全带)	3.72(1.60)	4.29(1.74)
性别指标(男性为1,女性为0)	3.52(1.53)	3.19(1.30)
驾驶人年龄	0.23(1.96)	0.12(1.57)
家庭年收入(美元)	−0.000175(−2.01)	−0.00009(−1.12)
婚姻状况(1未婚,0已婚)	4.18(1.72)	6.03(2.40)
选择性偏差 α_k	12.55(3.60)	—
样本数量	103	103
R^2	0.22	0.11
修正 R^2	0.16	0.05

该表显示,在151名出行者中,有103人选择了两车道高速公路作为出行路线。

对于加入选择性偏差校正项的模型结果,其选择性偏差参数为12.55,表明了在行驶速度建模过程中样本数据的选择性非常显著。而模型估计系数及统计检验也存在明显差异,说明选择性偏差项的加入对模型结果校正效果较为明显。

6.2.4 离散-连续模型结构

(1) 缩减形式

在研究离散-连续方程系统时,可以通过构建一个模型来连接离散和连续部分。构建模型最普遍的方法是缩减形式。实现缩减形式的一个常见方法是以离散模型为起点,使 T_{in} 成为一个线性函数,并决定了观察点 n 的离散结果 i,使 y_{in} 成为离散-连续模型系统中的相应的连续变量。可以表示为:

$$T_{in} = \boldsymbol{\beta}_i X_{in} + \varphi_i y_{in} + \varepsilon_{in} \quad (6-57)$$

式中，$\boldsymbol{\beta}_i$ 是离散结果 i 的可估计参数向量；$\boldsymbol{X}_{in}$ 是决定通勤者 n 的离散结果的可观察特征（协变量）向量；ε_{in} 是干扰项；φ_i 是可估计参数。

则相应的连续方程为线性函数：

$$y_{in} = \theta_i W_{in} + \nu_{in} \tag{6-58}$$

式中，θ_i 是离散结果 i 的连续变量的可估计参数向量，W_{in} 是决定 y_{in} 的可观察特征（协变量）向量，ν_{in} 是干扰项。方程式(6-58)采用普通最小二乘法估计，并进行适当的选择性偏差校正(如增加一个选择性偏差校正项)。对于离散-连续过程的离散结果部分的估算，要注意方程(6-57)中 y_{in} 是内生的，由于离散-连续结构是相互关联的，因此 y_{in} 随着 T_{in} 的变化而变化。为了避免估算问题，可以通过将方程(6-57)代入方程(6-58)得到一个简化的模型。

$$T_{in} = \boldsymbol{\beta}_i X_{in} + \varphi_i \theta_i W_{in} + \varphi_i \nu_{in} + \varepsilon_{in} \tag{6-59}$$

从而可以很容易地得出离散结果模型。例如，如果假设 ε_{in} 是广义的极值分布，那么就会产生一个多项式 Logit 模型，通勤者 n 得到结果 i 的概率为：

$$P_n(i) = \frac{\exp(\boldsymbol{\beta}_i X_{in} + \varnothing_i W_{in})}{\sum_{\forall I} \exp(\boldsymbol{\beta}_i X_{in} + \varnothing_I W_{in})} \tag{6-60}$$

需要注意的是，由于项 $\varphi_i \nu_{in}$ 在不同的结果 i 中没有变化，因此在 Logit 模型结构中不会体现出来。

(2) 效用理论

另一种构建离散-连续模型结构的常用方法是基于效用理论。如果离散结果模型是以效用最大化为基础的，例如，考虑消费者对车辆品牌、型号、年份以及车辆的年使用量(每年行驶的公里数)。这是一个典型的离散-连续问题，因为消费者在选择车辆类型时，是以品牌、型号和年份来定义的，并对车辆的驾驶次数有一定预期。数据表明，车辆类型和使用量之间具有一定的关系；较新的车型平均被使用的次数比旧车多一些。从建模的角度来看，拥有旧车的消费者使用水平较低，而那些拥有较新车辆的消费者可能是使用水平较高的人。我们可以通过考虑间接效用(作为得出结果概率的基础)与商品需求的关系，推导一个模型。

$$y_{in}^0 = -\frac{\frac{\partial \nu_{in}}{\partial p_{in}}}{\frac{\partial \nu_{in}}{\partial Inc_n}} \tag{6-61}$$

式中，ν_{in} 是离散选择 i 对消费者 n 的间接效用；p_{in} 是消费者消费 i 的单价；Inc_n 是收入；y_{in}^0 是 i 的效用最大化需求。

离散-连续的联系是通过指定间接效用函数 ν_{in}，或商品需求 y 来实现的。

由于没有观察老车主驾驶新车的情况，因此出现了选择性偏差的问题。车辆使用方程可以表示为(也可以先建立一个间接效用函数)：

$$y_{in} = \boldsymbol{\beta}_i X_{in} + \partial_i Z_{in} + \kappa(Inc_n - \pi r_n p_{in}) + \nu_{in} \tag{6-62}$$

式中，y_{in} 是车辆 i 的年利用率(例如每年的公里数)；X_{in} 是决定车辆利用率的消费者特征向量；Z_{in} 是决定车辆利用率的车辆特征向量；Inc_n 是消费者 n 的年收入；r_n 是消费者 n 的车辆预期年利用率；p_{in} 是消费者的利用单价(例如，每公里行驶费用)。$\boldsymbol{\beta}_i$、∂_i、κ、π 是可估计参数，ν_{in} 是干扰项。预期利用率 r_n 用来反映消费者的收入效应

$(Inc_n - \pi r_n p_{in})$，通过对外生变量进行回归和使用方程(6-62)中的预测值来确定外生变量。

由(6-62)，可将 Roy 恒等式转化为偏微分方程：

$$\frac{\partial V_{in}}{\partial Inc_n} y_{in}^0 + \frac{\partial V_{in}}{\partial p_{in}} = 0 \tag{6-63}$$

并且解出 V_{in}，得到：

$$V_{in} = [\boldsymbol{\beta}_i \boldsymbol{X}_{in} + \partial_i \boldsymbol{Z}_{in} + \kappa(Inc_n - \pi r_n p_{in}) + \nu_{in}] e^{-\kappa p_{in}} + \varepsilon_{in} \tag{6-64}$$

式中，ε_{in} 是为估计离散结果模型而添加的干扰项。

如果假设 ε_{in} 是广义极值分布，则会产生具有离散结果的 Logit 模型。在估计方程(6-62)时，需要对车辆特征向量 $\boldsymbol{Z}_{in}$ 进行修正，可以考虑使用工具变量或期望值的方法，以考虑车辆特征的内生性。

此方法的主要缺点是导致产生了间接效用函数或连续方程的非线性形式。例如，从以前的模型来看，线性效用方程产生了一个非线性的间接效用函数。这种非线性使离散结果模型的估计变得复杂。因此，在选择构建模型的方法时，需要对估计便利性和损害理论进行权衡后，再考虑使用缩减形式或是效用理论法。

6.3 计数模型

现实生活中有大量的计数问题，通常以离散的非负整数为计数变量，如一定时间内发生事故的次数、一年中公司申请专利的数量、一年内去医院就诊的次数等。

计数模型(Count Models)在交通领域已被广泛应用，如计算一定时间内的交通事故次数，计算定时段内船舶碰撞次数，或者计算船舶出入一定领域的次数等。在实际应用中，应根据要研究变量的数据类型选择合适的模型。当因变量 y 表示事件发生数目，是离散的整数，即计数变量，并且数值较小，取零的个数多，而解释变量多为定性变量时，应该考虑应用计数模型。

6.3.1 泊松模型

设每个观测值 y_i 都来自一个服从参数为 $m(x_i, \boldsymbol{\beta})$ 的泊松分布的总体：

$$m(x_i, \boldsymbol{\beta}) \equiv E(y_i \mid x_i, \boldsymbol{\beta}) = e^{x_i' \boldsymbol{\beta}} \tag{6-65}$$

对于泊松模型(Poisson Model)，给定 x_i 时 y_i 的条件密度是泊松分布：

$$f(y_i \mid x_i, \boldsymbol{\beta}) = \frac{e^{-m(x_i, \boldsymbol{\beta})} m(x_i, \boldsymbol{\beta})^{y_i}}{y_i !} \tag{6-66}$$

由泊松分布的特点：

$$\text{var}(y_i \mid x_i, \boldsymbol{\beta}) = E(y_i \mid x_i, \boldsymbol{\beta}) = m(x_i, \boldsymbol{\beta}) = e^{x_i' \boldsymbol{\beta}} \tag{6-67}$$

参数 $\boldsymbol{\beta}$ 极大似然估计量(MLE)通过最大化如下的对数似然函数来得到：

$$L(\boldsymbol{\beta}) = \sum_{i=1}^{N} [y_i \ln m(x_i, \boldsymbol{\beta}) - m(x_i, \boldsymbol{\beta}) - \ln(y_i !)] \tag{6-68}$$

若条件均值函数被正确的指定，且 y 的条件分布为泊松分布，则极大似然估计量 $\boldsymbol{\beta}$ 是一致的、有效的，且渐进服从正态分布。

泊松分布最重要的约束条件为式中条件均值和条件方差相等,因此泊松分布的约束条件在经验应用中经常不成立,如果这一约束条件被拒绝,模型就被错误设定。这里要注意泊松估计量也可以被解释成极大似然估计量。

6.3.2 负二项模型

对泊松模型的常用替代是使用一个负二项式(Negative Binomial)分布的似然函数极大化来估计模型,负二项模型是泊松模型的广义形式,不同的是多了个离散参数,能够解释数据的异质性,因此,它比泊松分布更具有适用性。

负二项式分布的对数似然函数如下:

$$L(\boldsymbol{\beta},\eta) = \sum_{i=1}^{N} \{y_i \ln[\eta^2 m(x_i,\boldsymbol{\beta})] - (y_i + 1/\eta^2)\ln[1 + \eta^2 m(x_i,\boldsymbol{\beta})] +$$
$$\ln \Gamma(y_i + 1/\eta^2) - \ln(y_i!) - \ln \Gamma(1/\eta^2), \quad (6-69)$$

式中,η^2 是和参数 $\boldsymbol{\beta}$ 一起估计的参数。当数据过度分散时,经常使用负二项式分布,条件方差大于条件均值,矩条件成立:

$$E(y_i \mid x_i,\boldsymbol{\beta}) = m(x_i,\boldsymbol{\beta}) \quad (6-70)$$
$$\mathrm{var}(y_i \mid x_i,\boldsymbol{\beta}) = m(x_i,\boldsymbol{\beta})[1 + \eta^2 m(x_i,\boldsymbol{\beta})] \quad (6-71)$$

因此,测量了条件方差超过条件均值的程度。

6.3.3 零膨胀泊松模型

零膨胀泊松模型(Hurdle and Zero-Altered Possion Models)是 Mullahey(1986)最先提出了 Hurdle 模型而来,用伯努利分布来描述被解释变量分别为零值和正值的概率。

$$\mathrm{Prob}(y_i = 0) = e^{-\theta} \quad (6-72)$$

$$\mathrm{Prob}(y_i = j) = \frac{(1 - e^{-\theta})e^{-\lambda_i}\lambda_i^j}{j!(1 - e^{-\lambda_i})} \quad j = 1,2,\cdots \quad (6-73)$$

即假设 1 改变了被解释变量取零值的概率,但是所有取值的概率之和保持为 1。

Mullahey(1986),Lambert(1992)等人还分析了 Hurdle 模型的一种扩展情况,即假定被解释变量的零值产生于两个区域(regime)中的一个。在一个区域里,被解释变量总是零,而另一个区域里,被解释变量的取值符合泊松过程,既可能产生零,也可能产生其他数值。即假设 2。

模型形式如下:

$$\mathrm{Prob}(y_i = 0) = \mathrm{Prob}[\mathrm{regime1}]$$
$$+ \mathrm{Prob}[y_i = 0 \mid \mathrm{regime2}]\mathrm{Prob}[\mathrm{regime2}] \quad (6-74)$$

$$\mathrm{Prob}(y_i = j) = \mathrm{Prob}[y_i = j \mid \mathrm{regime2}]\mathrm{Prob}[\mathrm{regime2}] \quad j = 1,2,\cdots \quad (6-75)$$

如果用 z 表示伯努利分布的两种情况,事件发生在区域 1 时令 $z=0$,发生在区域 2 时令 $z=1$,并用 $y*$ 表示区域 2 内被解释变量服从的泊松过程,则所有观察值都可以表示为 $z \times y$。于是这个分离模型可表示为(式中 F 为设定的分布函数):

$$\mathrm{Prob}(z_i = 0) = F(w_i, \boldsymbol{\gamma}) \quad (6-76)$$

$$\mathrm{Prob}(y_i = j \mid z_i = 1) = \frac{e^{-\lambda_i}\lambda_i^j}{j!} \quad (6-77)$$

$$E[y_i] = F \times 0 + (1-F) \times E[y_i^* \mid y_i^* > 0] = (1-F) \times \frac{\lambda_i}{1-e^{-\lambda_i}} \qquad (6-78)$$

Lambert(1992)和 Greene(1994)考虑了许多方法,其中包括应用 Logit 和 Probit 模型描述两个区域各自的发生概率。这些修正的方法改变了泊松分布,即均值和方差不再相等。

6.3.4 案例:交通事故影响因素分析

(1)泊松模型

通过一个案例来更清楚地了解计数模型。数据来源分别为加州(1993—1998)和密歇根州(1993—1997)的事故数据(Vogt and Bared,1998),这些数据时间跨越多个时间段以及超过五个不同的交叉口类型。本案例和以前的研究主题一样,事故数据被认为是近似的泊松或负二项分布,先假定服从泊松分布。本案例设置了一系列简化的解释变量(自变量)用于约束并控制交叉口的伤害事故数量,其中在年平均日交通量的约束中,需要车道数量这一数据,在两州的数据中显示次要道路上有两个车道,主要道路上有四个车道,这是解释变量中的重要组成部分。变量如表6-5所示。

加州和密歇根州事故数据的变量 表6-5

变量缩写	变量含义	最大(小)值	数据平均值	数据标准差
STATE	0 表示加州; 1 表示密歇根州	1(0)	0.29	0.45
ACCIDENT	十字路口发生事故数量	13(0)	2.62	3.36
AADT1	主要道路的年平均日交通量	33058(2367)	12870	6798
AADT2	次要道路的年平均日交通量	3001(15)	596	679
MEDIAN	主要道路的平均宽度	36(0)	3.74	6.06
DRIVE	距离路口250英尺位置的车道数	15(0)	3.10	3.90

事故数据的变量确定后,采用泊松回归模型,对已知的事故数据进行回归分析,如表6-6所示。这个模型包含了1个常量和4个变量:两种年平均日交通量变量(AADT)、车道宽度和车道数。与预期相反,表中的参数系数显示主要道路 AADT 似乎比次要道路 AADT 的影响更小。此外,随着道路平均宽度的增加,事故也会减少。最后,靠近十字路口的车道数量增加了发生伤害事故的概率,估计参数的符号与预期一致。

事故数据的泊松回归结果 表6-6

自变量	系数	t 值
Constant	-0.826	-3.57
AADT1	0.00081	6.90
AADT2	0.00055	7.38
MEDIAN	-0.060	-2.73
DRIVE	0.075	4.54

由此可得该泊松回归模型的数学表达式为:

$$E(y_i) = \lambda_i$$

$$= e^{\beta x_i}$$
$$= e^{-0.83+0.00081\text{AADT}_1+0.00055\text{AADT}_2-0.06\text{MEDIAN}+0.75\text{DRIVE}} \tag{6-79}$$

模型参数是 y_i 期望值的指数相加或相乘,与线性回归模型一样,泊松回归模型提供了估计参数的标准差和近似的 t 值,以及零效应的零假设相关的 p 值,在这种情况下,结果表明,所有估计的模型参数的显著性均超过 0.01 水平。

(2) 负二项模型

对加州(1993—1998)和密歇根州(1993—1997)的事故数据继续进行分析,尽管案例(1)中提供的结果似乎很好地拟合了数据,但可能会出现过度离散的情况,因此采用 Cameron 和 Trivedi 提出的回归测试,该测试结果表明,随机抽样不能令人满意地解释过度离散参数的大小,并且拒绝泊松模型而有利于负二项式模型。这两种情况必须在 0.05 的显著性水平或 95% 的置信水平之上才具有统计学意义。

由于其存在数据过度分散的证据,我们利用事故数据估计了一个负二项模型。估计的负二项回归模型结果如表 6-7 所示。

事故数据的负二项回归结果 表 6-7

自变量	系数	t 值
Constant	-0.931	-2.37
AADT1	0.00090	3.47
AADT2	0.00061	3.09
MEDIAN	-0.067	-1.99
DRIVE	0.063	2.24

由此可得该负二项回归模型的数学表达式为:
$$E(y_i) = \lambda_i$$
$$= e^{\beta x_i}$$
$$= e^{-0.931+0.0009\text{AADT}_1+0.00061\text{AADT}_2-0.067\text{MEDIAN}+0.063\text{DRIVE}} \tag{6-80}$$

与泊松回归模型一样,估计参数的符号是和预期一致的,并且是显著的。此外,过度离散的参数在统计上显著,证实了方差大于均值。

(3) 零膨胀泊松模型

有代表性地选取了中国中部某省某高速公路一年内每天的事故数据,如表 6-8 所示。同时,为了简单且不失一般性,只选取了每天的车流量来作为唯一的协变量。

该高速路段一年内各天发生次数及其频数 表 6-8

事故次数	0	1	2	3	4	5	6	7
频数	300	28	23	8	2	2	1	1

从表 6-8 可以看出,零出现的次数非常多,故有理由认为该计数数据出现了零膨胀现象。在上述分析的基础上,对该实际数据考虑零膨胀泊松回归模型并对其进行分析,具体的,用极大似然估计算法得到相应的参数估计值 $a = -3.34, b = 1.84, \omega = 0.10$,可得 score 检验统计量 $S = 448.67$,对应 $\chi^2_{1,0.01} = 6.637$,则拒绝原假设,认为该数据存在明显的零点膨胀。因此,对上述实际数据考虑零膨胀回归模型是合理的。

据参数估计值可知当车流量控制在 1.84 万辆/日以内，交通事故发生的概率几乎为零；当车流量达到 1.84 万辆/日以上，交通事故发生的频率会明显增加，并会随着车流量的继续增加而导致交通事故的发生频数不断增大。所以当车流量即将超过 1.84 万辆/日时，有关部门就应采取相应的措施，在极端天气出现时，更应及时控制好车流量并提醒驾驶人保持车距。

此外，还可以从贝叶斯方法的角度对该数据进行分析，得到参数估计结果，如表 6-9 所示，MC 误差值都很小，根据计算得到参数估计值 $a = -3.37, b = 1.84, \omega = 0.10$，该结果和前述极大似然估计结果一致。

贝叶斯方法检验结果　　　　　　　　　　表 6-9

node	mean	sd	MC
a	-3.374	0.2193	0.007368
b	1.838	0.1174	0.00394
ω	0.102	0.009918	$1.33E-4$

6.4　本章小结

本章第一节介绍了离散模型，其中包括离散选择模型和离散连续模型两大类。离散选择模型，主要包括了二元 Probit 模型、二元 Logit 模型、有序 Probit 模型、多项 Logit 模型（MNL）、条件 Logit 模型以及 NestedLogit 模型等。这些模型对于离散的、非线性的定性数据的统计分析具有重大作用，因此，在交通领域得到广泛的应用。随着科技的发展，数据的采集逐渐趋于精准，离散选择模型也在不断地发展，成为一项复杂高级的统计分析技术。

第二节离散-连续模型是考虑同时涉及离散和连续数据的问题所建立的模型。离散连续模型能够考虑到传统模型在处理实际问题过程中所带来的选择性偏差，建立更加符合实际意义的模型。在校正选择性偏差的过程中，通常使用工具变量法或期望值法。除此之外，还可以在预测模型中加入一个选择性偏差校正项，从而解决选择性偏差问题。在构建离散连续模型时，常用的两种方法有缩减形式和以效用理论为基础，保持经济上的一致性。两种方法的侧重点不同，在解决实际问题时，应权衡模型构建的便利性和损害理论后，再选择使用哪种方法。

第三节介绍了计数模型，其中包括泊松模型、负二项模型和零膨胀泊松模型。这些模型对于交通问题中常见的计数变量分析具有重大的分析作用。

本章参考文献

[1] Amemiya T. Discrete Choice Models [J]. Econometrics. Palgrave Macmillan, London, 1990：58-69.
[2] 段鹏. 离散选择模型理论与应用研究[M]. 广州：世界图书出版广东有限公司, 2014.

第7章 时间序列模型

7.1 时间序列概述

时间序列,也叫动态数列,是将变量的数据按照时间顺序变动排列而成的一组数列,它反映了变量随时间变化的发展过程。时间序列数据通常由两个要素构成,一个是研究对象所属的时间,另一个是研究对象的属性值。时间序列数据集合可以是:按月统计的道路交通事故发生数、轨道交通运营中某站某时间段的进站或出站客流量等。这些信息是时序的,并且它们与特定的(获取数据时)时间点相关联。

例如,交通流预测问题,交通流的变化不仅与历史数据有关,还受天气、交通事故等因素影响,进而导致了交通流变化的不确定性。交通流预测通过历史数据,结合其他因素的影响,建立合适的模型和方法,对历史数据进行分析,滤除随机性和不确定性成分,分析数据中潜在的规律,以此来预测未来一段时间内交通状态的变化。

7.2 时间序列及其分类

时间序列是指按时间顺序排列,随时间变化且相互关联的数据序列,具有真实性和动态性的特点,其目标就是通过分析变量随时间变化的历史过程,揭示其变化发展规律,并根据历史数据对未来状态进行分析预测。通常应用于交通领域的交通流量、行车速度、空间占有率和港口吞吐量等的预测。

7.2.1 时间序列的属性

时间序列数据具有时间属性,表示该对象所属的时间可以是一段时期,以日为时间单位,或以年为时间单位,甚至更长;也可以是时间点,如年末、月末、年初、月初。

7.2.2 时间序列的分类

为保证准确分析时间序列数据,首先要判定时间序列类型,时间种类不同,则分析方法不同。时间序列按照数列中排列指标的性质可分为:绝对数时间序列、相对数时间序列及平均数时间序列。

(1) 绝对数时间序列

①时期序列：反映现象在一段时期内发展的结果（过程总量）。例如：全国交通事故总数。

②时点序列：反映现象在一定时间点上的水平。例如：年底汽车保有量。

(2) 相对数时间序列

由同类相对数指标值按时间先后顺序形成的序列。例如：居民选择公共交通出行的比重。

(3) 平均数时间序列

由平均数指标值按时间先后顺序排列后形成的序列。例如：我国人均汽车保有量。

7.3 时间序列分解

7.3.1 时间序列构成因素

时间序列数据的变化趋势有四种表现形式，分别为长期变化、季节性变化、循环变动和不规则波动。

(1) 长期变化(Trend)

长期变化通常是指序列某些性质的逐渐变化。它对应于时间序列图随时间移动的一般方向。长期变化通常用简单的趋势曲线表示，具体可分为上升趋势、下降趋势、水平趋势，或分为线性趋势和非线性趋势，通常用 T 表示。预测时间序列趋势的适当方法是最小二乘法、移动平均法等。

(2) 季节变动(Seasonal Variation)

当时间序列倾向于在相同的时间周期内遵循相同或几乎相同的模式时，这种现象被认为是季节变动，通常用 S 表示。季节变动的周期通常呈现规律化的上升或下降，且周期长度通常小于一年。如经济时间序列的年期、交通数据的日期等。季节性指标用来量化时间序列数据的季节性变化。常用的计算方法包括百分比均值评价法、百分比趋势法、百分比移动平均法等。

(3) 循环变动(Cyclical Variation)

循环变动是指现象在较长时间内呈现出的波浪式的起伏变动，通常用 C 表示。与长期趋势变动不同的是，循环变动不是朝着一个方向的持续运动，而是涨落相间的交替变动，如经济周期波动不断重复着上升、顶峰、下降、低谷的过程；与季节变动不同的是，循环变动的周期不是一年，而是一年以上并且无固定的周期长度。在进行循环变动的估计时，需要先校正长期趋势和季节性变化。

(4) 不规则波动(Irregular Random Variation)

不规则波动不遵循任何规律或趋势，因此，随机变化的特征是短时间的剧烈变化。在消除趋势和季节成分后，对随机情况进行估计，通常用 I 表示。尽管随机变化对实际问题的重要性较小，但它们可能包含关于数据基本过程的重要信息，因此在分析中需谨慎处理。随机变化的估计通常在最后进行。

7.3.2 时间序列分解模型

当对时间序列的成分进行分解时,通常将长期变动和循环变动组合为一项,可称为"趋势-周期"项,也可简称为趋势项。因此,时间序列包括三个成分:趋势项、季节项和残差项(残差项包含时间序列中其他所有信息)。

时间序列分析的一项主要内容就是把这三个成分从时间序列中分离出来,并将它们之间的关系用一定的数学关系式予以表达,而后进行分析。常见的时间序列分解模型包括加法模型、乘法模型和加乘混合模型,如果季节项波动的幅度或者趋势项的波动不随时间的变化而变化,那么加法模型是最为合适的。当季节项或趋势项的波动随着时间的变化而变化,则乘法模型更为合适。

(1)加法模型

使用加法模型的假设前提是各个影响因素对时间序列的影响是相互独立且可以相加,加法模型的表达式为:

$$Y_t = T_t + S_t + C_t + I_t \tag{7-1}$$

式中,Y_t 表示时间序列的指数指标;T_t、S_t、C_t、I_t 分别表示长期趋势、季节变动、循环变动、不规则波动。

(2)乘法模型

使用乘法模型的假设前提是各个影响因素对时间序列的影响互不独立,乘法模型的基本表达式为:

$$Y_t = T_t \times S_t \times C_t \times I_t \tag{7-2}$$

一个时间序列往往是所有这些因素的叠加或耦合,类似于波的叠加。乘法模型中 T_t 以原始单位来表示,S_t、C_t、I_t 都是相对数,这些相对数中,如果任何一个数值大于1,表示其相对效果高于趋势值;若小于1,表示其相对效果低于趋势值。

7.4 时间序列预处理

7.4.1 描述性时序分析

通过绘图对时间序列数据进行比较,寻找序列中的规律,如时间序列图、自相关图等。

时间序列图是一种二维平面坐标图,以时间为横轴,序列取值为纵轴,用于描述序列值在一段时间内的变化趋势和波动规律。通过时间序列图,可以更加直观地观察和掌握时间序列的基本分布特征。在进行描述性分析之前,需要了解其概率分布、特征统计量。

(1)概率分布

从统计学的角度分析,随机变量一般采用分布函数或密度函数描述它的统计特征。因此,随机变量集合 $\{X_t\}$ 的统计特征是由其联合分布函数或联合分布密度函数决定。

时间序列$\{x_t, t \in T\}$的概率分布簇为：

$$\{F_{t_1,t_2,\cdots,t_m}(x_1,x_2,\cdots,x_m), \forall m \in (1,2,\cdots,m), \forall t_1,t_2,\cdots,t_m \in T\} \quad (7-3)$$

式中，$F_{t_1,t_2,\cdots,t_m}(x_1,x_2,\cdots,x_m) = P\{X_{t_1} \leq x_1,\cdots,X_{t_m} \leq x_m\}$；$T$为时间集合，随机变量簇的统计特征完全由联合分布函数或联合分布密度函数决定。

(2) 特征统计量

特征统计量一般用来描述时间序列的某些特性，虽然统计特征表述的意义不能描述随机序列全部的统计特性，但因其计算方便、概率意义明显，因此，能代表随机时间序列的主要概率特征，其中主要的特征统计量包括均值、方差、自协方差和自相关系数。

① 均值

当时间序列$\{x_t, t \in T\}$满足$\int_{-\infty}^{\infty} x \mathrm{d}F_t(x) < \infty$时，序列$\{X_t\}$在$t$时刻的均值$\mu_t$为：

$$\mu_t = E(x_t) = \int_{-\infty}^{\infty} x \mathrm{d}F_t(x) \quad (7-4)$$

② 方差

当时间序列$\{x_t, t \in T\}$满足$\int_{-\infty}^{\infty} x^2 \mathrm{d}F_t(x) < \infty$时，序列$\{X_t\}$在$t$时刻的方差$D(x_t)$为：

$$D(x_t) = E(x_t - \mu_t)^2 = \int_{-\infty}^{\infty} (x - \mu)^2 \mathrm{d}F_t(x) \quad (7-5)$$

③ 自协方差

在时间序列$\{x_t, t \in T\}$中任取$t,s \in T$时，序列$\{X_t\}$的自协方差$\gamma_{t,s}$为：

$$\gamma_{t,s} = E(x_t - \mu_t)(x_s - \mu_s) \quad (7-6)$$

④ 自相关系数

由自协方差函数的概念可以等价得到自相关系数$\rho_{t,s}$的概念：

$$\rho_{t,s} = \frac{\gamma(t,s)}{\sqrt{D(x_t) \cdot D(x_s)}} \quad (7-7)$$

根据时间序列的变化趋势，可以分为平稳时间序列和非平稳时间序列。

(1) 平稳时间序列

在检验时间序列的平稳性时，必须要考虑到数据的均值和方差。如果一个时间序列的均值和方差不随时间推移而变化，均为常数，时间序列图显示出该序列始终在一个常数值附近随机波动，且波动的范围有界，则这个时间序列就是平稳时间序列。

① 时序图

时序图实际上就是一个二维的平面坐标图，一般情况下横轴表示时间，纵轴表示时间序列的取值。通过时序图可以更加直观地观察和掌握时间序列的基本分布特征。

由于平稳时间序列的均值和方差均为常数，所以平稳时间序列的时序图应该显示出该序列始终在一个常数值附近随机波动，并且波动的范围是有界的这一特征。若序列不是平稳序列，则时序图显示出该序列具有明显的趋势性或者周期性。拟合一个时间序列时，若序列为非平稳序列，先通过差分法或适当的变换使非平稳序列转化为平稳序列再进行分析。

【例7-1】 在我国交通基础设施建设快速发展、机动车数量快速增长的情况下,对交通安全越发重视,表7-1为某市十年内的道路交通伤害(RTI,Road Traffic Injury)数据,请根据提供数据绘制时序图。

某市十年内道路交通伤害数据　　　　　　　　　　表7-1

年份序号	交通事故次数(次)	死亡人数(人)	受伤人数(人)	直接经济损失(万元)
1	208	78	117	70.997
2	271	103	225	88.434
3	229	126	199	85.011
4	246	132	212	92.112
5	1038	165	904	193.903
6	1532	267	1355	403.793
7	1142	239	1458	206.121
8	749	203	940	180.123
9	691	170	837	259.394
10	483	150	603	145.745

【解】
将某市十年内的交通事故次数、死亡人数、受伤人数、直接经济损失各指标数据作时间序列图,如图7-1所示,可知各指标不随时间的变化而变化。

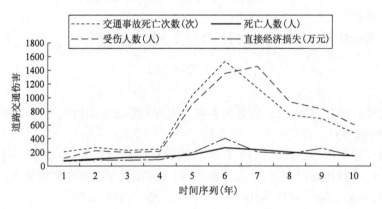

图7-1　某市十年内的RTI时间序列图

② 自相关图

自相关图是一个二维的平面坐标悬垂线图,其中一个坐标表示延迟时期数,另外一个坐标表示自相关系数,一般情况下通过悬垂线来表示自相关系数的大小。可利用自相关系数对时间序列进行平稳性判断,其标准为:随着延迟期数 k 的增加,平稳时间序列的自相关系数 $\rho_{(t,s)}$ 将迅速衰减至零。相反,非平稳序列的自相关系数通常会缓慢衰减至零。

【例 7-2】 表 7-2 为某地区 13 年内的道路交通事故数据。根据全国道路交通事故发生起数历史数据判断序列是否为平稳时间序列。

道路交通事故情况数据　　　　　表 7-2

年份序号	发生数(万起)	死亡人数(万人)	受伤人数(万人)
1	66.751	10.437	49.417
2	51.789	10.708	48.086
3	45.025	9.874	46.991
4	37.878	8.946	43.114
5	32.721	8.165	38.044
6	26.520	7.348	30.492
7	23.835	6.776	27.513
8	21.952	6.523	25.408
9	21.081	6.239	23.742
10	20.420	5.999	22.433
11	19.839	5.854	21.372
12	19.681	5.852	21.188
13	18.778	5.802	19.988

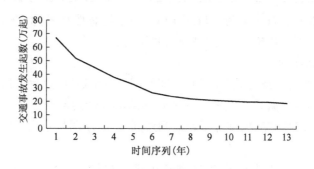

图 7-2　某地区道路交通事故发生起数折线图

【解】

首先要考察时序图,其次要观察序列的自身特性,同时要结合数据的自相关图和偏自相关图以及单位根(ADF)进行考察。某地区 13 年内道路交通事故起数自相关图、偏自相关图和相关参数见表 7-3,单位根(ADF,Augmented Dickey-Fuller test)检验结果见表 7-4。ADF 检验是用来判断序列是否存在单位根:如果序列平稳,就不存在单位根;否则,就会存在单位根。

某地区 13 年内道路交通事故起数自相关图、偏自相关图及相关参数　　表 7-3

自相关图	偏自相关图	事故起数序列	自相关系数	偏自相关系数	Q 统计量	概率值（P 值）
		1	0.667	0.667	7.223	0.007
		2	0.443	-0.002	10.708	0.005
		3	0.230	-0.118	11.735	0.008
		4	0.054	-0.100	11.798	0.019
		5	-0.101	-0.123	12.048	0.034
		6	-0.197	-0.067	13.127	0.041
		7	-0.265	-0.088	15.412	0.031
		8	-0.307	-0.094	19.088	0.014
		9	-0.316	0.074	23.964	0.004
		10	-0.299	-0.067	29.785	0.001
		11	-0.245	-0.025	35.637	0.000
		12	-0.163	0.002	40.797	0.000

ADF 检验结果　　表 7-4

参　　数		t 统计量	概率值（P 值）
ADF 统计量		-11.67037	0.0000
显著性水平	1%	-4.121990	
	5%	-3.144920	
	10%	-2.713751	

由 ADF 检验结果可知，t 值为 -11.670 37，小于显著性水平为 1%、5%、10% 时的临界值，判定该时间序列不存在单位根，为平稳时间序列。

（2）非平稳时间序列

时间序列数据的均值或方差与时间有关时，不具有平稳性，这种与时间相关的序列称为非平稳时间序列，相关数据无法呈现出一个长期趋势并最终趋于一个常数或是一个线性函数。若序列不是平稳时间序列，即非平稳时间序列，则时序图显示出该序列具有明显的趋势性或者周期性。

【例 7-3】　汽车保有量指一个地区拥有车辆的数量，一般是指在当地登记的车辆数。表 7-5 为某国 12 年内不同类型汽车拥有量历史数据，根据提供的数据绘制时序图并进行说明。

某国 12 年内不同类型汽车拥有量数据　　表 7-5

类型/年份序次	私人汽车拥有量（万辆）	民用汽车拥有量（万辆）	公路营运汽车拥有量（万辆）
1	3501.39	5099.61	930.61
2	4574.91	6280.61	1087.35
3	5938.71	7801.83	1133.32

续上表

类型/年份序次	私人汽车拥有量 (万辆)	民用汽车拥有量 (万辆)	公路营运汽车拥有量 (万辆)
4	7326.79	9356.32	1263.75
5	8838.6	10933.09	1339.89
6	10501.68	12670.14	1504.73
7	12339.36	14598.11	1537.93
8	14099.1	16284.45	1473.12
9	16330.22	18574.54	1435.77
10	18515.11	20906.67	1450.22
11	20574.93	23231.23	1435.48
12	22508.99	25376.38	1165.49

【解】
根据提供的不同类型汽车拥有量历史数据,以时间为横轴,不同类型汽车拥有量(万辆)为纵轴,绘制了12年内的汽车拥有量时间序列图,如图7-3所示。

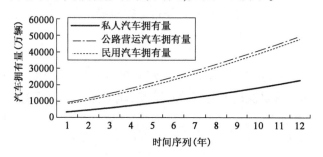

图7-3 汽车拥有量时间序列图

通过观察时序图的序列特征可以明显地看出,中国不同类型的汽车拥有量序列有明显的递增趋势,所以它们都不是平稳时间序列。

7.4.2 统计时序分析

描述性时序分析方法仅适用于表现出明显规律的时间序列,而随机变量通常具有较强的随机性,仅通过简单观察和描述较难预测其规律及未来走势。为了更准确地估计随机序列的发展规律,可以使用数理统计学的原理来分析时间序列值内在的相关关系。时间序列的统计分析方法有两大类,分别为频域分析方法和时域分析方法。

(1)频域分析方法

时间序列频域分析方法主要用于分析序列中存在的频率、振幅、相位等特性,也称作谱分析。该分析方法将时间序列看作是不同周期的谐波叠加而成,通过研究波动的频率特征,来揭示时间序列中隐含的周期性特征,这是一种非常有用的纵向数据分析方法,但分析过程比较复杂,分析结果也较抽象,具有一定的局限性。

(2) 时域分析方法

时域分析方法主要是从序列的自相关角度来分析时间序列的发展规律，相较于频域分析方法，这种方法理论基础扎实，分析结果也易于解释，为时间序列的主流分析方法。

时域分析方法的基本思想是认为事件的发展具有一定的相关性，即序列值之间具有一定的相关关系，这种相关关系具有一定的统计规律。寻找这种规律，拟合出适合的数学模型来描述它，便可以利用这个拟合模型来预测时间序列的未来走势。

7.4.3 平稳性检验

(1) 平稳时间序列的定义

平稳性是时间序列分析中重要的概念，指的是时间序列的趋势和可变性。在对时间序列建模之前，数据必须平稳的。平稳时间序列有严平稳和宽平稳两种定义。

① 严平稳

当序列的统计特征不随时间平移而变化时，则称该序列为严平稳时间序列，其数学表达为：

对任意整数 m 和 τ，有：

$$F_{t_1,t_2,\cdots,t_m}(x_1,x_2,\cdots,x_m) = F_{t_{1+\tau},t_{2+\tau},\cdots,t_{m+\tau}}(x_1,x_2,\cdots,x_m)$$
$$\forall t_i, t_{i+\tau} \in T \quad i = 1,2,\cdots,m \tag{7-8}$$

在实际应用中，严平稳时间序列的概率分布是很难确定出来的，因此应用更为广泛的是条件较为宽松的宽平稳时间序列。

② 宽平稳

当序列使用统计特征来定义时，则称该序列为宽平稳时间序列。当序列的统计特征主要由它的低阶矩决定时，只要保证序列低阶矩平稳，就能保证序列具有近似稳定的性质。宽平稳时间序列的数学表达为：

对任意整数 t、s、k，有：

$$\begin{cases} EX_t^2 < \infty \\ EX_t = \mu, \mu \text{ 为常数} \\ \gamma(t,s) = \gamma(k,k+s-t) \end{cases} \tag{7-9}$$
$$\forall t,s,k \in T, \text{且 } k+s-t \in T$$

从序列两种定义的数学表达式可以明显看出严平稳的条件相较于宽平稳更加严格，严平稳需要保证序列的统计特征相同，对序列的联合分布有所要求；而宽平稳只需要保证序列的低阶矩平稳。所以，一般情况下满足严平稳的序列也满足宽平稳条件。但这不是绝对的，也有不存在一、二阶矩的特例。严格来说，只有存在二阶矩的严平稳序列才一定满足宽平稳的条件。

宽平稳时间序列在实际应用中最为广泛，在没有特别说明的情况下都是宽平稳时间序列。

(2) 平稳时间序列的统计性质

对于随机变量 X，可以计算其均值 μ、方差 μ^2，对于两个随机变量 X 和 Y，可以计算 X 和 Y 的滞后 k 阶自协方差 $\text{cov}(X_t, X_{t+k}) = \gamma_k$，以及滞后 k 阶自相关系数 $\rho_k = \dfrac{\gamma(k)}{\gamma(0)}$，时间序列

$\{X_t\}$ 中两个随机变量的协方差叫作自协方差。自协方差函数和自相关系数这两个特征统计量度量了同一事件在两个不同时期之间的相互影响程度。

根据平稳时间序列的数学表达式引出滞后 k 阶数的序列自协方差函数，对于任意的整数 t、$t+k$，有：

$$\gamma(k) = \gamma(t, t+k) \tag{7-10}$$

根据这一特性，容易推导出平稳时间序列方差一定为常数，即对于任意的整数 t，有：

$$DX_t = \gamma(t,t) = \gamma(0) \tag{7-11}$$

同理可得，滞后 k 阶数序列的自相关系数为：

$$\rho_k = \frac{\gamma(t, t+k)}{\sqrt{D(x_t) \cdot D(x_{s+k})}} = \frac{\gamma(k)}{\gamma(0)} \tag{7-12}$$

假定某个时间序列是由某个随机过程生成的，即假定时间序列 $\{X_t\} = (t = 1, 2, \cdots, t)$ 的每个数值都是从一个概率分布中随机得到，当随机时间序列的均值 $\mu = E(x_t)$ 是与时间 t 无关的常数，方差 $D(x_t) = E(x_t - \mu_t)^2$ 是与时间 t 无关的常数，自协方差 $\gamma_{t,s}$ 是只与时间间隔 k 有关，而与时间 t 无关的常数，则称该随机时间序列是平稳的，该随机过程是平稳随机过程。

7.4.4 纯随机性检验

如果序列值相互之间没有任何相关关系，序列在进行完全无序的随机波动，即过去的行为不会影响到未来的发展，这种序列称为纯随机序列，又称白噪声序列，白噪声序列是没有信息可提取的平稳序列。

对于得到的观察值序列的检验，要通过平稳性检验判断它的平稳性，通过检验，序列可以分为平稳序列和非平稳序列两类。对于平稳非白噪声序列，它的均值和方差是常数。通常是建立一个线性模型来拟合该序列的发展，借此提取该序列的有用信息。

非平稳序列由于不具有二阶矩平稳的性质，需要进行更进一步的检验和处理之后，才能进行模型的拟合。而对于平稳序列，需要判断序列是否值得建模。只有序列值之间具有密切的相关关系，序列的历史数据值对于未来的发展有着一定的影响，才值得花时间挖掘历史数据之中的有效信息，用来预测序列的未来发展。

如果序列值相互之间没有任何相关关系，那就意味着过去的行为不会影响到未来的发展，这种序列称为纯随机序列。

(1) 纯随机序列的定义

若时间序列 $\{X_t\}$ 满足：

①当 $\forall t \in T$ 时，序列的均值为常数，即 $EX_t = \mu$。

②当 $\forall t, s \in T$，存在不同时刻的自相关系数为 0，即 $\gamma(t,s) = \begin{cases} \sigma^2, t = s \\ 0, t \neq s \end{cases}$。

则称该序列 $\{X_t\}$ 为纯随机序列，也称为白噪声序列，简记为 $X_t = WN(\mu, \sigma^2)$。白噪声序列一定是平稳序列，且是最简单的平稳序列。

(2) 白噪声序列的性质

白噪声序列具有当 $\forall k \neq 0, \gamma(k) = 0$ 的性质，这说明序列的各项数值之间没有任何相关关系;若序列∃$k≠0$,$\gamma(k)≠0$,则说明该序列不是纯随机序列,序列每k期的序列值之间有一定的相关关系。

(3)纯随机检验

纯随机检验是专门用来检验序列是否是纯随机序列的一种检验方法。如果序列为纯随机序列,应满足$\gamma(k)=0$,$\forall k≠0$,序列值之间没有任何相关关系。但实际情况下,纯随机序列的样本自相关系数不会绝对为零。

7.5 平稳时间序列分析

7.5.1 ARMA 模型

ARMA 模型全称为自回归移动平均模型,是拟合平稳序列的最常用模型。该模型又可以细分为 AR 模型、MA 模型以及 ARMA 模型三大类。

(1)AR 模型

①AR 模型的定义

AR 模型是线性时间序列分析模型中最简单的模型。通过自身前面部分的数据与后面部分的数据之间的相关关系(自相关)来建立回归方程,从而可以进行预测或者分析。

将具有如下结构的 p 阶自回归模型简称为 AR(p):

$$x_t = \varphi_0 + \varphi_1 x_{t-1} + \varphi_2 x_{t-2} + \cdots + \varphi_p x_{t-p} + \varepsilon_t \tag{7-13}$$

即随机变量 X_t 在时刻 t 时的取值 x_t 是前 p 期 $x_{t-1},x_{t-2},\cdots,x_{t-p}$ 的多元线性回归。当 $\varphi_0=0$ 时,模型称为中心化 AR(p)模型。

该模型具有三个限制条件,分别为:

$$\begin{cases} \varphi_p \neq 0 \\ E(\varepsilon_t) = 0 \quad \mathrm{Var}(\varepsilon_t) = \sigma_\varepsilon^2 \quad E(\varepsilon_t \varepsilon_s) = 0 \quad s \neq t \\ E(x_s \varepsilon_t) = 0 \quad \forall s < t \end{cases} \tag{7-14}$$

式中,$\varphi_p \neq 0$ 保证了 p 为模型的最高阶数,其他两个限制条件则要求误差项的随机干扰序列$\{\varepsilon_t\}$为零均值白噪声序列,并说明了当期的随机干扰与过去的序列值无关。通常会省略 $\varphi_p \neq 0$ 这一限制条件,将模型记为:

$$x_t = f_0 + f_1 x_{t-1} + f_2 x_{t-2} + \cdots + f_p x_{t-p} + \varepsilon_t \tag{7-15}$$

②平稳 AR 模型的统计性质

对于满足了平稳性条件的 AR(p)模型,可以计算其随机变量 X_t 的均值 μ、方差 μ^2。同时也可计算模型的自相关系数,平稳 AR(p)模型的自相关系数具有拖尾性和呈指数衰减两个显著性质。

a.均值

根据满足平稳性条件的序列,其均值为常数这一特点,可得$\{X_t\}$的均值为:

$$Ex_t = E(\varphi_0 + \varphi_1 x_{t-1} + \varphi_2 x_{t-2} + \cdots + \varphi_p x_{t-p} + \varepsilon_t) = \mu(\forall t \in T) \tag{7-16}$$

且因为$\{\varepsilon_t\}$为白噪声序列,有 $E\varepsilon_t = 0$,所以式(7-13)等价为:

$$(1 - \varphi_1 - \cdots - \varphi_p)\mu = \varphi_0 \Rightarrow \mu = \frac{\varphi_0}{1 - \varphi_1 - \cdots - \varphi_p} \tag{7-17}$$

b. 方差

在计算平稳 AR(p) 模型的方差之前,先给出 Green 函数的定义:

设模型的特征根为 $\lambda_1, \lambda_2, \cdots, \lambda_p$,则模型可写为:

$$\begin{aligned} x_t &= \frac{\varepsilon_t}{\Phi(B)} \\ &= \sum_{i=1}^{p} \frac{k_i}{1 - \lambda_i B} \varepsilon_t \\ &= \sum_{i=1}^{p} \sum_{j=0}^{\infty} k_i (\lambda_i B)^j \varepsilon_t \\ &= \sum_{j=0}^{\infty} \sum_{i=1}^{p} k_i \lambda_i^j \varepsilon_{t-j} \\ &= \sum_{j=0}^{\infty} G_j \varepsilon_{t-j} \end{aligned} \tag{7-18}$$

其中,$G_0 = 1, G_j = \sum_{i=1}^{p} k_i \lambda_i^j (j = 1, 2, \cdots)$。式中,$\Phi(B)$ 是一个多项式形式的滞后算子 (lagoperator),用于描述时间序列数据的自回归特性。

可以确定 Green 函数的递推公式为:

$$\begin{cases} G_0 = 1 \\ G_j = \sum_{k=1}^{j} \varphi'_k G_{j-k} \quad j = 1, 2, \cdots \end{cases} \tag{7-19}$$

其中:

$$\varphi_k = \begin{cases} \varphi_k, k \leq p \\ 0, k > p \end{cases} \tag{7-20}$$

根据 Green 函数可以求出平稳 AR(p) 模型的方差,有:

$$\text{Var}(x_t) = \sum_{j=0}^{\infty} G_j^2 \text{Var}(\varepsilon_t) \tag{7-21}$$

式中,根据 $\{\varepsilon_t\}$ 为白噪声序列的特点,所以 $\text{Var}(x_t) = \sum_{j=0}^{\infty} G_j^2 \sigma_\varepsilon^2$。

(2) MA 模型

① MA 模型的定义

将具有如下结构的 q 阶移动平均模型简称为 MA(q):

$$x_t = \mu + \varepsilon_t - \theta_1 \varepsilon_{t-1} - \theta_2 \varepsilon_{t-2} - \cdots - \theta_q \varepsilon_{t-q} \tag{7-22}$$

式中,θ 是模型中的移动平均系数,用来描述当前时间点的值与之前 q 期的误差项之间的线性关系。

即随机变量 X_t 在时刻 t 时的取值 x_t 是前 q 期的随机干扰 $\varepsilon_{t-1}, \varepsilon_{t-2}, \cdots, \varepsilon_{t-q}$ 的多元线性函数。

该模型具有两个限制条件,分别为:

$$\begin{cases} \theta_q \neq 0 \\ E(\varepsilon_t) = 0 \quad \text{Var}(\varepsilon_t) = \sigma_\varepsilon^2 \quad E(\varepsilon_t \varepsilon_s) = 0 \quad s \neq t \end{cases} \tag{7-23}$$

式中，$\theta_q \neq 0$ 保证了 q 为模型的最高阶数，另外一个限制条件则保证了随机干扰序列 $\{\varepsilon_t\}$ 为零均值白噪声序列。通常会省略 $\theta_q \neq 0$ 这一限制条件，将模型记为：

$$x_t = \mu + \varepsilon_t - \theta_1 \varepsilon_{t-1} - \theta_2 \varepsilon_{t-2} - \cdots - \theta_q \varepsilon_{t-q} \qquad (7-24)$$

②MA 模型的统计性质

对 MA(q) 模型，可以计算其随机变量 X_t 的常数均值 μ、常数方差 μ^2。MA(q) 模型的偏自相关系数具有拖尾性。

a. 均值

当 $q < \infty$ 时，MA(q) 模型具有常数均值：

$$Ex_t = E(\mu + \varepsilon_t - \theta_1 \varepsilon_{t-1} - \theta_2 \varepsilon_{t-2} - \cdots - \theta_q \varepsilon_{t-q}) = \mu \qquad (7-25)$$

b. 方差

模型的常数方差 μ^2 可用下式求得：

$$\begin{aligned} \text{Var}(x_t) &= \text{Var}(\mu + \varepsilon_t - \theta_1 \varepsilon_{t-1} - \theta_2 \varepsilon_{t-2} - \cdots - \theta_q \varepsilon_{t-q}) \\ &= (1 + \theta_1^2 + \cdots + \theta_q^2) \sigma_\varepsilon^2 \end{aligned} \qquad (7-26)$$

(3) ARMA 模型

①ARMA 模型的定义

将具有如下结构的模型称为自回归移动平均模型，简记为 ARMA(p,q)：

$$x_t = \phi_0 + \phi_1 x_{t-1} + \cdots + \phi_p x_{t-p} + \varepsilon_t - \theta_1 \varepsilon_{t-1} - \cdots - \theta_q \varepsilon_{t-q} \qquad (7-27)$$

其中：

$$\begin{cases} \phi_p \neq 0, \theta_q \neq 0 \\ E(\varepsilon_t) = 0 \quad \text{Var}(\varepsilon_t) = \sigma_\varepsilon^2 \quad E(\varepsilon_t \varepsilon_s) = 0 \quad s \neq t \\ E(x_s \varepsilon_t) = 0 \quad \forall s < t \end{cases} \qquad (7-28)$$

即随机变量 X_t 在时刻 t 时的取值 x_t 是前 p 期 $x_{t-1}, x_{t-2}, \cdots, x_{t-p}$ 以及前 q 期的随机干扰 $\varepsilon_{t-1}, \varepsilon_{t-2}, \cdots, \varepsilon_{t-q}$ 的多元线性函数。

特别的，当 $q = 0$ 时，ARMA(p,q) 模型则为 AR(p) 模型，而当 $p = 0$ 时，ARMA(p,q) 模型则为 MA(q) 模型。所以，AR(p) 模型和 MA(q) 模型其实是 ARMA(p,q) 模型的特例，可将其统称为 ARMA(p,q) 模型。ARMA(p,q) 模型具有自相关系数不截尾，偏自相关系数也不截尾的性质。

②ARMA 模型的传递和逆转形式

对于一个具有平稳性和可逆性的 ARMA(p,q) 模型，通过它的传递形式 $x_t = \Phi^{-1}(B)\Theta(B)\varepsilon_t = \sum_{j=0}^{\infty} G_j \varepsilon_{t-j}$，容易得到模型的 Green 函数为：

$$\begin{cases} G_0 = 1 \\ G_k = \sum_{j=1}^{k} \varphi_j' G_{k-j} - \theta_k' \quad k \geq 1 \end{cases} \qquad (7-29)$$

其中：

$$\varphi_j' = \begin{cases} \varphi_j & 1 \leq j \leq p \\ 0 & j > p \end{cases} \quad \theta_k' = \begin{cases} \theta_k & 1 \leq k \leq q \\ 0 & k > q \end{cases} \qquad (7-30)$$

模型的逆转形式为 $\varepsilon_t = \Theta^{-1}(B)\Phi(B) x_t = \sum_{j=0}^{\infty} I_j x_{t-j}$，可以得到逆函数为：

$$\begin{cases} I_0 = 1 \\ I_k = \sum_{j=1}^{k} \theta'_j I_{k-j} - \phi'_k \quad k \geqslant 1 \end{cases} \quad (7\text{-}31)$$

其中：

$$\theta'_j = \begin{cases} \phi_j & 1 \leqslant j \leqslant p \\ 0 & j > p \end{cases} \quad \phi'_k = \begin{cases} \theta_k & 1 \leqslant k \leqslant q \\ 0 & k > q \end{cases} \quad (7\text{-}32)$$

③ARMA 模型的统计性质

对于 ARMA(p,q)，可以计算其随机变量 X_t 的均值 μ，同时可以计算 X 和 Y 协方差 $\text{cov}(X_t, X_{t+k}) = \gamma_k$ 和自相关系数 $\rho_L = \dfrac{\gamma_L}{\gamma_0}$。

a. 均值

若 ARMA(p,q) 模型为非中心化平稳可逆模型，则模型的均值为：

$$Ex_t = \frac{\phi_0}{1 - \phi_1 - \cdots - \phi_p} \quad (7\text{-}33)$$

b. 自协方差函数

ARMA(p,q) 模型的自协方差函数可通过下式进行计算：

$$\begin{aligned} \gamma_k &= E(x_t, x_{t+k}) \\ &= E\left[\left(\sum_{i=0}^{\infty} G_i \varepsilon_{t-i}\right)\left(\sum_{j=0}^{\infty} G_j \varepsilon_{t+k-j}\right)\right] \\ &= E\left(\sum_{i=0}^{\infty} G_i \sum_{j=0}^{\infty} G_j \varepsilon_{t-i} \varepsilon_{t+k-j}\right) \\ &= \sigma_\varepsilon^2 \sum_{i=0}^{\infty} G_i G_{i+k} \end{aligned} \quad (7\text{-}34)$$

c. 自相关系数

ARMA(p,q) 模型的自相关系数的表达式为：

$$\rho = \frac{\gamma_k}{\gamma_0} = \frac{\sum_{j=0}^{\infty} G_j G_{j+k}}{\sum_{j=0}^{\infty} G_j^2} \quad (7\text{-}35)$$

7.5.2 指数平滑法

指数平滑法（Exponential Smoothing）是类似于移动平均法的时间序列分析预测方法，其区别在于指数平滑法赋予最近数据点更大的权重。该方法假定了时间序列的基本模式和不规则运动的存在。同时，该方法区分了基本模式和不规则运动，并消除后者。

假设使用移动平均法的数学表达式计算序列的移动平均值，只使用最近的观测值，结果为：

$$F_{t+1} = \frac{Y_t}{N} - \frac{F_t}{N} + F_t = \frac{1}{N} Y_t + \left(1 - \frac{1}{N}\right) F_t \quad (7\text{-}36)$$

式中，N 是窗口大小式平滑因子，表示用于计算移动平均的观测值的数量。它控制了当前观测值在计算中的影响程度。

由式可知,该周期对于最近时期观测值的加权为$(1/N)$,对同一时期的预测值的加权为$\frac{1}{1-N}$,令$\alpha=1/N$,则式子变为:

$$F_{t+1} = \alpha Y_t + (1-\alpha)F_t \tag{7-37}$$

这是指数平滑方程的一般形式。其中,Y_t、F_t分别为时间t的实际观测值和预测值,参数α为平滑系数$(0<\alpha<1)$。

由于只使用最近的数据,因此不需要再存储大量过去的数据,F_t的值被扩大为$F_t = \alpha Y_{t-1} + (1-\alpha)F_{t-1}$,由式子及其展开式可得:

$$\begin{aligned}F_{t+1} &= \alpha Y_t + (1-\alpha)[\alpha Y_{t-1} + (1-\alpha)F_{t-1}] \\ &= \alpha Y_t + \alpha(1-\alpha)Y_{t-1} + (1-\alpha)^2 F_{t-1}\end{aligned} \tag{7-38}$$

递归地将F_t代入每一个$i=t,t-1,\cdots$,最后的方程为:

$$F_{t+1} = \alpha Y_t + \alpha(1-\alpha)Y_{t-1} + \alpha(1-\alpha)^2 Y_{t-2} + \alpha(1-\alpha)^3 Y_{t-3} + \cdots \tag{7-39}$$

7.5.3 ARIMA 模型

ARIMA(差分整合移动平均自回归模型)模型的常用符号是ARIMA(p,d,q),其中p表示模型的自回归参数,q表示移动平均参数,d表示使其成为平稳序列所需的差分次数。当一个序列静止时,ARIMA 模型变成 ARMA。

差分整合移动平均自回归模型具有以下结构,可记为ARIMA(p,d,q)模型:

$$\begin{cases} \Phi(B)\nabla^d x_t = \Theta(B)\varepsilon_t \\ E(\varepsilon_t)=0 \quad \mathrm{Var}(\varepsilon_t)=\sigma_\varepsilon^2 \quad E(\varepsilon_t \varepsilon_s)=0 \quad s\neq t \\ E(x_s \varepsilon_t)=0 \quad \forall s<t \end{cases} \tag{7-40}$$

其中,$\nabla^d = (1-B)^d$,为差分操作,其中d表示差分次数,$\Phi(B)=1-\varphi_1 B-\cdots-\varphi_p B^p$是ARMA$(p,q)$模型的自回归系数多项式;$\Theta(B)=1-\theta_1 B-\cdots-\theta_q B^q$是ARMA$(p,q)$的移动平滑系数多项式。可简记为:

$$\nabla^d X_t = \frac{\Theta(B)}{\Theta(B)}\varepsilon_t \tag{7-41}$$

式中,ε_t为零均值白噪声序列。

ARIMA 模型的实质就是差分运算与 ARMA 模型的组合。这说明任何非平稳序列只要通过适当阶数的差分运算实现差分后平稳,就可以对差分后序列进行 ARMA 模型拟合。当$d=0$时,ARIMA(p,d,q)模型实际上就是 ARMA(p,q)模型。

ARIMA 模型的分析过程按以下步骤进行:

(1)平稳性检验

ARIMA 的时间序列必须是平稳的。这里的稳态是指在获取数据的每个时间点的均值、方差和自相关都是恒定的状态。对于非平稳序列,需要进行变量变换、差分变换等适当的变换,使其成为平稳序列。通常,绘制数据图和相关图(自相关、偏自相关)并通过试错法判断转换方式才能使时间序列数据表现出平稳性。

(2)白噪声检验

模型训练前对输入数据进行白噪声检验。训练后仍需重复该步骤,对残差进行白噪声检验,如果得到白噪声,说明已充分使用有效信息,则建模中止,否则,继续提取。

(3)定阶

在这个阶段,对自回归阶数 p、时间序列差分次数 d、移动平均阶数 q 进行确认,可以通过自相关图(ACF)、偏自相关图(PACF)对 p、q 进行定阶,也可把赤池信息准则(AIC)和贝叶斯信息准则(BIC)作为定阶标准。

7.6 平稳时间序列模型建立

7.6.1 模型建立步骤

若序列为平稳非白噪声序列,可以利用 ARMA 模型对该序列进行建模。ARMA 模型的建立过程可以分为如下几个步骤:

(1)计算求出观察值序列的自相关系数(ACF)和样本偏自相关系数(PACF)。
(2)选择适当阶数的 ARMA(p,q) 模型来进行模型的拟合。
(3)进行模型未知参数值的估计。
(4)模型的检验。
(5)模型优化。
(6)根据拟合模型来预测序列的未来走势。

7.6.2 样本自相关系数和偏自相关系数

模型构建的第一步为根据观察值序列的取值确定样本的自相关系数和偏自相关系数,样本的自相关系数可以根据下式求得:

$$\hat{\rho}_k = \frac{\sum\limits_{t=1}^{n-k}\left[(x_t - \bar{x})(x_{t+k} - \bar{x})\right]}{\sum\limits_{t=1}^{n}(x_t - \bar{x})^2} \quad \forall 0 < k < n \tag{7-42}$$

根据样本的自相关系数,可以求得样本的偏自相关系数,计算公式如下:

$$\phi_k = \frac{D_k}{D} \quad \forall 0 < k < n \tag{7-43}$$

其中:

$$D = \begin{vmatrix} 1 & \rho_1 & \cdots & \rho_{k-1} \\ \rho_1 & 1 & \cdots & \rho_{k-2} \\ \vdots & \vdots & & \vdots \\ \rho_{k-1} & \rho_{k-2} & \cdots & 1 \end{vmatrix} \quad D_k = \begin{vmatrix} 1 & \rho_1 & \cdots & \rho_1 \\ \rho_1 & 1 & \cdots & \rho_1 \\ \vdots & \vdots & & \vdots \\ \rho_{k-1} & \rho_{k-2} & \cdots & \rho_k \end{vmatrix}$$

7.6.3 模型的识别和定阶

模型识别是指选择合适的 ARMA(p,q) 模型,估计模型的自相关阶数 p 和移动平均阶数 q,模型的识别和定阶主要有两种方法,其中一种为利用自相关系数和偏自相关系数,根据 AR、MA 以及 ARMA 模型的自相关系数和偏自相关系数总结,结果如表 7-6 所示。

模型的识别和定阶　　　　　　　　　　　表 7-6

Model	ACF(自相关系数)	PACF(偏自相关系数)
AR(p)	拖尾	p 阶截尾
MA(q)	q 阶截尾	拖尾
ARMA(p,q)	拖尾	拖尾

7.6.4 参数估计

模型识别完成后,需要利用该时间序列的观察值来确定模型的未知参数。模型的参数决定了随机变量在不同时刻的相互关系,反映了随机变量随着时间变化的大小和长短。常用于参数估计的方法有矩估计、最大似然估计及最小二乘法估计。

(1) 矩估计

对低阶的 ARMA(p,q) 参数进行矩估计,虽具有计算量小、简单直观且不需要假设序列总体分布的优点,但是只用到了 $p+q$ 个样本的自相关系数,忽略了时间序列的其他信息,是一种比较粗略的估计方法,一般用于其他两种方法的迭代计算初始值。

(2) 最大似然估计

根据最大似然估计样本来自该样本出现概率最大参数的总体思想,模型未知参数的最大似然估计就是使似然函数为最大的参数值。这种估计方法充分地利用了每个观察值,估计精度高,是一种非常好的参数估计方法。

(3) 最小二乘法估计

最小二乘法估计是使残差平方和最小的那一组参数值为最小二乘法的估计值,这种方法也充分地利用了时间序列的每一个观察值,估计的精度比较高。

7.6.5 模型检验

一个较好的拟合模型应该确保从时间序列中提取几乎所有样本的相关信息,即拟合的误差项中不包含任何的相关信息,误差序列应该为白噪声序列。如果误差序列为非白噪声序列,那表明还有相关信息残留在误差序列中没有被提取,说明模型的有效性不足。

因此,需要对模型进行显著性检验,即对误差序列进行随机性检验(白噪声检验),可以采用误差序列时序图、自相关函数图、Box-Ljung 检验等方法进行检验。

此外,还可以对模型的参数进行显著性检验,剔除贡献不大的参数以减小模型的冗余度,使模型更加精简。对模型参数的显著性检验常采用 t 检验法。

7.6.6 模型预测

对观察值序列进行的平稳性判别、白噪声判别、模型选择、参数估计及模型检验是为了利用拟合的模型来对序列未来的发展进行预测。

预测的含义是要利用序列的已观测样本值来对该序列在未来某个时刻的取值进行估计。最常用的平稳序列预测方法是线性最小方差预测。

(1) 线性预测函数

线性是指预测值为观测值序列的线性函数。根据 ARMA(p,q) 模型的平稳性和可逆性，可以利用模型的传递和逆转形式来描述该序列：

$$x_t = \sum_{i=0}^{\infty} G_i \varepsilon_{t-i} \quad \varepsilon_t = \sum_{j=0}^{\infty} I_j x_{t-j} \tag{7-44}$$

式中，G_i 和 I_j 分别为模型的 Green 函数和逆函数。

将 ε_t 的等式代入 x_t 的等式中，可以得到历史数据 $x_{t-1}, x_{t-2}, \cdots$ 的线性函数：

$$x_t = \sum_{i=0}^{\infty} \sum_{j=0}^{\infty} G_i I_j x_{t-i-j} \tag{7-45}$$

简记为：

$$x_t = \sum_{i=0}^{\infty} C_i x_{t-1-i} \tag{7-46}$$

对于未来某个 $t+1$ 时刻，该时刻序列值 x_{t+l} 也可以表示成它的历史数据 $x_{t+l-1}, \cdots, x_{t+1}$, $x_t, x_{t-1}, \cdots$ 的线性函数：

$$x_{t+l} = \sum_{i=0}^{\infty} C_i x_{t+l-1-i} \tag{7-47}$$

该序列中的部分已知历史信息为 $x_t, x_{t-1}, \cdots$，部分未知数据为 $x_{t+l-1}, \cdots, x_{t+1}$，利用线性函数的可加性，将未知的历史数据用已知的历史数据来表示。

将未来某个时刻的序列值 x_{t+l} 表示成已知历史信息 $x_t, x_{t-1}, \cdots$ 的线性函数，并估计 x_{t+l} 的值：

$$\hat{x}_t(l) = \sum_{i=0}^{\infty} \hat{D}_i x_{t-i} \tag{7-48}$$

式中，$\hat{x}_t(l)$ 称为序列 $\{x_t\}$ 的第 l 步预测值。

(2) 预测最小方差

用 $e_t(l) = x_{t+l} - \hat{x}_t(l)$ 来衡量序列预测的误差，预测误差越小，预测的精度就越高。最常用的线性预测方差最小原则为：

$$\text{Var}_{\hat{x}_t}[e_t(l)] = \min\{\text{Var}[e_t(l)]\} \tag{7-49}$$

根据 ARMA(p,q) 模型的平稳性和线性函数的可加性：

$$\begin{cases} x_{t+l} = \sum_{i=0}^{\infty} G_i \varepsilon_{t+l-i} \\ \hat{x}_t(l) = \sum_{i=0}^{\infty} D_i x_{t-i} = \sum_{i=0}^{\infty} D_i (\sum_{j=0}^{\infty} G_j \varepsilon t - i - j) = \sum_{i=0}^{\infty} W_i \varepsilon_{t-i} \end{cases} \tag{7-50}$$

得到序列的预测误差 $e_t(l)$ 为：

$$e_t(l) = \sum_{i=0}^{l-1} G_i \varepsilon_{t+l-i} + \sum_{i=0}^{\infty} (G_{l+i} - W_i) \varepsilon_{t-i} \tag{7-51}$$

预测的方差为：

$$\text{Var}[e_t(l)] = \left[\sum_{i=0}^{l-1} G_i^2 + \sum_{i=0}^{\infty} (G_{l+i} - W_i)^2 \right] \sigma_\varepsilon^2 \geq \sum_{i=0}^{l-1} G_i^2 \sigma_\varepsilon^2 \tag{7-52}$$

若想要预测的方差最小，则必须有 $W_i = G_{l+i} (i = 0, 1, 2, \cdots)$，当 $\forall l \geq 1$ 时，可得此时 x_{t+l} 的预测值为：

$$x_{t+l} = \sum_{i=0}^{\infty} G_{l+i}\varepsilon_{t-i} \tag{7-53}$$

预测的误差为:

$$e_t(l) = \sum_{i=0}^{l-1} G_i \varepsilon_{t+l-i} \tag{7-54}$$

7.7 案例:道路交通事故预测

【例7-4】 以某市2000年至2009年的道路交通事故数据为例,以历年的交通事故次数、伤亡人数、经济损失作为变量建立ARIMA时间序列模型,以此预测未来年的交通事故数。

【解】

本例使用的数据如表7-7所示,使用SPSS(Statistical Product and Service Solutions)软件构建时间序列模型。

某市十年内的道路交通事故数据   表7-7

年份序次	交通事故次数(次)	死亡人数(人)	受伤人数(人)	直接经济损失(万元)
1	208	78	177	70.997
2	271	103	225	88.434
3	229	126	199	85.011
4	246	132	212	92.112
5	1038	165	904	193.903
6	1532	267	1355	403.793
7	1142	239	1458	206.121
8	749	203	940	180.123
9	691	170	837	259.394
10	483	150	603	145.745

首先将数据导入SPSS软件,在分析一栏中选择预测—序列图,将十年交通事故次数、死亡人数、受伤人数、直接经济损失各指标作时间序列图,如图7-4所示,可知各指标不随时间的变化而变化。

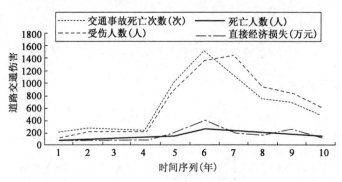

图7-4 十年内RTI时间序列图

然后,继续在分析—预测—自相关一栏中,对RTI指标的时间序列作自相关图(ACF)和偏自相关图(PACF),如图 7-5 所示,勾选输出自相关和偏相关。

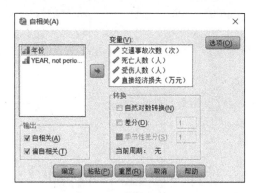

图 7-5　SPSS 自相关

如图 7-6、图 7-7 所示,各指标的时间序列所对应的 ACF 和 PACF 均拖尾,自相关系数和偏相关系数在 8 阶后仍落在置信区间,可判定各指标的时间序列均为平稳随机序列。从 ACF 和 PACF 可看出,各指标的时间序列自相关系数和偏自相关系数基本是在滞后 1 阶后迅速减小,可初步估计各指标的时间序列的 ARIMA 模型的自回归阶数 $p \leqslant 1$ 和移动平均阶数 $q \geqslant 1$。综合上述分析过程,可初步判定各指标的时间序列的 ARIMA 模型为 ARIMA(1,0,0)、ARIMA(0,0,1) 或 ARIMA(1,0,1)。

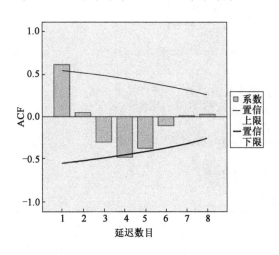

图 7-6　交通事故次数 ACF 图　　　　图 7-7　交通事故次数 PACF 图

在分析一栏中,选择预测的方法,建立时间序列模型,如图 7-8 所示。

输入模型的自变量与因变量,选择专家建模器的方法,使用软件找到最佳的时间序列模型。同时在条件一栏中,选择仅限 ARIMA 模型,以此建立最优的 ARIMA 时间预测模型,如图 7-9 所示。模型拟合情况见表 7-8、表 7-9。

如表 7-8 结果显示,该组交通事故数据最优的 ARIMA 时间序列模型为 ARIMA(1,0,0),其中只有 ARIMA(1,0,0)模型对应的平均绝对百分比误差(MAPE)=31.988、最大绝对百分比误差(MaxAPE)=89.545 和标准化贝叶斯信息准则(Normalized BIC)=10.561 最小,且表 7-8 中各项参数指标的自回归系数估计值差异均有统计学意义($p < 0.05$)。

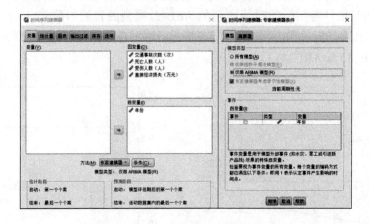

图7-8 利用 SPSS 创建时间序列预测模型

图7-9 使用 SPSS 建立最优 ARIMA 模型

模 型 拟 合 情 况　　　　　　　　　　表7-8

拟合统计量	均值	SE	最小值	最大值
平稳的 R^2	0.392	0.187	0.122	0.537
R^2	0.392	0.187	0.122	0.537
RMSE	217.341	168.216	44.564	372.580
MAPE	31.988	12.310	16.569	46.281
MaxAPE	89.545	40.021	40.316	130.183
MAE	135.017	100.160	28.879	222.021
MaxAE	438.909	317.066	107.645	738.597
正态化的 BIC	10.561	2.053	8.054	12.301

模 型 拟 合 情 况　　　　　　　　　　表7-9

拟合情况			估计	SE	t	Sig
交通事故次数(次) 模型_1	常数		441.912	301.615	1.465	0.181
	AR	滞后1	0.727	0.254	2.867	0.021
死亡人数(人) 模型_2	常数		86.978	44.185	1.968	0.085
	AR	滞后1	0.928	0.154	6.011	0
受伤人数(人) 模型_3	常数		300.825	334.3	0.9	0.394
	AR	滞后1	0.865	0.191	4.52	0.002
直接经济损失(万元) 模型_4	常数		163.423	47.446	3.444	0.009
	AR	滞后1	0.361	0.332	1.086	0.309

根据以上结果可以获得交通事故次数、死亡人数、受伤人数、直接经济损失各自的ARIMA(1,0,0)模型的预测公式分别为：

$$Y_{(t)交通事故次数} = 441.912 + 0.727 Y_{(t-1)交通事故次数} \tag{7-55}$$

$$Y_{(t)死亡人数} = 86.978 + 0.928 Y_{(t-1)死亡人数} \tag{7-56}$$

$$Y_{(t)受伤人数} = 300.825 + 0.865 Y_{(t-1)受伤人数} \tag{7-57}$$

$$Y_{(t)直接经济损失} = 163.423 + 0.361 Y_{(t-1)直接经济损失} \tag{7-58}$$

因此，基于上述预测公式可对某市未来的道路交通伤害数据进行预测，即第11年某市道路交通事故次数、死亡人数、受伤人数、直接经济损失的预测值分别为472次、145人、562人、157.0436万元；而第12年的各项指标预测值分别为464次、141人、527人、161.1209万元。

7.8 本章小结

时间序列分析的主要目标是为历史数据的行为建模，并预测未来的结果，在分析这些数据时，要使用时域或频域方法。本章主要介绍了时间序列分析的时域分析方法，其中包括使用ARMA模型以及ARIMA模型对历史数据的行为进行建模，并预测未来的结果。本章最后通过使用时间序列分析方法中的ARIMA模型对某市的道路交通事故数据进行了实例分析。

本章参考文献

[1] 何书元.应用时间序列分析[M].北京:北京大学出版社,2003.
[2] 王燕.应用时间序列分析[M].3版.北京:中国人民大学出版社,2012.
[3] 彭振仁,杨莉,刘勇,等.南宁市2000—2009年道路交通伤害时间序列分析[J].中国公共卫生,2012,28(5):574-575.

第 8 章　贝叶斯模型

贝叶斯模型是以贝叶斯理论为基础的一类统计模型的总称。贝叶斯理论是概率论中的定理之一,描述在已知条件下,某事件潜在的发生概率。例如,已知车辆碰撞事故的严重程度与天气状况有潜在的关联,采用贝叶斯模型可以将事故与天气状况二者相结合,能够提升对交通事故的预测精度。因此,贝叶斯模型在交通运输领域有非常广泛的应用,包括运用贝叶斯网络模型对影响船舶安全的因素开展研究,运用贝叶斯逻辑回归模型对出租车事故中乘员受伤的严重程度进行研究等。本章将从贝叶斯模型中常用的抽样计算方法—蒙特卡洛法开始,依次对"蒙特卡洛法""朴素贝叶斯分类法""贝叶斯网络"以及"马尔可夫蒙特卡洛法案例"进行介绍。

8.1　蒙特卡洛法

在交通事故致因研究领域,通常使用贝叶斯模型去探寻不同因素对事故的影响程度,或是依据历史数据,在已知条件下,对事件发生概率进行预测。贝叶斯模型是数据分析中经常被用到的模型,可以计算先验事件和后验事件的概率。贝叶斯模型框架如图 8-1 所示,首先根据贝叶斯定理结合先验经验和数据信息建立模型,然后利用统计学的方法对模型后验分布进行计算。贝叶斯方法中获得后验分布的主要困难体现在需要对高维函数进行整合,计算复杂性较高。针对这个困难,当前主流解决方法即利用蒙特卡洛抽样方法计算高维后验积分。

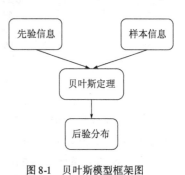

图 8-1　贝叶斯模型框架图

8.1.1　蒙特卡洛方法理论

(1) 蒙特卡洛方法的概述

蒙特卡洛方法,也称统计模拟方法、随机抽样方法,是基于"随机数"、以概率统计理论为基础的一种非常重要且已经被广泛应用的数值计算方法。蒙特卡洛方法可借助高速计算平台,通过科学合理的统计建模,将复杂的研究对象或计算问题,转化成对随机数及其数字特征的模拟和计算,从本质上简化了研究问题,降低了计算复杂度,得到可靠的近似解。

蒙特卡洛方法通常可以粗略地分成两类：一种类型是所求解问题可以转化为某种随机分布的特征数，比如随机事件出现的概率，或者随机变量的期望值。通过随机抽样的方法，以随机事件出现的频率估计其概率，或者以抽样的数字特征估算随机变量的数字特征，并将其作为问题的解。这种方法多用于求解复杂的多维积分问题。

最经典的案例之一是使用蒙特卡洛法计算圆周率。如图 8-2 所示，假设在一个规定的正方形平面上随机地投掷 10000 个、50000 个、100000 个飞镖，虽然事先并不知道圆周率 π 值，但根据已知正方形内存在直径等于正方形边长的圆形，可通过在正方形面积上且在圆形面积外的点数 a、圆形面积上的点数 b 与圆周率 π 的关系，整理为近似公式表达：$\pi \approx 4b/(a+b)$。随着图中数量为 n 的投射点逐渐增加，π 值的计算也越来越精确，最终能够估计得到较为精确的 π 值。

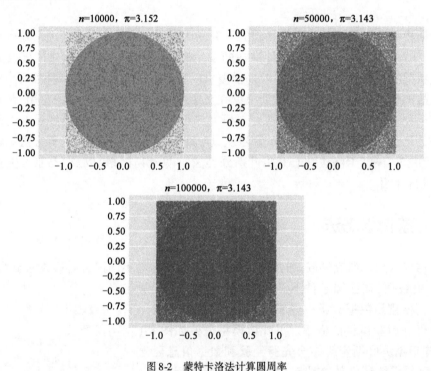

图 8-2　蒙特卡洛法计算圆周率

同样，在计算交通问题中存在的积分问题时，也可以采用上述计算圆周率类似的思路，从而估算出积分区域的面积。

另一种类型是所求解的问题本身具有内在的随机性，借助计算机，可以直接模拟随机的过程。在研究交通运输问题时，这类方法常应用于通过蒙特卡洛仿真法模拟一个特定的场景，设定主要影响因素的特征，经过大量试验，统计研究对象在模拟过程中的变化特征，作为相关政策规范的设计依据。如在隧道火灾规模的研究中，由于历史事故难以被完整记录，研究人员仅能获知受波及的车辆类型（例如小型车、中型车、大型车）和车辆的大致位置分布（例如靠近隧道两侧的车道或位于隧道中央的车道），然而上述因素对于隧道内火灾规模的大小有着显著影响。因此有学者采用蒙特卡洛算法建立数学概率模型，将"初始车辆类型""初始火灾车辆位置""隧道内的车辆分布"作为三个主要影响因素，假定其分布，通过大量模拟计算,确定各种火灾规模的发生概率。

【例8-1】 假定某车辆在单位时段内,车速 V 与时间 t 存在线性关系 $V=\ln(t)/t$,计算从 2.5h 到 7.5h 车辆行驶的距离。

【解】

从数学的角度出发,该问题可定义为求取定积分距离 $S=\int_{2.5}^{7.5}[\ln(t)/t]\mathrm{d}t$。但如果采用蒙特卡洛法计算,则求解行驶距离 S 转化为了计算灰色面积 S_1。如图8-3所示,通过计算机模拟,在黑框内随机投入大量点,即行驶距离 S = 灰色面积 S_1 = 黑框内面积 S_2 × (灰色区域内点数 k_1/黑框区域内点数 k_2)。

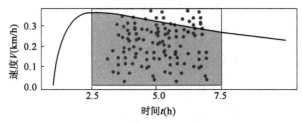

图8-3 车辆速度与时间的关系图

通过蒙特卡洛模拟的方法,可以快速得到近似精确解的答案,不过缺点在于求出的解必然存在一定的误差。

(2)蒙特卡洛积分

期初,蒙特卡洛方法仅是一种使用随机数生成来计算积分的方法。假设计算复积分:

$$\int_a^b h(x)\mathrm{d}x \tag{8-1}$$

将 $h(x)$ 分解成函数 $f(x)$ 和一个在区间 (a,b) 内的概率密度函数 $p(x)$,以便将积分表达为在密度函数 $p(x)$ 下函数 $f(x)$ 的期望,如式(8-2)所示:

$$\int_a^b h(x)\mathrm{d}(x) = \int_a^b f(x)p(x)\mathrm{d}x = E_{p(x)}[f(x)] \tag{8-2}$$

因此,若从密度函数 $p(x)$ 的随机变量中抽取大量 $x_1, x_2, \cdots, x_n$,则式为:

$$\int_a^b h(x)\mathrm{d}x = E_{p(x)}[f(x)] \simeq \frac{1}{n}\sum_{i=1}^n f(x_i) \tag{8-3}$$

算式(8-3)被称为蒙特卡洛积分。蒙特卡洛积分可以被用来近似贝叶斯分析中需要的后验分布。考虑到积分 $I(y)=\int f(y|x)p(x)\mathrm{d}x$,通常用式(8-4)来进行近似估计:

$$\hat{I}(y) = \frac{1}{n}\sum_{i=1}^n f(y\mid x_i) \tag{8-4}$$

式中,x_i 为被引自密度函数 $p(x)$。被估计的蒙特卡洛标准差可通过式(8-5)得到:

$$\mathrm{SE}^2[\hat{I}(y)] = \frac{1}{n}\left\{\frac{1}{n-1}\sum_{i=1}^n [f(y|x_i) - \hat{I}(y)]^2\right\} \tag{8-5}$$

(3)蒙特卡洛方法的优势与局限

蒙特卡洛方法被广泛使用,其方法的误差与所需处理问题的维数无关。解析问题时,结合问题本身的实际物理特性构建概率模型进行物理试验,该方法可以生动地描述事物的随机性特点。除此之外,蒙特卡洛法的适应性极强,在解决问题时受到条件限制的影响很小。蒙特卡洛法不但可以同时处理类似问题、求解全部的方案,而且求解单个方案的速度与同时求解所有方案的速度相似。

但是,蒙特卡洛方法仍被众多学者称为"最后的方法",有两层含义:①若可以使用其他更高效的解析方法,则蒙特卡洛方法可作为备用方法;②若需要处理的问题没有其他可用的方法进行解析,则可以尝试使用蒙特卡洛法,蒙特卡洛法可以解决很多其他解析方法无法处理的问题。蒙特卡洛方法因为自身的数学性质,收敛速度相对较慢,与部分经典数值方法相比,直接模拟方法的精度不高。若进行定量分析,例如,分析天气情况对不同程度车辆事故发生概率的影响,则不同的模拟次数设置可能会导致结果存在一定程度的差异。虽然从整体上看,偏差不显著,但以此为基础的结论(推论)可能会是不准确的。同时,蒙特卡洛法需要大量的复杂抽样,样本数必须足够,才能使其估计出的分布与真实的分布接近。上述种种缺点,使得蒙特卡洛法的使用推广受到了一定程度的局限。

8.1.2 马尔可夫链蒙特卡洛方法

(1) 马尔可夫链蒙特卡洛方法的概述

马尔可夫链蒙特卡洛法是指以马尔可夫链为概率模型的蒙特卡洛法,它是一个模拟过程,允许在有限状态空间中,从已知分布中重复采样,以产生马尔可夫链或一系列数字。

相比于确定性系统,马尔可夫链是一种不确定型系统模型。确定性系统模型是指完全肯定的因果关系构成的模型,即每一个状态都是唯一的,且依赖上一个状态的模型,例如,一套交通信号灯的颜色变化序列依次是红灯-红灯/黄灯-绿灯-黄灯-红灯,如果交通灯为绿灯,下一个状态将始终是黄灯,如图8-4所示。

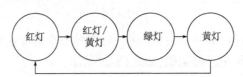

图8-4 交通信号灯变化图

不确定性系统模型指的是系统内空间和状态的转移没有规律。例如,在预测城市道路拥堵变化时,三种拥堵状态(完全畅通、有些拥堵、严重拥堵)之间的变化是不确定的,在这种情况下,需要建立马尔可夫链模型以描述拥堵状态变化。假定下一时段内的三种拥堵状态都只依赖于当前三种拥堵状态,并且每一种转移都有一个确定的概率值,这样就获得了典型的一阶马尔可夫链。具体的转移状态以及对应的转移概率如图8-5所示,其中 $\forall x \sum_{i=1}^{N} P_{x,i} = 1$。如果情况比较复杂,下一时间段的道路拥堵状态与之前 n 阶段的拥堵状态都有关系,那么可以对应扩展到 n 阶的马尔可夫链进行模拟。

在近代贝叶斯统计推断中,采用蒙特卡洛抽样方法计算高维后验积分的研究得到了迅猛发展。目前有两种主要的现代贝叶斯推断方法:吉布斯抽样(Gibbs sampling)和哈密尔顿蒙特卡洛(Hamiltonian Monte Carlo,HMC)。两种方法的应用范围都十分广泛,在之后的章节中将对各自的定义、应用案例分别进行阐述。如在章节8.4中,对Hamiltonian蒙特卡洛方法在交通运输中航运领域的应用进行了阐述。

(2) 吉布斯抽样

吉布斯抽样方法是著名的马尔可夫链蒙特卡洛算法之一。吉布斯抽样的思想最早由

Grenander(1983)提出,而 Gelfand 和 Smith(1990)则将吉布斯抽样用于贝叶斯推断问题,研究思想具有里程碑意义。

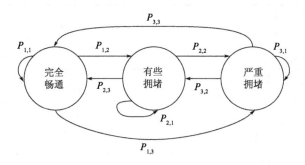

图 8-5　道路拥堵状态转换图

吉布斯抽样方法是较为常见的,可得到高质量候选样本的技术之一。吉布斯抽样是 Metropolis-Hastings 算法的变体,其产生候选样本的方法更加聪明,相比于 Metropolis 方法,该方法可用更少的样本得到同等质量的后验分布估计。其中,效率的提升来自适应性候选样本(Adaptive Proposals)产生方式。其中产生候选参数取值的分布会根据当前的参数调整自己。吉布斯抽样计算适应性候选样本的方法取决于特定的先验分布和似然函数组合,也称为共轭组(Conjugate Pairs)。共轭组对某个参数的后验分布有解析解,这些解能够让吉布斯抽样在联合后验分布附近跳跃。

在应用层面,吉布斯抽样拥有着非常高的计算效率,它为常见的贝叶斯拟合软件提供了基础,比如 BUGS(Bayesian inference Using Gibbs Sampling)和 JAGS(Just Another Gibbs Sampler)。软件会自动完成后续的过程,并给出结果。WinBUGS 也是其中一款使用吉布斯采样器的贝叶斯分析软件,可以被用于解决各类别统计问题,例如估算均值与方差、拟合复杂的多层次模型(Multilevel Model)、测算误差模型(Error Model)等。

假定船舶事故与人为错误有关的概率 P 受到季节、能见度、风浪等因素的影响,通过计算多元逻辑回归模型(Multinomial Logistic Regression Model),可以得到参数估计、迭代轨迹、迭代历史等重要结果(图 8-6、图 8-7)。以其中一个节点 b2[1] 为例,在表 8-1 中给出的数值依次代表"节点编号""系数均值""系数标准差""蒙特卡洛误差""2.5% 贝叶斯置信区间""中位数""97.5% 贝叶斯置信区间""起始采样点"和"采样次数"。

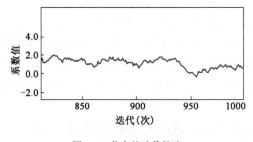

图 8-6　节点的迭代轨迹

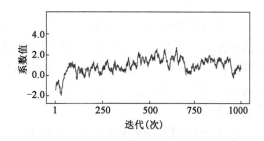

图 8-7　节点的迭代历史

例如,有学者为了准确地调查影响高速公路车祸伤害严重程度的危险因素,在传统多元逻辑回归模型的基础上,考虑空间异质性(Spatial Heterogeneity),提出了空间多元逻辑回归模型(Spatial Multinomial Logistic Regression Model)。

节点统计量　　　　　　　　　　　　　　表8-1

节点编号	b2[1]
系数均值	0.894
系数标准差	0.712
蒙特卡洛误差	0.114
2.5%贝叶斯置信区间	−0.922
中位数	0.927
97.5%贝叶斯置信区间	2.162
起始采样点	1
采样次数	1000

需要注意的是,吉布斯抽样存在着显著的限制。第一,共轭先验分布的使用存在很大的局限性,在很多模型中,共轭先验分布虽然便于模型的有效拟合,但从分布上看,依旧存在着众多不合理的地方。第二,如果需要处理的模型复杂程度高、参数数量多,吉布斯抽样的效率将会显著降低。在无法使用吉布斯抽样的情况下,需要考虑使用其他的算法。

(3)哈密尔顿蒙特卡洛

著名的物理学教授 Edwin Thompson Jaynes 曾经提出过一条广泛适用的原则:只要存在一种随机的方案,就一定存在一种表现更好的非随机方案,只是后者需要长时间的思考才能找到。

哈密尔顿蒙特卡洛算法进一步扩展了 Jaynes 所提的原则,同样作为马尔科夫链蒙特卡洛方法,哈密尔顿蒙特卡洛算法和吉布斯抽样对比可知,前者计算量更大,但可提出更为高效的候选值。因此,哈密尔顿蒙特卡洛算法在描绘后验分布时,需要的样本量没有吉布斯抽样多。随着模型复杂程度的增加,将会有成千上万的参数纳入计算,此时哈密尔顿蒙特卡洛算法远胜于其他算法。

从本质上来讲,哈密尔顿蒙特卡洛算法进行了一轮物理模拟,假定参数向量定义了一个微小粒子的位置,对数后验分布定义了这个粒子运动所在的平面。当对数后验分布呈现扁平时,由于似然函数中信息较少且先验分布平坦,所以粒子需要运动很长时间以后,才能使其斜率"调头"。

虽然哈密尔顿蒙特卡洛算法计算过程复杂,但是其复杂计算换来的是对复杂模型提供的高效抽样。当吉布斯抽样极其缓慢地在参数空间搜索最优解时,哈密尔顿蒙特卡洛算法能够保持高效运作。在有着成百上千个参数的多层模型中,优势更为显著。正是因为如此,哈密尔顿蒙特卡洛算法广受好评与欢迎,更多的学者开始尝试将用其代替其他马尔可夫蒙特卡洛算法。

当然,同上述多算法相同,哈密尔顿蒙特卡洛算法有着较多的限制,首先该算法需要连续的参数分布,并且不能应对离散的参数空间。这意味着,在实际的操作过程中,仅依靠哈密尔顿蒙特卡洛算法无法实施一些高阶的技术,例如填补离散缺失数据。同时,有些模型不能用任何现存的马尔可夫链蒙特卡洛技术解决。因此,哈密尔顿蒙特卡洛算法不是一个万能的方法。例如,研究影响车辆成员在事故中受伤程度的相关因素,有学者结合贝叶斯推断方法的二元逻辑回归模型,通过哈密尔顿蒙特卡洛算法抽样方法,更加高效地从后验分布中抽取参数估计值。

8.2 朴素贝叶斯分类法

在高度发达的信息时代中,数据的重要性受到了越来越多关注。数据挖掘方法从很大程度上影响着被挖掘数据的质量与数量,高效的挖掘方法可以在较短的时间内挖取大量高品质的数据。作为机器学习和数据挖掘领域重要的数据处理方法之一,贝叶斯分类方法一直以来不断地被科研工作人员开发和改进。朴素贝叶斯法是基于贝叶斯定理与特征条件独立假设的分类方法,由于该分类法实现简单,学习与预测的效率高,成为一种常用的方法。

通过朴素贝叶斯分类法,可以有效地预测在相同条件下,某一目标事件是否会发生的概率,在本章最后,将会依据一个案例给出简单的示范。如在交通运输领域船舶事故研究中,哪种事故发生的概率更高,一直是被众多学者广泛关注的问题。

8.2.1 分类方法概述

分类算法是机器学习非常重要的一个组成部分。分类算法属于监督学习,是根据训练集(Training Dataset),即由用来拟合参数的样本组成的集合,通过计算选择特征参数,训练一种分类器,其目标是对未知的样本进行分类。在机器学习中,除监督学习外,就是无监督学习,例如在模式识别、图像分析领域受到广泛应用的聚类算法(Cluster Analysis)。

从数学角度来说,分类问题可以用集合进行定义,如图 8-8 所示,其中 $C = \{y_1, y_2, y_3, \cdots, y_n\}$ 为类别集合,其中每一个元素是一个类别,而 $I = \{x_1, x_2, x_3, \cdots, x_m\}$ 是项集合,其中每一个元素是一个待分类项,f 称为分类器。分类算法的任务就是构造分类器 f。

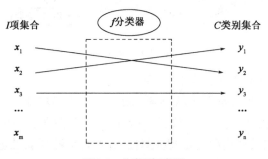

图 8-8 分类器示意图

常见的分类算法包括:朴素贝叶斯分类算法(Naive Bayesian Classifier,NBC);逻辑回归算法(Logistic Regress,LR);K 最邻近算法(K-Nearest Neighbor,KNN);人工神经网络算法(Artificial Neural Network,ANN)等。在后面的章节中,将具体讲解朴素贝叶斯分类法的概述与应用。

8.2.2 朴素贝叶斯方法概述

(1) 贝叶斯理论与分类算法的相关概念

贝叶斯理论应用有一定的前提条件,即需要了解目标事件的发生,在此前提下,预测该事件发生的概率。贝叶斯定理在数理上的定义由条件概率公式(8-6)推导而成,式(8-7)就是著名的贝叶斯公式。

$$P(A \cap B) = P(A|B)P(B) = P(B|A)P(A) \tag{8-6}$$

$$P(A|B) = \frac{P(B|A)P(A)}{P(B)} \tag{8-7}$$

其中,以事件 A 为例,$P(A)$ 被称为 A 的先验概率。$P(A|B)$ 是在事件 B 发生的情况下,发生 A 事件的概率,被称作 A 事件的后验概率。当 $A_1, A_2, \cdots, A_n \subseteq U$ 构成完备事件组时,贝叶斯公式由公式(8-8)表达:

$$P(A_i|B) = \frac{P(B|A_i)P(A_i)}{\sum_{i=1}^{n} P(B|A_i)P(A_i)} \tag{8-8}$$

从概念的角度理解,贝叶斯原理、贝叶斯分类和朴素贝叶斯三者之间的关系如图8-9所示。其中贝叶斯原理提供了最外圈的概念环境,在贝叶斯原理的理论基础上,设计出了众多贝叶斯分类器模型,其中最简单和最常用的分类器即朴素贝叶斯方法。朴素贝叶斯分类法具有简单、稳定、高效等分类优势,因此被广泛应用。但是,由于朴素贝叶斯分类法假设了分类数据各个属性之间的独立性,因此在应用的过程中会受到相当多的局限。

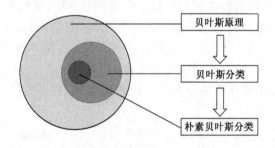

图 8-9 贝叶斯概念关系图

(2) 朴素贝叶斯分类法的基本算法过程

在机器学习中,朴素贝叶斯分类器是基于贝叶斯定理与特征条件独立假设的分类方法。如图8-10所示,分类主要分为三个阶段:第一阶段是准备阶段,为朴素贝叶斯分类做必要的准备。主要工作是根据具体情况确定特征属性,并对每个特征属性进行适当划分,然后由人工对部分待分类项进行分类,形成训练样本集合。该阶段的质量对整个过程有着重要影响,特征属性、特征属性划分及训练样本质量对分类器的质量起到了决定作用。第二阶段为分类器训练阶段,本阶段任务是生成分类器,主要工作是计算每个类别在训练样本中的出现频率,以及在对每个特征属性划分的基础上对各类别的条件概率进行估计,并记录结果。第三阶段是应用阶段。这个阶段的任务是使用分类器对待分类项进行分类,输入分类器和待分类项,输出待分类项与类别的映射关系。

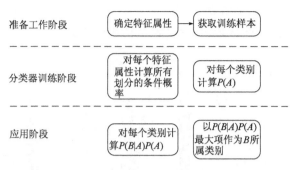

图 8-10 朴素贝叶斯流程

从数理的角度出发,朴素贝叶斯分类法对条件概率分布作了条件独立性的假设,由各个条件组成的集合之间不存在任何交集。由于这是一个较强的假设,朴素贝叶斯分类法因此得名。通过具体的数学公式,条件独立性假设如式(8-9)所示。

$$P(B \mid A_i) = P(B_1, B_2, \cdots, B_t \mid A_i) = \prod_{k=1}^{t} P(B_k \mid A_i) \tag{8-9}$$

将式(8-9)代入式(8-8)中,可以得到朴素贝叶斯分类法的基本公式:

$$P(A_i \mid B) = \frac{P(A_i) \prod_{k=1}^{t} P(B_k \mid A_i)}{\sum_{i=1}^{n} P(A_i) \prod_{k=1}^{t} P(B_k \mid A_i)} \tag{8-10}$$

于是,朴素贝叶斯分类器可表示为:

$$y = f(x) = \underset{A_i}{\mathrm{argmax}} \frac{P(A_i) \prod_{k=1}^{t} P(B_k \mid A_i)}{\sum_{i=1}^{n} P(A_i) \prod_{k=1}^{t} P(B_k \mid A_i)} \tag{8-11}$$

式中,$\mathrm{argmax} f(x)$ 表示使函数 $f(x)$ 达到最大值的 x 值的集合。

8.2.3 道路交通事故类型预测

【例 8-2】 以英国伦敦地区 2020 年道路事故离散数据为依据进行分析,数据来源:https://roadtraffic.dft.gov.uk.。按照道路环境的条件分别将道路限速不在 40 英里每小时以内记作事件 B_1;道路所在地区为"市区"记作事件 B_2;道路等级为"B 及以上"为 B_3;昼夜为"黑夜"为 B_4。事故严重程度分为"轻伤"和"重伤或死亡","轻伤"为事件 A_1,"重伤或死亡"为事件 A_2。目前需要解决的问题是,在道路环境条件已知的情况下,如果满足以下条件——道路限速高于 40 英里每小时、位于市区、道路等级在 B 及以上、黑夜,那么车辆发生哪种程度的事故的概率会大一些?

数据的统计结果如图 8-11 所示,从以下五个方面进行说明:

(1) 道路限速:20339 次限速在 40 英里每小时以内、674 次限速不在 40 英里每小时以内;

(2) 道路所在地区:20363 次市区、650 次郊区;

(3) 道路等级:14393 次 B 及以上、6620 次 B 以下;

(4) 昼夜：14348次白天、6665次黑夜；
(5) 事故严重程度：18066次轻伤、2947次重伤或死亡。

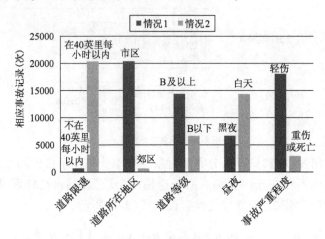

图 8-11 道路事故数据统计

【解】
将上述提出的经典分类问题转化为数理问题，$P(A_1|B_1,B_2,B_3,B_4)$ 与 $P(A_2|B_1,B_2,B_3,B_4)$ 对比大小。将数据代入式(8-10)中，通过 Excel 中的数据透视表对数据进行统计分析，可以得出各类别事件情况出现的概率，具体计算过程如下：

$$P(A_1 \mid B_1,B_2,B_3,B_4)$$
$$= \frac{P(B_1,B_2,B_3,B_4 \mid A_1)P(A_1)}{P(B_1,B_2,B_3,B_4)}$$
$$= \frac{P(B_1 \mid A_1)P(B_2 \mid A_1)P(B_3 \mid A_1)P(B_4 \mid A_1)P(A_1)}{P(B_1)P(B_2)P(B_3)P(B_4)} \tag{8-12}$$

$$P(B_1) = 674/21013$$
$$P(B_2) = 20363/21013$$
$$P(B_3) = 14393/21013$$
$$P(B_4) = 6665/21013$$
$$P(B_1 \mid A_1) = 583/18066$$
$$P(B_2 \mid A_1) = 17525/18066$$
$$P(B_3 \mid A_1) = 12341/18066$$
$$P(B_4 \mid A_1) = 5643/18066$$
$$P(A_1) = 18066/21013$$

8.3 贝叶斯网络

8.3.1 贝叶斯网络概述

贝叶斯网络又称信念网络，是贝叶斯定律的扩展，在不确定知识表示和推理领域是最有效的理论模型之一。贝叶斯网络是有向无环图(DAG),它由代表变量的节点和连接这些节点的有向边组成。节点表示随机变量,节点之间的有向边表示节点之间的相互关系(从父级到子级)。条件概率用于描述关系的强度,如果没有父节点,则使用先验概率,进行信息表达。

贝叶斯网络 $S = <<V,E>,P>$,$<V,E>$ 可用于表示有向无环图 G,$V = (V_1, V_2, \cdots, V_n)$ 是 N 个节点的集合。图节点是随机变量。E 是图中有向边的集合,代表变量之间的因果关系。参数 P 是贝叶斯网络的一组条件概率表,定量描述属性之间的依赖关系,假设:

当事件 B 发生时,事件 A 发生的概率如下:

$$P(A|B) = \frac{P(B|A)P(A)}{P(B)} \qquad (8\text{-}13)$$

因此,在给定事件 $B = (B_1, B_2, \cdots, B_m)$ 的集合下,事件 A 的后验概率可计算为:

$$P(A|B_1, B_2, \cdots, B_m) = \frac{P(B_1, B_2, \cdots, B_m|A)P(A)}{P(B_1, B_2, \cdots, B_m)} \qquad (8\text{-}14)$$

贝叶斯网络基于贝叶斯定理,可理解成是一种随着知识增加(或成比例增加),对应的不确定性降低的方法。贝叶斯网络理论运用先验知识以及样本信息作为研究基础,进而对未知的事件或样本进行估算,其中这两个研究的基础以概率的形式在理论中体现。因此,贝叶斯网络在 20 世纪被广泛应用于表述不确定性知识和进行推理两个学术领域。

8.3.2 案例:基于贝叶斯网络的船舶事故数据研究

(1)船舶事故的贝叶斯网络

图 8-12 表示了某海事局辖区 15 年间统计的 1248 条船舶事故数据,统计得到的船舶事故贝叶斯网络图,图中给出了网络的结构及其参数,其中节点为"风况""能见度""操作失误事故""渔船参与""事故严重程度"。

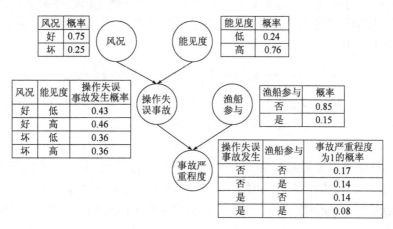

图 8-12 船舶事故贝叶斯网络以及各属性的条件概率表

"操作失误事故"指的是船舶事故发生的原因为船员操作失误导致。外部的因素,如风浪大小、能见度高低,都可能会对船员的操作和判断产生一定的影响。其中,定义碰撞事故中存在大风/浪条件下"风况"为"坏",相反,"风况"为"好"。由于渔船的设施设备相比于集装箱船舶或油轮更为简陋,且船员的专业程度、技术水平也相对较低,因此事故中是否有渔船参与也可能会影响最后事故的严重程度。

(2) 节点定义与取值

在贝叶斯网络的定义中,贝叶斯网络中的节点对应一个随机变量,节点既可以取离散的值,也可以取连续的值,因此贝叶斯网络存在三种类型,即离散型、连续型及混合型。

离散型变量一般分为三种类型:布尔变量(Boolean Variables)、顺序变量(Ordered Variables)、整数变量(Integral Variables)。

①布尔变量:变量的取值分为真和假或 0 和 1。例如,在船舶事故的分析中(如图 8-9 所示),渔船是否参与的取值为真或假,事故的发生是否因船员操作失误的取值为真或假。

②顺序变量:变量的取值有一定的顺序。例如,能见度作为环境变量,节点变量取值为 {高,低};船舶事故的严重程度,一般按人员伤亡、直接经济损失、水域环境污染划分,记录为整数,小事故为 0,一般事故为 1,较大事故为 2,大事故为 3,重大事故为 4,特大事故为 5,节点变量取值为 {0,1,2,3,4,5}。

③整数变量:变量的取值对应着一定的范围。例如船舶的船龄。

按照离散变量的分类,表 8-2 给出了图 8-12 船舶事故贝叶斯网络中节点类型及取值。

表 8-2 船舶事故网络中各节点类型及其取值

节点名称	节点类型	节点取值
风况	二值顺序变量	{好、坏}
能见度	二值顺序变量	{高、低}
操作失误事故	布尔变量	{是、否}
渔船参与	布尔变量	{是、否}
事故严重程度	顺序变量	{0,1,2,3,4,5}

(3) 贝叶斯网络结构

贝叶斯网络结构可以非常简单明了地表现出各个属性之间的条件独立性,对于给定的父节点集,贝叶斯网络假设每个属性与它的非后裔属性独立,于是 $S = <G, P>$,将属性 x_1, $x_2, x_3, \cdots, x_n$ 的联合概率分布定义为:

$$P_S(x_1, x_2, \cdots, x_n) = \prod_{i=1}^{n} P_S(x_i \mid \pi_i) = \prod_{i=1}^{n} P_{x_i \mid \pi_i} \tag{8-15}$$

以图 8-12 为例,为了方便通过公式表达,定义 x_1(风况)、x_2(能见度)、x_3(操作失误事故)、x_4(渔船参与)、x_5(事故严重程度)。联合概率分布定义为:

$$P(x_1, x_2, x_3, x_4, x_5) = P(x_1) P(x_2) P(x_3 \mid x_1, x_2) P(x_4) P(x_5 \mid x_3, x_4) \tag{8-16}$$

从式(8-16)中可以很容易地看出,x_1(风况)和 x_2(能见度)同为环境因素相互独立,x_3(操作失误事故)和 x_4(渔船参与)在给定 x_1, x_2 的情况下独立,记为 $x_1 \perp x_2, x_3 \perp x_4$。

图 8-13 给出了贝叶斯网络中的三种依赖关系,分别为"同父结构""V 形结构""顺序结构"。

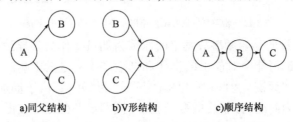

a) 同父结构 b) V 形结构 c) 顺序结构

图 8-13 三种贝叶斯网络中典型的依赖关系

8.3.3 贝叶斯网络学习

有三种主要的方式可以确定贝叶斯网络结构：

(1) 利用自身以往的经验知识得到的网络节点之间的关联，直接构建模型结构：该方法利用专家学者的经验，对贝叶斯网络节点中对应的参数以及相应的贝叶斯网络结构进行构建，由于不同专家对节点参数认知不同，其所构建的网络结构也各有不同，但多基于主观意愿，与现实情况存在偏差。

(2) 结合数据知识构建贝叶斯网络：使用人工智能和数据软件分析软件，通过算法对所提供的数据进行计算，得出各节点间的关系构建模型，并得到每个节点之间的条件概率。

(3) 两步建模方法：创建初始贝叶斯网络，对模型进行不断修改，并最终获得更合理的贝叶斯网络结构模型。

8.3.4 基于数据的贝叶斯网络建模流程

尽管贝叶斯网络在推论过程方面具有非凡的力量和潜力，但仍然存在一些固有的局限性。例如大型复杂模型变量之间的信息依存关系难以得到有效证明。因此，当目标数据可用时，针对具有一定复杂性的大型模型开发了基于数据的贝叶斯网络模型。

基于数据的贝叶斯网络模型构建过程包括四个阶段：数据获取、贝叶斯网络结构学习、贝叶斯网络监视和分析以及模型验证。该模型的过程在图 8-14 中给出。

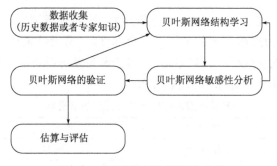

图 8-14　基于数据的贝叶斯网络流程

8.4 马尔可夫链蒙特卡洛法案例：船舶事故案例分析

8.4.1 背景描述

过去几十年里，世界范围内的航运业工作人员及相关专家为改善水上交通的安全性，做了大量工作和研究，并取得了一定的成效。水上交通事故件数和直接经济损失是我国水上交通事故统计的重要内容之一，对长期的事故记录进行统计可以看出水上交通安全情况的变化趋势。图 8-15 给出了某水域 15 年间的事故统计，从图中可见，事故的数量和造成的直接经济损失起伏不定、居高不下。虽然政府部门不断完善相关管理措施，提升海上救援力量，但是由于航运市场的快速发展，频繁发生的重特大水上交通事故仍然会造成严重的人员伤亡和财产损失,并产生极其恶劣的社会影响。因此,水上交通安全的形势仍不容乐观,对影响水上交通安全的因素进行研究十分必要。

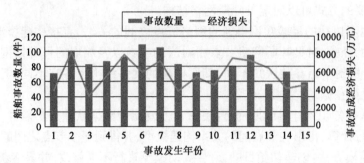

图 8-15 某水域 15 年间事故统计

本案例通过运用马尔可夫链蒙特卡洛法,分析各种因素对船舶事故中经济损失的影响,意义在于提醒船员、船公司、政府提前做好安全保障措施。同时其原理、思路和方法均具有一定的普适性,经过一定的修正和拓展应该可以有效推广到不同对象的安全研究中,对其他领域的事故分析具有较大的借鉴意义。

8.4.2 数据描述

在本章节中,调查、收集了某水域 15 年间的船舶历史事故记录,共计 1248 条相对完整和可靠的事故数据。

为了方便将文本数据导入 Rstudio 中进行运算,按照建模要求,对变量重新进行标定。在标定过程中,把对事故影响不大的情形做了合并处理,最后结果如表 8-3 所示。自变量为船舶吨位、能见度、风况、昼夜情况、船舶动态,因变量为经济损失取对数,并假定对数经济损失服从均值为 mu,标准差为 sigma 的正态分布。

船舶碰撞事故数据的描述性统计分析　　　　　　　　表 8-3

解释变量	变量描述	均　值	标　准　差
经济损失	单位:万元	59.34	163.17
船舶总吨	单位:t	5699.63	15195.11
能见度	0 = 能见度较差 1 = 能见度良好	0.76	0.43
风况	0 = 其他情况 1 = 碰撞事故中存在大风/浪	0.25	0.44
昼夜情况	0 = 夜晚 1 = 白天	0.49	0.50
船舶动态	0 = 船舶处于停泊状态 1 = 船舶处于在航状态	0.84	0.37

8.4.3 数据分析

通过表 8-4 所示的系数估计(采用 94.50% 置信区间),可以知道某一特定影响因素对经济损失的影响是正面的还是负面的。从模型结果来看,解释变量"风况"和"航行状态"为正系数。系数为正表示随着该影响因素值的增加,经济损失越大。反之亦然,"能见度"和"昼夜"为负系数,说明随着该影响因素的增加,经济损失越小。

船舶事故中对经济损失的影响因素系数估计　　　　　表 8-4

变量名称	系数均值	标准差	94.5% BCI
截距	2.25	0.13	(2.04, 2.46)
船舶吨位(t)	0.00	0.00	(0.00, 0.00)
可见度	−0.26	0.10	(−0.42, −0.12)
风浪	0.29	0.10	(0.12, 0.44)
昼夜	−0.24	0.10	(−0.39, −0.08)
航行状态	0.69	0.11	(0.52, 0.88)
sigma	1.52	0.03	(1.48, 1.56)

通过系数的正负值可以分析得到,若事故发生的同时存在大风大浪,或是船舶正处于航行状态,那么事故造成的经济损失会相对更多;如果事故发生时,时间处于白天,或者能见度良好,那么船舶事故的经济损失会相对减少。

船舶在航行过程中,遇到大雾天气的概率较大,船员经常要在能见度极低的条件下驾驶船舶。虽然目前船上先进的导航辅助仪器可以帮助船员更好地判断船舶所处环境,但过低的能见度仍然给瞭望工作带来很大困难。目前仍有很大比重的水上交通事故是由于能见度不良而导致的。风况也是影响水上交通安全的重要因素。大风及其伴随的大浪有极强的破坏力,很可能引起船舶侧翻甚至倾覆,造成巨大的生命、财产损失。此外,恶劣的天气条件也给救援带来了很大难度,即使遇险船舶发送了求救信号,海上搜救队及附近船舶也很难完成救援。

从船舶自身因素出发考虑,船舶在停泊状态的情形下发生事故,岸上的救援队伍可较快地到达出事地点,更有利于在事故发生后开展救援工作,因此在航状态会使船舶发生事故后造成的经济损失增加。

8.4.4 相关性分析

在本案例中,直接对模型拟合结果使用 pairs 函数,这样函数会自动标注相应的变量名称及相关系数。a 为常数截距,B 为"船舶吨位"系数,C 为"能见度"系数,D 为"风况"系数,E 为"昼夜"系数,F 为"航行状态"系数,sigma 代表模型服从正态分布的标准差。

结果如图 8-16 所示,这是描述两两变量之间关系的二维散点图矩阵。对角线上是相应参数的概率密度估计曲线以及对应的系数变量名称。矩阵的上三角为两两系数变量的相关散点图,下三角对应的是两两系数变量的相关性大小。

该模型中,影响因素分为两类,船舶因素和环境因素。"船舶吨位"和"航行状态"为船舶因素,"能见度""风况""昼夜"为环境因素。从计算结果上来看,模型中的各个影响因素之间,相关性不显著。如果研究对象为"月份"和"季度",则两者的相关性散点图接近一条直线,其相关性数值接近 1。

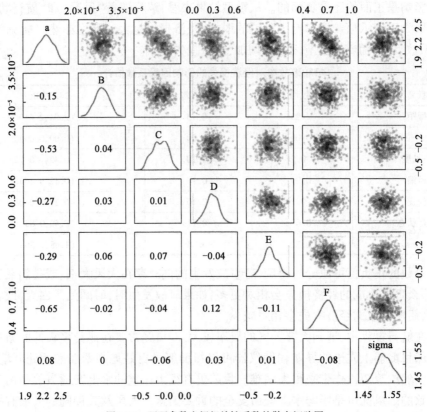

图 8-16 两两参数之间相关性系数的散点矩阵图

8.5 本章小结

本章介绍了一些基础的贝叶斯模型的理论以及应用,主要包括蒙特卡洛方法、马尔可夫链、朴素贝叶斯分类法、贝叶斯网络等。其中,蒙特卡洛方法可以通过生成随机数计算积分问题,马尔可夫链可以根据变量之间的关系推断事件的分布情况,朴素贝叶斯分类法在强假设各自变量相互独立的前提下可计算某事件发生的概率,贝叶斯网络能够清晰地将变量之间的关系可视化。8.4 节中的船舶事故统计案例所采用的马尔可夫链蒙特卡洛法,不仅可以计算各影响因素的正负影响,同时通过散点图矩阵让使用者清晰地知道各个变量之间的两两相关性。因此,该方法有着较好的实用价值以及广阔的应用场景。

贝叶斯模型在交通运输领域有着广泛的应用前景,读者可以通过书中介绍的方法,解决自己研究方向上遇到的问题。

本章参考文献

[1] 朱陆陆.蒙特卡洛方法及应用[D].武汉:华中师范大学,2014.
[2] 康崇禄.蒙特卡罗方法理论和应用[M].北京:科学出版社,2015.
[3] 周志华.机器学习[M].北京:清华大学出版社,2016.

第9章 联立方程模型

9.1 联立方程模型概述

在研究交通问题过程中,会发现有许多因素之间密切关联,比如交通运输与国民经济、消费生活、能源等基本因素具有密切的关系,同时各交通部门之间也有一定的联系,将相互关联的单一方程进行组合,可得到方程组,每单一方程中包含一个或多个相互关联的内生变量,利用多元方法可以对联立方程系统进行估计,这些方法考虑了方程间的相互依存关系。

联立方程模型与单一方程模型的区别之一在于,估计联立方程模型的参数时,必须考虑联立方程所能提供的信息(包括联立相关性等),而单一方程模型的参数估计仅考虑被估计方程自身所能提供的信息即可。

一般的联立方程系统形式是:

$$f(y_t, z_t, \Delta) = u_t \quad t = 1, 2, \cdots, T \tag{9-1}$$

式中,y_t 为内生变量向量;z_t 为外生变量向量;u_t 为一个可能存在序列相关的扰动向量;T 为样本容量。估计的任务是寻找未知参数向量 Δ 的估计量。

在交通领域中,许多问题中都可以运用联立方程模型来解决,模型的结构如图9-1所示。

构成本模型的12个方程如下:

铁路货运函数:

$$FT_1 = f(Y, E, t) \tag{9-2}$$

公路货运函数:

$$FT_2 = f(Y, E) \tag{9-3}$$

水路货运函数:

$$FT_3 = f(Y, FT_1, FT_2) \tag{9-4}$$

航空货运函数:

$$FT_4 = f(Y, D_1, FT_1) \tag{9-5}$$

交通货运定义式:

$$FT = FT_1 + FT_2 + FT_3 + FT_4/1000 \tag{9-6}$$

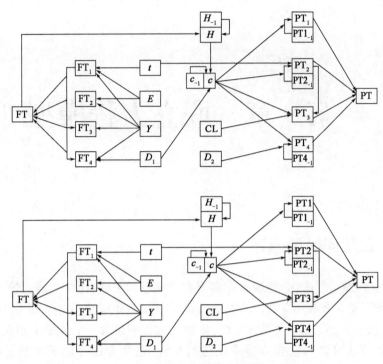

图 9-1 联合方程模型结构图

国民收入函数：
$$H = f(FT, H_{-1}) \tag{9-7}$$

消费函数：
$$c = f(H, c_{-1}, D_1) \tag{9-8}$$

铁路客运函数：
$$PT_1 = f(c, PT1_{-1}) \tag{9-9}$$

公路客运函数：
$$PT_2 = f(c, PT2_{-1}, t) \tag{9-10}$$

水路客运函数：
$$PT_3 = f(c, PT2, CL) \tag{9-11}$$

航空客运函数：
$$PT_4 = f(c, PT4_{-1}, D_2) \tag{9-12}$$

交通客运定义式：
$$PT = PT_1 + PT_2 + PT_3 + PT_4/10 \tag{9-13}$$

式中，FT_1 为铁路货物周转量；FT_2 为公路货物周转量；FT_3 为水运货物周转量；FT_4 为航空货物周转量；FT 为货物周转总量(不包括管道输油)；H 为国民收入；c 为消费支出；PT_1 为铁路旅客周转量；PT_2 为公路旅客周转量；PT_3 为水运旅客周转量；PT_4 为航空旅客周转量；PT 为旅客周转总量；Y 为工业总产值；E 为能源生产总量；$t(=1-n)$ 为时间变量；D_1、D_2 为年份；CL 为居民消费水平。

在本模型的构造中,共有12个联立方程组成。其中式(9-2)~式(9-6)表示生产活动、能源等因素,生产活动为货运需求的主要供给源,能源为交通运输的动力。式(9-9)~式(9-13)中,国民经济所决定的消费支出对客运量起着主要的作用。

9.2 联立方程模型中变量的分类

对于联立方程系统中的每个方程,其变量(Variables)仍然有被解释变量与解释变量之分。

例如研究道路交通对城市空气质量的影响时,道路交通流量是解释变量,城市空气质量是被解释变量。研究交通拥堵对雾霾污染影响时,交通拥堵是解释变量,雾霾污染影响的程度是被解释变量。

对于整个联立方程系统来说,由于各变量之间的关系已经不是单方程所描述的单向对应关系,而是联立关系,所以不能用被解释变量与解释变量来划分。一般来讲,可将变量分为内生变量和外生变量两大类,外生变量与滞后内生变量又被统称为前定变量,也称为先决变量。内生变量被视为随机的,而前定变量则被视为非随机的。

9.2.1 内生变量

由模型系统决定其取值的变量称为内生变量(Endogenous Variables),与外生变量的最大区别是,其具有某种概率分布的随机变量,受随机性影响。内生变量影响系统且受系统影响,内生变量是被研究系统的内在组成部分,也是联立方程系统内在决定的。

在式(9-2)~式(9-13)中,内生变量共有12个,分别是 FT_1、FT_2、FT_3、FT_4、FT、H、c、PT_1、PT_2、PT_3、PT_4、PT。

内生变量一般具有如下特点:

(1)内生变量既受模型中其他变量的影响,同时又影响模型中的其他内生变量。

(2)内生变量一般都直接或间接地受模型系统中随机误差项的影响,所以是具有某种概率分布的随机变量。

9.2.2 外生变量

外生变量(Exogenous Variables)是确定性变量,外生变量是联立方程系统外决定的变量,不由联立方程系统确定,影响系统,但是本身不受系统的影响。

在式(9-2)~式(9-13)中,外生变量共有6个,分别是 Y、E、t、D_1、D_2、CL。

外生变量一般具有如下特点:

(1)外生变量的变化对模型系统中的内生变量直接产生影响,但自身变化却由模型系统之外其他因素来决定。

(2)相对于所构造的联立方程模型,外生变量可以视为可控的非随机变量,从而与模型中的随机误差项不相关。

9.2.3 先决变量

外生变量和滞后内生变量统称为先决变量(Predetermined Variables)或前定变量,包含滞后内生变量方程的误差项可以假定其不存在序列相关。滞后内生变量是联立方程系统中不可缺少的一部分,用以反映动态性与连续性。

由于外生变量是非随机变量,与模型中的随机误差项不相关,如果随机误差项不存在自相关性,则先决内生变量与随机误差项也不存在自相关,因此先决变量与方程中的随机误差项通常是互不相关的。

在单方程中,内生变量作为被解释变量,外生变量与滞后内生变量作为解释变量。而在联立方程系统中,内生变量既作为被解释变量,又可以在不同的方程中作为解释变量。

9.3 联立方程模型的分类

9.3.1 结构式联立方程模型

在计量经济学中,直接描述经济变量现实经济结构关系的模型,称为结构模型。其中每一个方程都直接表述某种经济行为或经济关系,或是对一种经济结构或某种经济主体的行为进行直接描述。模型中每个随机方程的被解释变量不仅是内生变量,而且还是由其他内生变量、先决变量和随机误差项所共同表示的函数,这种方程称为结构式方程。其中所含参数称为结构式参数。所有的结构参数组成的矩阵称为结构参数矩阵。结构式参数表示每个解释变量对被解释变量的直接影响,参数的符号表示影响的方向,其绝对值表示这种直接影响的大小程度。对于线性模型而言,每个结构式参数表示一个边际量。

将一个内生变量表示为其他内生变量、先决变量和随机误差项的函数形式,被称为结构方程的正规形式。结构方程中的系数称为结构系数(Structural Coefficient)。

结构式联立方程系统可以写成:

$$BY + \Gamma Z = u \tag{9-14}$$

或:

$$(B, \Gamma)\begin{pmatrix} Y \\ Z \end{pmatrix} = u \tag{9-15}$$

式中,Y 表示 $k \times T$ 的内生变量矩阵;T 表示样本容量;k 表示内生变量个数;Z 表示 $g \times T$ 的先决变量矩阵;g 表示先决变量个数;u 表示 $k \times T$ 的结构性扰动项矩阵;B 表示内生变量的 $k \times k$ 结构参数矩阵;Γ 表示先决变量的 $k \times g$ 结构参数矩阵,如果模型中有常数项可以看成一个外生的虚拟变量向量 Z_0,它的观测值始终取 1。

含有 k 个内生变量、g 个先决变量、k 个结构方程的系统被称为完备的结构式系统。在完备的结构式系统中,独立的结构方程的数目等于内生变量的数目,每个内生变量都分别由一个方程来描述。式(9-14)中的矩阵可表示为:

$$Y = \begin{pmatrix} y_1 \\ y_2 \\ \vdots \\ y_k \end{pmatrix}, Z = \begin{pmatrix} Z_1 \\ Z_2 \\ \vdots \\ Z_g \end{pmatrix}, u = \begin{pmatrix} u_1 \\ u_2 \\ \vdots \\ u_k \end{pmatrix} \tag{9-16}$$

式中,y_i, u_i 分别表示第 $i(i=1,2,\cdots,k)$ 个内生变量和扰动项的 $T \times 1$ 向量;z_j 表示第 j

($j=1,2,\cdots,g$)个外生变量的 $T\times 1$ 向量。

参数矩阵 B,Γ 为：

$$B = \begin{pmatrix} \beta_{11} & \beta_{12} & \cdots & \beta_{1k} \\ \beta_{21} & \beta_{22} & \cdots & \beta_{2k} \\ \vdots & \vdots & & \vdots \\ \beta_{k1} & \beta_{k2} & \cdots & \beta_{kk} \end{pmatrix} \tag{9-17}$$

$$\Gamma = \begin{pmatrix} \gamma_{11} & \gamma_{12} & \cdots & \gamma_{1g} \\ \gamma_{21} & \gamma_{22} & \cdots & \gamma_{2g} \\ \vdots & \vdots & & \vdots \\ \gamma_{k1} & \gamma_{k2} & \cdots & \gamma_{kg} \end{pmatrix} \tag{9-18}$$

式(9-15)的 (B,Γ) 矩阵为：

$$(B,\Gamma) = \begin{pmatrix} \beta_{11} & \beta_{12} & \cdots & \beta_{1k} & \gamma_{11} & \gamma_{12} & \cdots & \gamma_{1g} \\ \beta_{21} & \beta_{22} & \cdots & \beta_{2k} & \gamma_{21} & \gamma_{22} & \cdots & \gamma_{2g} \\ \vdots & \vdots & & \vdots & \vdots & \vdots & & \vdots \\ \beta_{k1} & \beta_{k2} & \cdots & \beta_{kk} & \gamma_{k1} & \gamma_{k2} & \cdots & \gamma_{kg} \end{pmatrix} \tag{9-19}$$

(B,Γ) 称为结构参数矩阵。参数矩阵的每一行是特定方程的系数，而每一列对应于一个具体的变量的系数。

基本理论中有大量关于 B 和 Γ 的约束。每个方程中有一个变量为因变量，所以在系统中它的系数为1。这样，在 B 的每一行中至少有一个为1。并非所有的变量都出现在所有的方程中，故某些参数是零。

9.3.2 简化式联立方程模型

结构模型的每一个方程虽然可以描述现实的经济结构，其参数可以反映每个解释变量对被解释变量的直接影响，但是结构模型无法直接反映各个经济变量之间的间接影响。

在结构模型中，某些内生变量并未表示成前定变量的函数形式，这样，在知道前定变量的值之后，无法根据结构模型直接估计内生变量的值。因此，有必要将结构模型变为另一种形式——简化式模型。

简化式模型是指联立方程中每个内生变量只是先决变量与随机误差项的函数所构成的模型。简化式模型中的每个方程都称为简化式方程。方程中的系数称为简化式参数，它反映相应的先决变量(解释变量)对内生变量(被解释变量)的直接影响与间接影响的总和。简化式参数一般用符号 π 来表示。

在已知模型所包含的全部先决变量的条件下，将模型中的每一个内生变量直接表示为先决变量的线性函数，便得到了简化式模型。

例如，模型中有 m 个内生变量 y，k 个先决变量 x，则可以直接表示为以下 m 个线性函数：

$$y_{it} = \pi_{i1}x_{1t} + \pi_{i2}x_{2t} + \cdots + \pi_{ik}x_{kt} + v_{it} \quad (i=1,2,\cdots,m) \tag{9-20}$$

简化式模型用矩阵表示：

$$Y = \pi X + V \tag{9-21}$$

其中：

$$\pi = \begin{pmatrix} \pi_{11}, \pi_{12}, \cdots, \pi_{1k} \\ \pi_{21}, \pi_{22}, \cdots, \pi_{2k} \\ \vdots \quad \vdots \quad \vdots \\ \pi_{m1}, \pi_{m2}, \cdots, \pi_{mk} \end{pmatrix} V = \begin{pmatrix} v_{1t} \\ v_{2t} \\ \vdots \\ v_{mt} \end{pmatrix} \tag{9-22}$$

再如对于结构式模型 $BY + \Gamma X = u$，假如 $|B| \neq 0$，则等式左右同乘 B^{-1}，得到：

$$Y + B^{-1}\Gamma X = B^{-1} u \quad Y = -B^{-1}\Gamma X + B^{-1} u \tag{9-23}$$

令：

$$\pi = -B^{-1}\Gamma \quad V = B^{-1} u \tag{9-24}$$

则得到简化式模型的一般形式：

$$Y = \pi X + V \tag{9-25}$$

【例 9-1】 基于均衡的国际干散货航运市场构建联立方程模型。其中 BDI 指数、T/F 值、D/F 值、NDG 值以及拆船载重吨都是相互依赖的内生变量，国际干散货海运需求量是外生变量。选取上海国际航运研究中心 2009—2018 年间的数据，建立基于均衡的国际干散货航运市场联立方程如下：

$$X_t = -4911.071 + 910.127 F_t \tag{9-26}$$

$$\Delta X_t = 0.1544 + 6.228 V_t \tag{9-27}$$

$$C_t = 32.7 \times 10^6 - X_t \times 10^4 \tag{9-28}$$

$$D_t = (96.262 + 0.014 X_{t-2} + 0.129 X_{t-3} + 0.064 X_{t-4} + 0.078 X_{t-5}) \times 10^{-4} \tag{9-29}$$

$$Y_t = 188.22 t + 3454.1 \tag{9-30}$$

均衡条件：

$$\Delta X_t = X_t / X_{t-1} \tag{9-31}$$

式中，X_t 为 t 年度的 BDI 水平；ΔX_t 为 t 年度的 BDI 增长率；F_t 为 t 年度的 T/F 值；V_t 为 t 年度的净需求增长率 NDG；C_t 为 t 年度的拆船载重吨总量；其余月份设为 0；Y_t 为 t 年度的国际干散货海运需求量。

为提高联立方程模型的准确度，保留 T/F 值与 BDI 的回归方程，去除 NDG 与 BDI 的回归方程。同时，由于 ΔX_t 是由 NDG 决定的，故均衡条件 $\Delta X_t = X_t / X_{t-1}$ 也要去掉。因此，可简化为：

$$X_t = -4911.071 + 910.127 F_t \tag{9-32}$$

$$C_t = 32.7 \times 10^6 - X_t \times 10^4 \tag{9-33}$$

$$D_t = \frac{96.262 + 0.014 X_{t-2} + 0.129 X_{t-3} + 0.064 X_{t-4} + 0.078 X_{t-5}}{10^4} \tag{9-34}$$

$$Y_t = 188.22 t + 3454.1 \tag{9-35}$$

9.4 联立方程模型的识别

联立方程系统是由多个方程组成的。由于各个方程包含的变量之间可能存在互为因果的关系,某个方程的自变量可能就是另一个方程中的因变量,所以需要对系统中的各个方程之间的关系进行严格的定义,否则联立方程系统中的系数可能无法估计。在进行联立方程系统估计之前首先要判断它是否可以估计,即联立方程系统的识别(Identification)。

例如,轨道交通的需求很大程度上取决于经济发展水平,通过轨道交通的微观供需模型将轨道交通需求和投资内生化,联立包含研究轨道交通建设与城市经济增长的模型,以及轨道交通建设的供求模型,使之成为相结合的系统联立方程模型,并对该联立方程模型进行识别,通过联立方程系统中的系数来判断该模型是否可估计。

从已知的简化式确定其结构式方程系数的问题,就是联立方程系统的识别问题。如果从联立方程系统的简化式中能够估计出所有的结构式参数,称该方程是可识别(Identified);如果无法从简化式得到结构式参数的值,就说这个方程是不可识别的(Unidentified)。方程中每个需要估计其参数的随机方程都存在识别问题,如果一个模型中的所有随机方程都是可以识别的,则认为该联立方程系统是可以识别的。反过来,只要存在一个不可识别的随机方程,就认为该联立方程系统是不可识别的。

当某一个随机方程,在给定有关变量的样本观测值时,其参数具有确定的估计量,这包括两种情况:一种是只有唯一一组参数估计量;另一种是具有多组参数估计量。如果通过简化模型的参数估计值和参数关系式可以得到结构方程的参数估计值的唯一解,则称该结构方程恰好识别(Exactly Identified);如果某一个随机方程具有多组参数估计量,则称其为过度识别(Over Identified)。

9.4.1 不可识别

若结构模型中存在随机方程式是不可识别的,那么该结构模型就不可识别。

例如,交通需求是指出于各种目的的人和物在社会公共空间中以各种方式进行移动的要求,它具有需求时间和空间的不均匀性、需求目的的差异性、实现需求方式的可变性等特征。交通供给是指为了满足各种交通需求所提供的基础设施和服务,它具有供给的资源约束性、供给的目的性、供给者的多样化等特征。

在如下航运需求供给模型中,

需求函数:
$$D_t = a_0 + a_1 P_t + u_{1t} \tag{9-36}$$

供给函数:
$$S_t = b_0 + b_1 P_t + u_{2t} \tag{9-37}$$

平衡条件:
$$S_t = D_t \tag{9-38}$$

式中,D_t 表示航运需求;S_t 表示航运供给;P_t 表示航运运输价格;u_{1t} 和 u_{2t} 为一个可能存在序列相关的扰动项向量;a_0、a_1、b_0、b_1 分别表示结构式参数。

平衡条件记为 $S_t = D_t = Q_t$,则模型可写为:
$$\begin{cases} Q_t = a_0 + a_1 P_t + u_{1t} \\ Q_t = b_0 + b_1 P_t + u_{2t} \end{cases} \tag{9-39}$$

此时 Q、P 是两个内生变量,没有先决变量。其简化式模型为:

$$\begin{cases} Q_t = \pi_{10} + v_{1t} \\ P_t = \pi_{20} + v_{2t} \end{cases} \tag{9-40}$$

其中有 2 个简化式参数,但是结构式参数有 4 个,参数关系表达式为:

$$\pi_{10} = \frac{a_1 b_0 - a_0 b_1}{a_1 - b_1} \quad \pi_{20} = \frac{b_0 - a_0}{a_1 - b_1} \tag{9-41}$$

很明显,难以从 π_{10}、π_{20} 中计算得到需求函数和供给函数的 4 个待求结构式参数 a_0、a_1、b_0、b_1。因此,需求函数和供给函数都是不可识别的。

9.4.2 恰好识别

若结构模型中的每个随机方程都是恰好识别的,那么该结构模型就是恰好识别的。根据定义,如果某个结构方程是恰好识别的,就可以利用简化模型参数的最小二乘估计值和参数关系式求出该结构方程参数估计值,相应的估计量虽然是有偏的,但具有一致性。如果某个结构方程中只有先决变量作解释变量,没有内生变量作为解释变量,则可以对该结构方程直接采用最小二乘法,得到结构参数是无偏和最小方差估计量。

考虑上述需求供给模型,该模型不能识别的原因在于相同的变量 P 和 Q 以相同的函数形式出现在两个方程中,它们有相同的统计形式,却没有额外信息。但是进一步,完全可以认为交通运输业对交通的需求有一定的影响,此时可以在需求模型中引入"交通收入"这个变量,原模型变为:

需求函数:
$$D_t = a_0 + a_1 P_t + a_2 Y_t + u_{1t} \tag{9-42}$$

供给函数:
$$S_t = b_0 + b_1 P_t + u_{2t} \tag{9-43}$$

平衡条件:
$$S_t = D_t = Q_t \tag{9-44}$$

相应简化模型为:
$$\begin{cases} P_t = \pi_{10} + \pi_{11} Y_t + v_{1t} \\ Q_t = \pi_{20} + \pi_{21} Y_t + v_{2t} \end{cases} \tag{9-45}$$

其中有 4 个简化式参数,但存在 5 个结构式参数,参数关系表达式为:

$$\pi_{10} = \frac{b_0 - a_0}{a_1 - b_1} \quad \pi_{11} = \frac{-a_2}{a_1 - b_1} \quad \pi_{20} = \frac{a_1 b_0 - a_0 b_1}{a_1 - b_1} \quad \pi_{21} = \frac{-a_2 b_1}{a_1 - b_1} \tag{9-46}$$

由于只有 4 个方程,一共 5 个待求的结构式参数,不能由简化式参数解出所有结构式参数,所以整个模型仍是不可识别的。但是其中的供给函数是可识别的,因为:

$$b_0 = \pi_{20} - b_1 \pi_{10} \quad b_1 = \pi_{21} / \pi_{11} \tag{9-47}$$

已经用简化式参数唯一确定了供给函数中的结构式参数 b_0、b_1,所以供给函数是恰好识别的。

可以推断,此时若供给函数中也引入一个外生变量,例如天气状况指数 W,则需求函数也将可以识别:

需求函数:
$$D_t = a_0 + a_1 P_t + a_2 Y_t + u_{1t} \tag{9-48}$$

供给函数: $$S_t = b_0 + b_1 P_t + b_2 W_t + u_{2t} \tag{9-49}$$
平衡条件: $$S_t = D_t = Q_t \tag{9-50}$$
相应简化模型为:
$$\begin{cases} P_t = \pi_{10} + \pi_{11} Y_t + \pi_{12} W_t + v_{1t} \\ Q_t = \pi_{20} + \pi_{21} Y_t + \pi_{22} W_t + v_{2t} \end{cases} \tag{9-51}$$

其中简化式参数和待求结构式参数都是 6 个,方程也恰好是 6 个,结构式参数可以由简化式参数唯一确定,需求函数恰好识别,此时整个模型也恰好识别。

9.4.3 过度识别

如果通过简化模型的参数估计值和参数关系式可以得到结构方程的参数估计值的多个解,则称该结构方程过度识别。如果结构方程是恰好识别的或过度识别的,则称该结构方程可识别。可识别但不是恰好识别的结构模型称为过度识别。根据定义,如果某个结构方程是过度识别的,就不能利用简化模型参数的最小二乘估计值和参数关系式求出该结构方程参数估计值,因为在多个结构参数估计中无法做出选择,但可采用其他方法得到该结构方程的有偏的但一致的估计量。

例如,如果在上述供给需求模型基础上,继续加入一个外生变量至需求模型中,可以设定外生变量为其他替代交通运输工具的运输价格 P',此时供需模型变为:

需求函数:
$$D_t = a_0 + a_1 P_t + a_2 Y_t + a_3 P_t' u_{1t} \tag{9-52}$$

供给函数:
$$S_t = b_0 + b_1 P_t + b_2 W_t + u_{2t} \tag{9-53}$$

平衡条件:
$$S_t = D_t = Q_t \tag{9-54}$$

相应简化模型为:
$$\begin{cases} P_t = \pi_{10} + \pi_{11} Y_t + \pi_{12} W_t + \pi_{13} P_t' + v_{1t} \\ Q_t = \pi_{20} + \pi_{21} Y_t + \pi_{22} W_t + \pi_{23} P_t' + v_{2t} \end{cases} \tag{9-55}$$

模型中 8 个简化式参数和 7 个待求结构式参数,由简化式参数可以解除结构式参数,且解不唯一。通过参数关系式可推出,供给函数的结构式参数可以解出两组解,所以供给函数是过度识别的。

通过本节的供需模型例子可以看出,结构式方程的识别状态与模型中其他方程所含变量的个数密切相关。变量太少可能会导致该方程不可识别,变量太多则可能导致方程过度识别。

【例 9-2】 在例 9-1 的基础上,基于均衡的国际干散货航运市场联立方程模型构建。按照秩条件进一步识别,即假设有 M 个内生变量,能够找到一个 $(M-1) \times (M-1)$ 阶的非零行列式,达到识别的充分必要条件。

$$X_t - 910.127 \times F_t + 0 \times C_t + 0 \times D_t + 0 \times Y_t = u_{1t} \tag{9-56}$$

$$X_t + 0 \times F_t + C_t \times 10^{-4} + 0 \times D_t + 0 \times Y_t = u_{2t} \tag{9-57}$$

$$X_t + 0 \times F_t + 0 \times C_t + \alpha \times D_t + 0 \times Y_t = u_{3t} \tag{9-58}$$

$$X_t + 0 \times F_t + 0 \times C_t + 0 \times D_t + \beta \times Y_t = u_{4t} \tag{9-59}$$

由于上述模型有4个内生变量，则可以得到3×3阶的矩阵，记为A，则：

$$\text{Det}A = \begin{pmatrix} -910.127 & 0 & 0 \\ 0 & 10^{-4} & 0 \\ 0 & 0 & \beta \end{pmatrix} \tag{9-60}$$

由表9-1可知，对2009—2018年的年均BDI值X_t与国际干散货海运需求量Y_t做线性回归，回归系数显著，表明年度平均BDI与该年度国际干散货海运需求量相关关系显著，可知上3×3阶行列式的秩$\rho(A) \neq 0$，因此该模型恰可识别。

年均BDI指数与国际干散货海运需求量相关系数显著性分析　　　　表9-1

变量名称	非标准化系数 B	标准误	标准化系数 Beta	显著性
常数	5382.061	272.306	—	0
年均BDI指数	−0.637	0.174	−0.791	0.006

9.5 联立方程模型的识别条件

9.5.1 结构式方程识别的条件

(1)阶条件

为了比较简便地确定联立方程模型能否识别，本节给出确定联立方程模型识别的一般规则。首先对符号进行定义：面向结构模型中的第i个结构方程，记K为结构模型中内生变量和前定变量的总个数，M_i为第i个结构方程中内生变量和前定变量的总个数，G为结构模型中内生变量即结构方程的个数。

一个必要的(但不是充分的)识别条件，就是阶条件：如果一个方程能够被识别，那么这个方程不包含的变量总数应大于或等于模型系统中方程个数减1。

或者说，在包含G个方程的结构模型中，如果某个方程能被识别，则至少应有$G-1$个变量不在该方程中，或不在该方程中的变量个数大于或等于内生变量个数或方程个数减1。即：

如果$K - M_i < G - 1$，第i个结构方程不可识别；

如果$K - M_i = G - 1$，第i个结构方程可识别，且为恰好识别；

如果$K - M_i > G - 1$，第i个结构方程可识别，且为过度识别。

应该注意的是，识别的阶条件只是一个必要条件，而非充分条件。如果某个方程不满足阶条件，则不可识别，但是满足阶条件的方程未必可识别。只有根据其他方法判断某个结构式方程是可识别之后，才能根据阶条件的后两步进一步确认方程是恰好识别还是过度识别。

例如，继续讨论供给需求模型的例子：

需求函数：

$$D_t = a_0 + a_1 P_t + u_{1t} \tag{9-61}$$

供给函数：
$$S_t = b_0 + b_1 P_t + u_{2t} \tag{9-62}$$

平衡条件：
$$S_t = D_t = Q_t \tag{9-63}$$

模型中先决变量个数为0，模型内生变量和两个结构方程内生变量都是2个，$G = K = M_1 = M_2 = 2$；需求函数中，$K - M_1 = 0 < G - 1 = 1$，需求函数是不可识别的；供给函数中，$K - M_2 = 0 < G - 1 = 1$，供给函数也是不可识别的。

例如，加入变量 Y_t、W_t、P_t'，两个内生变量 P_t、Q_t，$G = 2$，$K = 5$，$M_1 = 4$，$M_2 = 3$，在需求函数中，$K - M_1 = 1 = G - 1 = 1$，所以需求函数满足恰好识别的必要条件。

供给函数中，$K - M_2 = 2 > G - 1 = 1$，所以供给函数满足过度识别的必要条件。

但是，阶条件仅仅是识别的必要条件。如果阶条件不成立，则方程必不可识别；如果阶条件成立，方程并不一定可识别，只有当阶条件成立时，方程才必定可识别。

(2) 秩条件

当满足阶条件时，虽然模型中的 i 个方程排除了若干变量，但有可能模型中还有另外一个 j 方程也排除了与第 i 个方程所排除变量完全相同的若干变量。在这种情况下，第 i 个方程实际上并不具有唯一的统计形式，仍然是不可识别的。此时就需要一个充分必要条件——秩条件来识别。

在这里，先给出秩的概念。

对 $m \times n$ 阶矩阵 A，划掉 A 的若干行或若干列，余下的部分称为 A 的子矩阵。

若存在 A 的一个 r 阶子方阵，其行列式不为0，而 A 的所有 $r+1$ 阶子方阵的行列式均为0，称矩阵 A 的秩为 r，记为：$\text{rank}(A) = r$。

对第 i 个结构方程，其识别的秩条件步骤如下：

①写出结构模型对应的结构参数矩阵，常数项引入虚拟变量 $X_t = 1(AB)$。
②删除第 i 个结构方程对应系数所在的一行。
③删除第 i 个结构方程对应系数所在的一行中非零系数所在的各列。
④对余下的子矩阵 (A_0, B_0)，如果其秩等于 $G - 1$，则称秩条件成立，第 i 个结构方程一定可识别；如果 (A_0, B_0) 的秩不等于 $G - 1$，则称秩条件不成立，第 i 个结构方程一定不可识别。

秩条件是对应结构方程是否可识别的一个充分必要条件。利用秩条件可以判别结构方程是否可识别，但不能确定是恰好识别还是过度识别。综合阶条件和秩条件，对任意需要估计参数的结构方程，都可以判别它是否可识别，是恰好识别还是过度识别。

识别的具体步骤为：

第一步：检验阶条件。如果阶条件不成立，则所讨论的结构方程不可识别。

第二步：检验秩条件。如果阶条件成立，则再检验秩条件；如果秩条件不成立，则所讨论的结构方程不可识别；如果秩条件成立，则结构方程可识别。此时如果阶条件取"="号，结构方程是恰好识别的；如果阶条件取">"号，则结构方程是过度识别的。

9.5.2 简化式方程识别的秩条件

联立方程系统的简化式识别条件，是根据联立方程系统的简化式结构参数进行判断的。

对于简化式模型 $Y = \Pi Z + E$

简化式识别条件为：

如果 $\text{rank}(\Pi_2) = k_i - 1$，则第 i 个结构方程不可识别；

如果 $\text{rank}(\Pi_2) = k_i - 1$，则第 i 个结构方程可以识别，并且 $g - g_i = k_i - 1$，则第 i 个结构方程恰好识别；

如果 $g - g_i > k_i - 1$，则第 i 个结构方程过度识别。

其中：Π_2 是简化式参数矩阵 I 中划去第 i 个结构方程所不包含的内生变量所对应的行和第 i 个结构方程中包含的先决变量所对应的列之后，剩下的参数按原次序组成的矩阵。其他符号变量的含义与结构式识别条件相同。一般也将该条件的前一部分称为秩条件，用以判断结构方程是否识别；后一部分称为阶条件，用以判断结构方程的恰好识别或过度识别。

9.6 联立方程模型的估计

在诱增交通量的预测中，考虑中国现有统计数据在精度和广度上的局限性，容易造成计算结果存在遗漏变量偏误和测量误差偏误；同时变量之间的相关性容易导致计算结果存在联立性问题。因此，为克服这些问题，需要根据不同条件选择不同的联立方程模型的估计方法，用以探讨道路供给与交通需求之间的关系。

联立方程系统估计方法分为两种，分别为单方程估计方法和系统估计方法。

9.6.1 单方程估计方法

(1) 普通最小二乘法

普通最小二乘法(Ordinary Least Squares, OLS)是考虑到任意方程间对系统中的参数的限制条件下，最小化每个方程的残差平方和获得参数估计的。如果没有限制，该方法等同于使用单方程最小二乘法估计每个方程。

(2) 加权最小二乘法

当方程间存在异方差时，即 $V = \text{diag}(\sigma_1^2, \sigma_2^2, \cdots, \sigma_k^2) \otimes I_T$ 可以使用加权最小乘法(Weighted Least Squares, WLS)，即可以通过最小化加权的残差平方和来解决方程间存在的异方差。方程的权重来自系统对未加权的参数估计值。如果不存在方程间约束，该方法的结果与未加权的单方程最小二乘法的结果相同。

(3) 似乎不相关回归法

似乎不相关回归法(Seemingly Unrelated Regressions, SUR)是商业和经济模型中经常出现的一种递归模型方法，也称为 Zellner 方法。该方法在考虑方程间的误差项存在异方差和同期相关的条件下，估计联立方程系统的系数。方法经常将系统所包含的一系列内生变量作为一组处理，理论上，这些变量彼此之同存在着密切的联系。因为考虑了方程间参数的约束，所以 SUR 方法比一般文献应用得要更为广泛。

(4) 二阶段最小二乘法

二阶段最小二乘法(two-stage least squares, 2SLS)是一种既适用于恰好识别，又适用于过度识别的结构方程的单方程估计方法,由 H. 泰尔(Theil)和 R. 巴斯曼(Basmann)分别于 1953 年和 1957 年独立提出,是一种已经得到普遍应用的方法。系统的二阶段最小二乘法(S2SLS)估计量是前面描述的单方程二阶段最小二乘估计量的系统形式。

在应用二阶段最小二乘法的整个过程中,并没有涉及结构方程中内生解释变量和先决解释变量的数目,所以二阶段最小二乘法的应用与方程的识别状态无关,既适用于恰好识别的结构方程,又适用于过度识别的结构方程。

(5)加权二阶段最小二乘法

加权二阶段最小二乘法(Weighted Two-stage Least Squares,W2SLS)是加权最小二乘法的二阶段方法。当方程右边的部分变量与误差项相关,并且方程间的误差项存在异方差,但不存在同期相关时,W2SLS 是一种比较合适的方法。该方法首先对未加权系统进行二阶段最小二乘估计,根据估计出来的方程方差建立方程的权重。如果没有方程间的约束,得到的一阶段的结果与未加权单方程的二阶段最小二乘法的结果相同。

(6)估计与修正存在序列相关的扰动项

同单方程一样,联立方程模型中的扰动项如果存在序列相关问题,也会导致估计结果的失真,因此也必须对扰动项序列的结构予以正确描述和处理。

9.6.2 系统估计方法

(1)三阶段最小二乘法

根据之前所说的矩阵形式:

$$Y = X\Delta + u \tag{9-64}$$

式中,Y 是内生变量矩阵;X 是解释变量的分块矩阵;Δ 是未知参数向量。

二阶段最小二乘法是单方程估计方法,没有考虑到残差之间的协方差,具有局限性。三阶段最小二乘法(three-stage least squares,3SLS)是由 Zellner 和 Theil 于 1962 年提出的,同时估计联立方程系统的全部结构方程的系统估计方法,是 SUR 方法的二阶段最小二乘法。当方程右边变量与误差项相关,并且残差存在异方差和同期相关时,3SLS 是一种有效方法。

3SLS 方法的基本思路是:在 2SLS 估计每个方程的基础上,对联立方程系统利用广义最小二乘法进行估计。第一阶段,先估计联立方程系统的简化形式,然后用全部内生变量的拟合值得到联立方程系统中所有方程的 2SLS 估计。一旦计算得到 2SLS 的参数,每个方程的残差值就可以用来估计方程之间的方差和协方差,与 SUR 的估计过程相似。第三阶段也就是最后阶段,将得到广义最小二乘法的参数估计量。很显然,3SLS 能得到比 2SLS 更有效的参数估计量,因为它考虑了方程之间的相关关系。

(2)完全信息极大似然法

完全信息极大似然法(Full Information Maximum Likelihood,FIML)是极大似然法(ML)的直接推广,是基于整个系统的估计方法,它能够同时处理所有的方程和所有的参数。如果能准确地设定似然函数,FIML 会根据已经得到样本的观测值,使整个联立方程系统的似然函数达到最大,以得到所有结构参数的估计量。当同期误差项具有一个联合正态分布时,利用此方法求得的估计量是所有的估计量中最有效的。

(3) 广义矩法

广义矩估计方法(Generalized Method of Moments,GMM)是矩估计的一种,是基于模型实际参数满足的一些矩条件而形成的一种参数估计方法,是矩估计方法的一般化。GMM 估计方法是将准则函数定义为工具变量与扰动项的相关函数,使其最小化得到参数的估计值。如果在准则函数中选取适当的权数矩阵,广义矩法可用于解决方程间存在异方差和未知分布的残差相关的问题。

传统的计量经济学模型估计方法,如经典最小二乘法、工具变量法和极大似然法等,各自存在一定的局限性,如参数估计量必须在模型满足某些假设条件时才具有良好的效果。例如,只有当模型的随机误差项服从正态分布或某一已知分布时,极大似然法的参数估计量才是可靠的估计量。而 GMM 方法允许随机误差项存在异方差和序列相关,所得到的参数估计量比其他参数估计方法更符合实际。同时,GMM 方法不需要知道扰动项的确切分布,所以其估计量鲁棒性较强。事实上,GMM 方法包含了许多常用的估计方法,经典最小二乘法、工具变量法和极大似然估计法都是它的特例,所以 GMM 方法因具有其优越性而得到广泛应用。

9.7 案例:交通运输经济效益研究

交通运输主要包括:陆路运输、水路运输、铁路运输、航空运输和管道运输 5 种,交通运输业联系着社会生产生活的各个方面,促进并带动各部门产生间接的经济效益。因此交通运输业的经济效益和社会效益值得进一步深入研究,以期进一步促进技术发展、提升效益。

本小节使用四川省 1998—2017 年的时间序列数据,数据来源于《四川统计年鉴》与《中国统计年鉴》。由于管道运输集中气液体的运输,四川境内较少,同时该省又非沿海,内河运输的竞争力也很小,因此不考虑管道运输和水路运输,仅考虑支柱性的陆路运输和快速崛起的航空运输,陆路主体为公路和铁路,同时航空运输仅考虑民用航空不考虑国防、海关等国家航空活动。

人均国内生产总值是将一个国家核算期内实现的国内生产总值与该国家的常住人口或户籍人口相比进行计算而得到。综合考虑交通运输发展是在历史积累的基础上形成,人均 GDP 较 GDP 总量更能衡量人民生活水平。因此,选择人均 GDP 作为本案例度量经济发展的指标,即本书中提及的 GDP 均为人均 GDP。

货物周转量既体现货物运输数量,又能体现货物运输距离因素,可以综合反映一定时期内运输部门为社会提供的货物运输工作总量。因此,选取铁路货物周转量、公路货物周转量、航空货物周转量分别作为三种运输方式发展水平、运输成果的度量指标。路网密度由该地区的营业里程与地区面积相比计算得到,综合反映地区运输条件和路网水平。将铁路网密度、公路网密度作为铁路、公路运输建设的分析指标。本案例只考虑民用航空,考虑到航线里程数可综合反映民航运输路线和距离,因此将民用航线里程数作为航空运输建设的分析指标。

综上所述,分别从前期投入和生产成果两方面进行模型变量引入,变量说明如表 9-2

所示。

变量说明　　　　　　　　　　　　　　　　表9-2

变量符号	变量含义	变量单位
GDP	人均GDP	元/人
H_t	公路货物周转量	$10^8 t \cdot km$
R_t	铁路货物周转量	$10^8 t \cdot km$
A_t	航空货物周转量	$10^8 t \cdot km$
VI	物流业产值	10^4 元
IFA	交通运输固定资产投资	10^8 元
T_e	地方财政交通运输支出	10^8 元
Hd	公路网密度	$10^4 km/10^4 km^2$
Rd	铁路网密度	$10^4 km/10^4 km^2$
Cam	民航里程数	$10^4 km$
P	交通运输业从业人员数	10^4 人

基于联立方程组模型，对交通运输业发展和经济增长之间的关系进行定义，交通运输和经济发展的外在表现即模型体系内需要说明的内容，因此将公路货运周转量、铁路货运周转量、航空运输货运量、人均GDP、物流业产值设置为该联立方程组模型的内生变量，即内生变量 $M=5$ 个。而其余 $K=6$ 个变量是非随机变量，变量值是联立方程组模型以外的因素决定的，会对内生变量产生影响，故将其设置为前定变量。考虑到固定资产投资的滞后效应，将该变量滞后1期，滞后的外生变量视为前定变量。联立方程组模型将相互影响的复杂变量相统一，能够更为精确地描述经济行为。本文建立的模型对人均GDP、交通运输业指标的初步定义如下：

$$\begin{cases} GDP_t = a_0 + a_1 H t_t + a_2 R t_t + a_3 A t_t + a_4 IFA_{t-1} + a_5 T e_t + \mu_1 \\ H t_t = b_0 + b_1 GDP_t + b_2 IFA_{t-1} + b_3 T e_t + b_4 H d_t + b_5 P_t + \mu_2 \\ R t_t = c_0 + c_1 GDP_t + c_2 IFA_{t-1} + c_3 T e_t + c_4 R d_t + c_5 P_t + \mu_3 \\ A t_t = d_0 + d_1 GDP_t + d_2 IFA_{t-1} + d_3 T e_t + d_4 Cam_t + b_5 P_t + \mu_4 \\ V l_t = e_0 + e_1 GDP_t + e_2 H d_t + e_3 R d_t + e_4 Cam_t + e_5 IFA_{t-1} + e_6 P_t + \mu_5 \end{cases} \quad (9\text{-}65)$$

联立方程组模型首先需要判定方程是否可识别，判断方法为阶条件与秩条件相结合，由于阶条件是必要条件，因此对于阶条件成立的方程需要再用秩条件进行判定，以判断是恰好识别还是过度识别。以式(9-65)中GDP为例，其包含内生变量 $m_1=4$ 个，前定变量 $k_1=2$ 个，由于 $K-k_1>m_1-1$，必要条件阶条件判断为过度识别。若秩条件成立，则该方程确为过度识别，写出结构性方程组模型的系数矩阵 (B,Γ)，如式(9-66)所示：

$$\begin{array}{c} 1 \quad \text{GDP} \quad \text{Ht}_t \quad \text{Rt}_t \quad \text{At}_t \quad \text{Vl}_t \quad \text{IFA}_{t-1} \quad \text{Hd}_t \quad \text{Rd}_t \quad \text{Cam}_t \quad \text{Te}_t \quad P_t \\ \begin{pmatrix} a_0 & -1 & a_1 & a_2 & a_3 & 0 & a_4 & 0 & 0 & 0 & a_5 & 0 \\ b_0 & b_1 & -1 & 0 & 0 & 0 & b_2 & b_4 & 0 & 0 & b_3 & b_5 \\ c_0 & c_1 & 0 & -1 & 0 & 0 & c_2 & 0 & c_4 & 0 & c_3 & c_5 \\ d_0 & d_1 & 0 & 0 & -1 & 0 & d_2 & 0 & 0 & d_4 & d_3 & d_5 \\ e_0 & e_1 & 0 & 0 & 0 & -1 & e_5 & e_2 & e_3 & e_4 & 0 & e_6 \end{pmatrix} \end{array} \quad (9\text{-}66)$$

对于方程式(9-65),不包含该方程中的内生变量和前定变量的系数矩阵(B_1, Γ_1)为:

$$\begin{pmatrix} 0 & b_4 & 0 & 0 & b_5 \\ 0 & 0 & c_4 & 0 & c_5 \\ 0 & 0 & 0 & d_4 & d_5 \\ -1 & e_2 & e_3 & e_4 & e_5 \end{pmatrix} \quad (9\text{-}67)$$

计算可得该矩阵的秩为 $\text{Rank}(\boldsymbol{\beta}_1, \Gamma_1) = M - 1$,结合阶条件和秩条件,判断方程式(9-65)的 GDP 过度识别。同理,按照同样的判别方法,依次根据阶条件和秩条件判断方程式 Ht、Rt、At、Vl 是否可识别,最终结果 GDP、Ht、Rt、At 是过度识别,Vl 为恰好识别。应用二段最小二乘法求解,即找一个变量与作为解释变量的内生变量高度相关,但与同期随机误差项不相关。该变量的得出是将作为解释变量的内生变量与所有前定变量回归,应用最小二乘法(OLS)估计参数并得到预测值,预测值即所求变量。应用在变量再次进行最小二乘(OLS)估计。对每一个方程应用 TSLS,最终得到结构型模型的参数估计,如式(9-68)所示。

$$\begin{cases} \text{GDP}_t = -2623.836 + 3.424\text{Ht}_t + 10.338\text{Rt}_t + 816.913\text{At}_t + 2.795\text{IFA}_{t-1} + 15.651\text{Te}_t \\ \text{Ht}_t = -81.4 - 2.822 \times 10^{-3}\text{GDP}_t + 0.113\text{IFA}_{t-1} + 0.591\text{Te}_t + 1.73 \times 10^3\text{Hd}_t - 0.904P_t \\ \text{Rt}_t = 160.6 - 6.658 \times 10^{-3}\text{GDP}_t + 5.648 \times 10^{-2}\text{IFA}_{t-1} + 0.446\text{Te}_t - \\ \quad 1.595 \times 10^4\text{Rd}_t + 4.309P_t \\ \text{At}_t = 0.262 + 0.001\text{GDP}_t - 0.003\text{IFA}_{t-1} - 0.017\text{Te}_t + 0.051\text{Cam}_t - 0.019P_t \\ \text{Vl}_t = -1.928 \times 10^7 - 2.164 \times 10^2\text{GDP}_t + 3.362 \times 10^7\text{Hd}_t + \\ \quad 2.509 \times 10^8\text{Rd}_t - 1.059 \times 10^4\text{Cam}_t \\ \quad + 8.385 \times 10^2\text{IFA}_{t-1} + 1.790 \times 10^4P_t \end{cases}$$
(9-68)

9.8 本章小结

本章主要介绍了联立方程模型的概念、模型的分类、模型的识别方法、识别条件、模型的估计,并对将联立方程模型运用在交通运输领域的案例进行了说明。联立方程模型可以运用于探究诱增交通量、BDI 指数预测研究、交通运输经济效益研究等诸多方面,借助联立方程模型可以更深入研究和解决交通领域问题。

本章参考文献

[1] 高铁梅.计量经济分析方法与建模——EViews应用及实例[M].2版.北京:清华大学出版社,2009.
[2] 张风波.中国交通体系经济计量模型的分析[J].数量经济技术经济研究,1985(12):26-33.

第10章 面板数据模型

10.1 面板数据

在现代交通研究或应用领域中,进行交通预测、交通事故分析、港口运营效率分析等研究时常需要对各类数据进行处理,这些数据往往不是单一的时间序列数据或者截面数据,而是两者的混合,即同时包含横截面信息和时间序列信息,这种类型的数据被称为面板数据(Panel Data),也称时间序列截面数据(Time Series and Cross Section Data)或混合数据(Pool Data)[1]。面板数据模型是一类计量经济模型,它可以分析变量间的相互关系,并预测其变化趋势,能够同时反映研究对象在时间和截面单元两个方向上的变化规律,分析其不同时间、不同截面的特性,在交通领域得到广泛应用。

10.1.1 面板数据的特点

(1)面板数据的定义

面板数据(Panel Data)是指由变量 y 对 N 个不同对象进行 T 个观测期所得到的二维结构数据。从横截面上来看,它是指在某一时期由若干个体所构成的横截面观测值,从纵剖面上来看是指某一个体在 T 个时期所观测的一个时间序列。总之,面板数据既有横截面维度(N 个个体),又有时间维度(T 个时间)。

(2)面板数据的一般形式

面板数据可用双下标变量表示,一般形式为:

$$y_{it} \quad i = 1,2,\cdots,N; t = 1,2,\cdots,T$$

式中,y_{it} 表示被解释变量;i 表示横截面;N 表示面板数据中含有截面单位的个数;t 表示时间;T 表示时间序列的长度。

若 t 固定不变,则 $y_{i\cdot}(i = 1,2,\cdots,N)$ 是横截面上的 N 个随机变量;若 i 固定不变,则 $y_{\cdot t}(t = 1,2,\cdots,T)$ 是纵剖面上的一个时间序列。

一般来说,若面板数据的 T 较小,N 较大,面板数据则称为"短面板"。反之,被称为"长面板"。

在面板数据中,若每个时期样本中的个体完全一致,且全部变量的个体和时期信息没有缺失,该面板数据称为"平衡面板数据"(Balanced Panel Data);若横截面或者纵剖面存在某些值的缺失,则该面板数据称为"非平衡面板数据"(Unbalanced Panel Data)。

选取 2015—2019 年间某 20 个地区的道路交通事故发生统计数据,对于任意给定的某一年,它是由 20 个地区该年的"事故次数"数据组成的截面数据,而对于任意给定的某一地区,它是由该地区 5 年来"事故次数"数据组成的一个时间序列。这样,该面板数据由 20 个个体组成,共有 100 个观测值。

选取连续三年某 20 个地区的交通事故发生次数及财产损失数据,通过 stata 软件处理面板数据,可得到 20 个地区的横截面图和纵剖面图。

(3)面板数据的主要优缺点

①解决遗漏变量问题。遗漏变量常常由于不可观测的个体差异或"异质性"造成(比如个体能力),此问题较普遍,如果这种个体差异"不随时间而改变",那么面板数据可以有效地解决遗漏变量问题。

②提供更多的个体动态行为信息。面板数据既有横截面维度,又有时间维度,在通常情况下,它可以解决截面数据或时间序列所不能解决的问题。

例如,利用时间序列数据来研究 2000—2017 年 G 省城镇交通事故数据预测事故频率变化,利用截面数据对 2017 年全国 31 个省市自治区城镇交通事故数据进行分析。如果应用时间序列数据建立模型,则可以处理同一地区在不同时段上的交通事故数据,进而分析交通事故与经济发展的关系,然而不同地区发展状况对交通事故的影响难以通过该模型得出结论。如果应用横截面数据建立模型,则可以处理同一时段不同地区的交通事故数据,进而分析交通事故与地区的关系,但随着经济的发展,车流量的增加对交通事故的影响等问题却无法研究。在面对简单问题的求解时,仅需要截面数据或时间序列数据即可,但是,当需要考虑时间又要考虑其他方面等复杂问题时,则需要借助面板数据解决上述问题。

③增加估计量的抽样精度:两个维度使面板数据的样本容量更大,从而可以提高估计的精确度。

同时,面板数据也存在不足,比如,样本数据通常不满足独立同分布的假定,因为同一个体在不同时期的扰动项一般存在自相关。另外,面板数据的收集成本通常较高,不易获得。

10.1.2 面板数据的模型结构

面板数据分析的一般模型框架为:

$$y_{it} = \alpha_{it} + x_{it}\beta_{it} + u_{it} \tag{10-1}$$

式中,y_{it} 为被解释变量,表示在横截面 i 和时刻 t 的数值大小;x_{it} 表示随个体和时间而变的 $k \times T$ 维解释变量;β_{it} 是斜率系数,其变动往往被看成是"结构效应";u_{it} 是随个体与时间而变的随机误差项;α_{it} 是截距项,代表"异质性"或者"个体效应",α_{it} 可以是能观察到的变量,如地区、性别等,也可以是不能被观察到的变量,如具体的家庭特征、个体技能和偏好的异质性等[2]。

如果对于所有的个体 α_{it} 都可以被观察到,那么模型整体可以按照普通的线性模型来处理,并能用最小二乘法进行估计。当 α_{it} 不能被观察到时,将通过具体的假定形式来对模型进行估计。

为了估计 β_{it} 的有效一致估计量，往往会对残差项进行一个强外生性的假定，即当期干扰项与解释变量各时期都是不相关时，可表示为 $E[\varepsilon_{it} | x_{i1}, x_{i2}, \cdots] = 0$。

对于公式，按照横截面和纵剖面（时间列序）的方式写成如下形式：

(1) 按照横截面形式展开的面板数据模型

$$y_i = \alpha_i + x_i \beta_i + u_i \quad i = 1, 2, \cdots, N \tag{10-2}$$

式中，y_i 为 $T \times 1$ 维被解释变量向量；x_i 为 $T \times k$ 解释变量矩阵；u_i 是 $T \times 1$ 维随机扰动项，并且满足均值为 0、方差为 σ_u^2 的假设；截距项 α_i 和斜率 β_i 是待估参数。

(2) 按照时间序列形式展开的面板数据模型

$$y_{\cdot t} = \alpha_{\cdot t} + x_{\cdot t} \beta_{\cdot t} + u_{\cdot t} \quad t = 1, 2, \cdots, T \tag{10-3}$$

式中，$y_{\cdot t}$ 为 $N \times 1$ 维被解释变量向量；$x_{\cdot t}$ 为 $N \times k$ 解释变量矩阵；$u_{\cdot t}$ 是 $N \times 1$ 维随机扰动项，并且满足均值为 0、方差为 σ_v^2 的假设。截距项 $\alpha_{\cdot t}$ 和斜率 β_t 是待估参数。

10.1.3 面板数据模型分类

α_{it} 和 β_{it} 分别代表个体效应和结构效应，那么通过对截距项 α_{it} 和斜率系数向量 β_{it} 施加不同的限制条件，可以得到不同类型的面板数据模型。一般可分为如下几类：

(1) 既无个体效应也无结构效应的混合回归模型

$$y_{it} = \alpha + x_{it}\beta + u_{it} \quad i = 1, 2, \cdots, N; t = 1, 2, \cdots, T \tag{10-4}$$

在该模型中，个体成员既无个体影响也没有结构变化，即对于个体而言，截距项 α 和 $k \times 1$ 维系数向量 β 均相同。该模型与一般的回归模型本质上是一致的，只要残差满足回归模型的假定，那么利用最小二乘法就能估计 α 和 β 的有效无偏估计量。

(2) 只含个体效应的面板数据模型

该模型假定截距项与时间无关，根据 α_i 与解释变量 x_{it} 的相互关系，可以将个体效应模型划分为固定效应模型和随机效应模型。

①固定效应模型

固定效应模型假定 α_i 和解释变量 x_{it} 相关，反映了所有可观察到的效应，可视为每一个体具有各自不同的常数。其中，"固定"一词指的是 α_i 和 x_{it} 的相关关系，而不是 α_i 是非随机的。

$$y_{it} = \alpha_i + x_{it}\beta + u_{it}, i = 1, 2, \cdots, N; t = 1, 2, \cdots, T \tag{10-5}$$

②随机效应模型

随机效应模型假定不可观察到的个体效应存在，并与解释变量不相关。其形式可以表示如下：

$$y_{it} = \beta_1 + \sum_{k=2}^{k} x_{kit}\beta_k + u_i + v_t + \varepsilon_{it} \tag{10-6}$$

该随机效应模型设定 u_i 为截面随机元素，v_t 为时间随机元素，ε_{it} 为个体时间随机元素。随机效应模型可以看成是一个拥有随机常数项的回归模型。

从中可以看出固定效应模型与随机效应模型均允许存在个体效应，关键区别在于不能被观察到的个体效应与解释变量之间的关系，前者假设这种关系是固定的，而后者假设这种区别是随机的。

10.1.4 面板数据模型估计方法

面板数据模型中 β 的估计量既不同于截面数据估计量，也不同于时间序列估计量，其性质随设定的固定效应模型是否正确而变化。

(1)混合最小二乘(Pooled OLS)估计

混合 OLS 估计方法是在截面和时间上将 NT 个观测值混合在一起,然后用 OLS 法估计模型参数。

给定混合回归模型式(10-4),如果模型是正确设定的,解释变量与误差项不相关,即 $Cov(x_{it}, \varepsilon_{it})=0$。那么无论是 $N\to\infty$ 还是 $T\to\infty$,模型参数的混合最小二乘估计量(Pooled OLS)都是一致估计量。

对于序列每个个体 i 及其误差项来说通常是序列相关的。NT 个相关观测值通常要比 NT 个相互独立的观测值所包含的信息少,常常导致误差项的标准差被低估,估计量的精度被虚假夸大。

如果模型存在个体固定效应,即 α 与 x_{it} 相关,那么对模型应用混合 OLS 估计方法,估计量将不再具有一致性。

(2)平均数(Between)OLS 估计

首先对面板数据中的每个个体求平均值,共得到 N 个平均值,然后利用 y_{it} 和 x_{it} 的 N 组观测值估计参数。该估计方法适用于短期面板的混合模型和个体随机效应模型。例如,对于个体固定效应回归模型式(10-5),首先对面板中的每个个体求平均数,建立模型(10-7),变换成平均数模型式(10-8)。

$$\bar{y}_i = \alpha_i + \bar{x}_i\beta + \bar{\varepsilon}_i \quad i=1,2,\cdots,N \tag{10-7}$$

$$\bar{y}_i = \alpha + \bar{x}_i\beta + (\alpha_i - \alpha + \bar{\varepsilon}_i) \quad i=1,2,\cdots,N \tag{10-8}$$

对平均数模型应用 OLS 估计,参数估计量成为"平均数 OLS 估计量",其中样本容量为 N,时期 $T=1$,若 $\bar{x}_i$ 与 $(\alpha_i - \alpha + \bar{\varepsilon}_i)$ 相互独立,则 α 和 β 的平均数 OLS 估计量是一致估计量。由于个体固定效应模型中 α_i 和 $\bar{x}_{it}$ 相关,所以回归参数的平均数 OLS 估计量是非一致估计量。

(3)离差变换(Within)OLS 估计

对于短期面板数据,离差变换 OLS 估计法先将面板数据中每个个体的观测值变换为对其平均数的离差观测值,然后利用离差变换数据估计模型参数。例如,对于个体固定效应回归模型式(10-5),对模型式(10-7)进行离差变换,得到式(10-9)。

$$y_{it} - \bar{y}_i = (x_{it} - \bar{x}_i)\beta + (\varepsilon_{it} - \bar{\varepsilon})_i \quad i=1,2,\cdots,N; t=1,2,\cdots,T \tag{10-9}$$

个体固定回归模型中 β 的离差变换 OLS 估计量是一致估计量,如果 u_{it} 满足独立同分布,则离差变换 OLS 估计量既具有一致性又具有有效性。

(4)一阶差分(Firstdifference)OLS 估计

在短期面板条件下,一阶差分 OLS 是指对个体固定效应模型中的回归量与被回归量的差分变量所构成的模型参数进行估计。对个体固定效应回归模型式(10-5),取滞后一期关系式(10-10),取差值得到一阶差分模型式(10-11)。

$$y_{it-1} = \alpha_i + x_{it-1}\beta + \varepsilon_{it-1} \quad i=1,2,\cdots,N; t=1,2,\cdots,T \tag{10-10}$$

$$y_{it} - y_{it-1} = \alpha_i + (x_{it} - x_{it-1})\beta + (\varepsilon_{it} - \varepsilon_{it-1}) \quad i=1,2,\cdots,N; \tag{10-11}$$

(5)随机效应估计法[可行 GLS(feasible GLS)估计法]

若个体固定效应模型中 α 和 x_{it} 服从独立同分布,则变换为模型式(10-12):

$$y_{it} - \hat{\lambda}\bar{y}_i = (1-\hat{\lambda})\mu + (x_{it} - \bar{x}_i)\beta + \nu_{it} \quad i=1,2,\cdots,N; t=1,2,\cdots,T \tag{10-12}$$

式中，$\nu_{it} = (1-\hat{\lambda})\alpha_i + (\varepsilon_{it} - \hat{\lambda}\overline{\varepsilon_i})$ 渐近服从独立同分布，$\lambda = 1 - \dfrac{\sigma_\varepsilon}{\sqrt{\sigma_\varepsilon^2 + T\sigma_\alpha^2}}$。应用 OLS 估计，所得估计量称为随机效应估计量或可行 GLS 估计量。当 $\hat{\lambda}=0$ 时，模型式(10-12)等同混合 OLS 估计；当 $\hat{\lambda}=1$ 时，该模型等同于离差变换 OLS 估计。

10.1.5　面板数据建模流程

首先针对问题"录入数据"，然后利用"单位根检验"分析数据的平稳性。若平稳，则直接对面板数据进行模型设定，然后开展模型的估计与检验，最后是模型应用；若面板数据是非平稳的，则需要先进行"协整检验"或"模型修正"。其建模流程如图 10-1 所示。

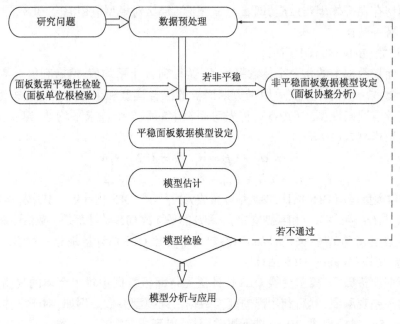

图 10-1　面板数据建模流程图

10.2　混合回归模型

10.2.1　混合回归模型结构

混合回归数据模型要求样本中每位个体都拥有完全相同的回归方程，从横截面上看，不同截面间也不存在显著性差异，用普通最小二乘法（OLS）估计参数；从时间上看，不同个体间不存在显著性差异。估计模型为：

$$y_{it} = \beta_1 + \sum_{k=2}^{k} \beta_k x_{kit} + u_{it} \quad i=1,2,\cdots,N; t=1,2,\cdots,T \tag{10-13}$$

矩阵形式为：

$$Y = X\beta + U \tag{10-14}$$

其中，$Y = \begin{bmatrix} Y_1 \\ Y_2 \\ \vdots \\ Y_N \end{bmatrix}_{NT\times 1}$，$X = \begin{bmatrix} X_{11} \\ X_{12} \\ \vdots \\ X_{1N} \end{bmatrix}_{NT\times K}$，$\beta = \begin{bmatrix} \beta_1 \\ \beta_2 \\ \vdots \\ \beta_N \end{bmatrix}_{NT\times 1}$，$U = \begin{bmatrix} U_1 \\ U_2 \\ \vdots \\ U_N \end{bmatrix}_{NT\times 1}$

实际上，混合回归模型假设解释变量对被解释变量的影响与个体无关。其特点是无论对任何个体和截面，截距项 α 和斜率系数 β 都相同，缺点则是忽略了个体不可观测的"异质性"，而该"异质性"可能与解释变量相关，进而导致估计不一致，这在现实中很难成立，因此该模型在交通领域中的应用并不广泛。

10.2.2 混合回归模型的估计

混合回归模型为了得到模型参数的理想估计量，假设模型式（10-14）满足以下条件：
假设 1：$E(U_i) = 0$；
假设 2：$E(U_iU_i') = \sigma^2 I_T$，其中 σ^2 是 U_{it} 的方差，I_T 是 T 阶方阵；
假设 3：$E(U_iU_j') = 0, i \neq j$；
假设 4：解释变量与误差项相互独立，即 $E(X'U) = 0$；
假设 5：解释变量之间线性无关；
假设 6：解释变量是非随机的，且当 $N \to \infty$，$T \to \infty$ 时，$T^{-1}XX^{-1} \to Q$，其中 Q 是一个有限值的非退化矩阵。

如果模型式（10-14）满足以上 6 个假设条件，则该模型的有效无偏估计为 $\hat{\beta}_p = (X'X)^{-1}X'Y$；若假设 2 为 $E(U_iU_i') = \sigma_i^2 I_T$，则该模型的有效无偏估计为 $\hat{\beta} = (X'\Omega^{-1}X)^{-1}X'\Omega^{-1}Y$

其中，$\Omega = \begin{bmatrix} \sigma_1^2 I_T & 0 & \cdots & 0 \\ 0 & \sigma_2^2 I_T & \cdots & 0 \\ \vdots & \vdots & \cdots & \vdots \\ 0 & 0 & \cdots & \sigma_N^2 I_T \end{bmatrix}$，未知参数 σ^2 有一致估计 $s_i^2 = \frac{1}{T-K}\sum_{t=1}^{T}\hat{u}_{it}^2 (i=1,2,\cdots,N)$

式中，$\hat{u}_{it}^2$ 是第 i 个个体的回归模型的 OLS 回归残差项。

在实际交通问题研究中，最常见的情况是部分解释变量与个体无关，因此可以假设模型（10-14）中前 k_1 个解释变量系数与个体无关，后 k_2 个解释变量系数随个体而变化，此时，X_i 分解为 X_{1i} 和 X_{2i}，参数 β 分解为 β_{1i} 和 β_{2i}。模型式（10-14）扩展为模型式（10-15）：

$$Y_i = X_{1i}\beta_{1i} + X_{2i}\beta_{2i} + U_i \quad i = 1,2,\cdots,N \tag{10-15}$$

令 $Y = \begin{bmatrix} Y_1 \\ Y_2 \\ \vdots \\ Y_N \end{bmatrix}_{NT\times 1}$，$X_1 = \begin{bmatrix} X_{11} \\ X_{12} \\ \vdots \\ X_{1N} \end{bmatrix}_{NT\times K_1}$，$X_2 = \begin{bmatrix} X_{21} & 0 & \cdots & 0 \\ 0 & X_{22} & \cdots & 0 \\ \vdots & \vdots & \cdots & \vdots \\ 0 & 0 & \cdots & X_{2N} \end{bmatrix}_{NT\times K_2}$，

$$\beta_1 = \begin{bmatrix} \beta_{11} \\ \beta_{12} \\ \vdots \\ \beta_{1K_1} \end{bmatrix}_{NK_1 \times 1}, \beta_2 = \begin{bmatrix} \beta_{21} \\ \beta_{22} \\ \vdots \\ \beta_{2K_2} \end{bmatrix}_{NK_2 \times 1}, U = \begin{bmatrix} U_1 \\ U_2 \\ \vdots \\ U_N \end{bmatrix}_{NT \times 1}$$

那么,模型式(10-15)的矩阵形式可以表示为:

$$Y = X_1\beta_1 + X_2\beta_2 + U \tag{10-16}$$

该混合回归模型若满足以上六条假设条件,可以使用 OLS 或 GLS 方法估计模型。

10.2.3 混合回归模型检验

Mairesse 和 Griliches(1990)认为混合回归模型并不普遍适用,所以在应用之前需要对模型进行设定检验,一般情况下,可采取 Chow 检验 F 统计量。

$$F_1 = \frac{(RRSS - URSS)/(NK_2 + K_1 - K)}{URSS/(NT - K_1 - NK_2)} \sim F(NK_2 + K_1 - K, NT - K_1 - NK_2)$$

检验混合模型的约束条件:

$$H_0: \beta_{21} = \beta_{22} = \cdots = \beta_{2N}$$

判断标准:在给定显著性水平下,如果不拒绝零假设,则模型可设定为混合回归模型。

➡ 10.3 固定效应模型

固定效应模型将个体效应反映在模型截距项的差异上,该模型是应用最为常见的一种面板数据模型,固定效应模型分为三种类型,即个体固定效应模型、时点固定效应模型和个体时点双固定效应模型。

固定效应模型参数的估计方法有两种,一种是最小二乘虚拟变量(LSDV)估计法,另一种为组内估计法(Within Estimator)或称协方差估计法(The Analysis of Covariance Estimation,ANCOVA)。下面将分别介绍该模型的两种估计方法。

10.3.1 个体固定效应模型

个体固定效应模型针对不同的时间序列(个体)只有截距项呈现不同,从时间和个体上看,面板数据回归模型的解释变量对被解释变量的"边际影响"均是相同的,而且除模型的解释变量之外,影响被解释变量的其他所有(未包括在回归模型或不可观测的)确定性变量的效应只随个体变化而不随时间变化。其模型一般形式为:

$$y_{it} = \delta + \lambda_i + \sum_{k=1}^{k} x_{kit}\beta_k + u_{it} \tag{10-17}$$

矩阵形式为:

$$Y = (I_N \otimes l_T)\alpha + X\beta + U \tag{10-18}$$

或者:

$$Y = l_{NT}\delta + \lambda \otimes l_T + X\beta + U \tag{10-19}$$

式中，$l_T = \begin{bmatrix} 1 \\ 1 \\ \vdots \\ 1 \end{bmatrix}_{T\times 1}, \lambda = \begin{bmatrix} \lambda_1 \\ \lambda_2 \\ \vdots \\ \lambda_N \end{bmatrix}_{N\times 1}, X_i = \begin{bmatrix} X_{2i1} & X_{3i1} & \cdots & X_{ki1} \\ X_{2i2} & X_{3i2} & \cdots & X_{ki2} \\ \vdots & \vdots & \cdots & \vdots \\ X_{2iT} & X_{3iT} & \cdots & X_{kiT} \end{bmatrix}_{T\times(K-1)}, X = \begin{bmatrix} X_1 \\ X_2 \\ \vdots \\ X_N \end{bmatrix}_{NT\times(K-1)},$

$\beta = \begin{bmatrix} \beta_2 \\ \beta_3 \\ \vdots \\ \beta_k \end{bmatrix}_{(k-1)\times 1}, U = \begin{bmatrix} U_1 \\ U_2 \\ \vdots \\ U_N \end{bmatrix}_{NT\times 1}, U_i = \begin{bmatrix} U_{i1} \\ U_{i2} \\ \vdots \\ U_{iT} \end{bmatrix}_{T\times 1}, \alpha = \begin{bmatrix} \alpha_1 \\ \alpha_2 \\ \vdots \\ \alpha_N \end{bmatrix}_{N\times 1}, \alpha_i = \delta + \lambda_i$

y_it：第 i 个个体在第 t 时期的被解释变量（因变量）。
- δ：截距项，表示常数项。
- λ_i：个体固定效应，表示个体 i 的特定效应，用于控制不同个体之间的异质性。
- $\sum_{(k=2)}^k[x\_kit\ \beta\_k]$：自变量的线性组合，其中：

x_kit：第 i 个个体在第 t 时期的第 k 个自变量（解释变量）。
β_k：第 k 个自变量的回归系数。
k：表示自变量的数量，从 2 到 k。
- u_it：误差项，表示第 i 个个体在第 t 时期的随机误差。

Y：NT×1 维的向量，表示被解释变量的堆叠值。
I_N：N×N 的单位矩阵，表示个体固定效应。
l_T：T×1 的全 1 向量，表示时间维度上的效果。
⊗：Kronecker 乘积，表示矩阵的 Kronecker 乘积。
α：表示个体固定效应的系数向量。
X：NT×K 的解释变量矩阵，包含所有个体和时间的解释变量。
β：K×1 的系数向量，表示每个解释变量的系数。
U：NT×1 的误差项向量，表示随机误差。
l_NT：NT×1 的全 1 向量，表示常数项。
δ：截距项的系数。
λ：表示个体和时间固定效应的系数。

如果模型（10-19）满足下面固定效应模型的六条假设，通常将该模型称为"协方差分析模型"。

（1）个体固定效应模型估计

个体固定效应模型参数估计一般采用 LSDV 和 ANCOVA 两种估计方法，其具体步骤如下所述：

①LSDV 模型估计方法

固定效应模型中截距项具有个体差异性，因此固定效应模型不能用普通最小二乘法进行回归分析，目前常用的方法是最小二乘虚拟变量模型（LSDV），即通过引入个体虚拟变量，使模型变成一般线性回归的形式,然后运用最小二乘法估计参数。下面具体介绍 LSDV 模型估计的过程。

首先,模型(10-4)的随机误差项满足混合回归模型中的六条假设条件,然后对 LSDV 模型进行估计:

若模型(10-4)满足上面六条假设,则固定回归模型为包含 N 个虚拟变量的多元回归模型,因此,可以运用最小二乘法估计模型系数。

令 $Z = [I_N \otimes l_T X]$,则模型参数的有效无偏一致估计量为:

$$\begin{pmatrix} \hat{\alpha}_{\text{LSDV}} \\ \hat{\beta}_{\text{LSDV}} \end{pmatrix} = (Z'Z)^{-1}Z'Y$$

②ANCOVA 模型估计方法

一般情况下,LSDV 模型估计应用比较广泛,但是当设定模型(10-4)时,没有考虑个体变化不随时间变化的不可观测因素对模型参数的影响,因此,固定效应模型的随机误差项难以满足假设条件 1、2、3,即 LSDV 估计量 $\hat{\beta}_{\text{LSDV}}$ 非有效。而另一方面,$(X'X)^{-1}$ 是对 $N+K$ 阶的逆矩阵,计算过程比较复杂,当 N 比较大时,LSDV 模型估计的自由度成倍减少,这将导致估计量产生偏移,引入的虚拟变量容易产生虚拟变量陷阱。

为了避免出现这些问题,Mundlak 等人提出了协方差分析模型,λ 可解释为随个体变化而不随时间变化的不可观测因素对被解释变量的纯个体效应,U 表示其他随时间和个体变化因素对被解释变量的剩余随机效应。并且,采用 ANCOVA 估计法可得到较理想的参数估计。其具体操作步骤如下:

首先假设 $\delta = 0$,令 $D_T = I_T - \frac{1}{T}l_T l'_T$,则 $D_T l_T = 0_{T \times 1}$,$D_T D_T = D_T$,$D_T' = D_T$,对模型(10-16)求取平均值,得到:

$$\overline{Y}_i = \delta + \alpha_i + \overline{X}_i \beta + \overline{U}_i \tag{10-20}$$

实际上,算子 D_T 是模型(10-17)与(10-20)的差值,这样可以消除不随时间变化的效应 λ_i 和共同截距项 δ,该变换称为"组内变换"。

对于每个个体 i,用 D_T 左乘模型(10-18)的两边,得到:

$$D_T Y_i = (\delta + \lambda_i) D_T l_T + D_T X_i \beta + D_T U_i$$
$$D_T Y_i = D_T X_i \beta + D_T U_i$$

可表示下述矩阵形式为:

$$\begin{bmatrix} D_T Y_1 \\ D_T Y_2 \\ \vdots \\ D_T Y_N \end{bmatrix} = \begin{bmatrix} D_T X_1 \\ D_T X_2 \\ \vdots \\ D_T X_N \end{bmatrix} \beta + \begin{bmatrix} D_T U_1 \\ D_T U_2 \\ \vdots \\ D_T U_N \end{bmatrix} \tag{10-21}$$

其中,模型(10-21)的随机误差项 $D_T U_i$ 具有如下性质:

$$E\begin{bmatrix}\begin{bmatrix}D_TU_1\\D_TU_2\\\vdots\\D_TU_N\end{bmatrix}\end{bmatrix}=0,\ E((D_TU_i)(D_TU_i)')=\begin{bmatrix}\sigma_{it}^2 & 0 & \cdots & 0\\0 & \sigma_{it}^2 & \cdots & 0\\\vdots & \vdots & & \vdots\\0 & 0 & & \sigma_{it}^2\end{bmatrix} \quad (10\text{-}22)$$

并且,模型(10-21)的随机残差项的协方差矩阵为:

$$E\begin{bmatrix}\begin{bmatrix}D_TU_1\\D_TU_2\\\vdots\\D_TU_N\end{bmatrix}\begin{bmatrix}D_TU_1\\D_TU_2\\\vdots\\D_TU_N\end{bmatrix}'\end{bmatrix}=[E((D_TU_i)(D_TU_i)')]_{N\times N}=I_N\otimes E((D_TU_i)(D_TU_i)') \quad (10\text{-}23)$$

对模型(10-21)进行 OLS 估计,得到:

$$\hat{\beta}_{CV}=\left\{\sum_{i=1}^N X_i'D_TX_i\right\}^{-1}\left\{\sum_{i=1}^N X_i'D_TY_i\right\} \quad (10\text{-}24)$$

为了分离各个体 i 对被解释变量 y 的共同效应,一般需要假设协方差分析模型(10-18)满足假设 7。

假设 7:设 λ_i 是确定性个体效应,且 $\sum_{i=1}^N \lambda_i=0$,则:

$$\hat{\delta}=\bar{y}_{..}+\bar{X}_{..}\hat{\beta}_{CV}$$
$$\hat{\lambda}_i=\bar{y}_{i.}-\hat{\delta}-\bar{X}_{i.}\hat{\beta}_{CV}$$

如果假设 7 不成立时,ANCOVA 估计法只能估计 $\delta+\lambda_i$,不能分离 δ 和 λ_i。

实际上,(10-24)参数估计也可以写成:

$$\hat{\beta}_{CV}=\left\{\sum_{i=1}^N\sum_{t=1}^T(X_{it}-\overline{X_{i.}})(X_{it}-\overline{X_{i.}})'\right\}^{-1}\left\{\sum_{i=1}^N\sum_{t=1}^T(X_{it}-\overline{X_{i.}})(Y_{it}-\overline{Y_{i.}})\right\}^{-1} \quad (10\text{-}25)$$

式中,$X_{it}=[x_{2it}x_{3it}\cdots x_{kit}]'$,$\overline{X}_{i.}$ 是 X_{it} 对时点 t 的均值;$\hat{\beta}_{CV}$ 是个体样本组内离差面板数据的混合估计。

因此式(10-24)称为协方差估计或者组内估计。

但因组内回归是个体在时间方面的离差(或组内离差)面板数据的混合回归,所以,组内回归模型的 R^2 并无实际意义。另外,组内回归增加了残差的自由度($NT-(K-1)$),使得参数估计量的标准差和均方差变小,可以利用组内回归和 LSDV 回归的残差自由度调整参数估计量的标准差,即

$$se_{LSDV}^k=se_{CV}^k\sqrt{\frac{df_{error}^{Within}}{df_{error}^{LSDV}}}=se_{CV}^k\sqrt{\frac{NT-(K-1)}{NT-N-(K-1)}} \quad (10\text{-}26)$$

式中,se_{LSDV}^k、df_{error}^{LSDV} 分别为参数 β_k 的 LSDV 回归估计量的标准差和自由度;se_{CV}^k、df_{error}^{Within} 分别为参数 β_k 的组内回归估计量的标准差和自由度。

为了使协方差估计一致,必须满足条件:

$$E((D_TX_i)'(D_TU_i))=0,\ 即\ E((x_{kit}-\bar{x}_{ki.})u_{it})=0$$

此假设成立的充分条件是 X_{it} 和 u_{it} 不相关,且 $\bar{X}_{i.}$ 也与 u_{it} 不相关。因此,只需满足以下条件:

$$E(x_{it}u_{is}) = 0 \quad (s,t = 1,2,\cdots,T)$$

若 X_{it} 是严格外生的,则协方差估计就是一致的。

在适当的条件下,固定效应估计服从渐近正态分布,尤其当随机误差项 u_{it} 服从正态分布时,协方差估计 $\hat{\beta}_{CV}$ 也服从正态分布。因此,可以应用 t 统计量或者 Wald 统计量对估计做统计判断。

(2) 个体固定效应模型检验

F 检验的零假设为:

$$H_0: \lambda_1 = \lambda_2 = \cdots = \lambda_{N-1} = 0$$

构造 F 统计量:

$$F_1 = \frac{(\text{RRSS} - \text{URSS})/(N-1)}{\text{URSS}/(NT-N-K+1)} \sim F(N-1, N(T-1)-K+1)$$

判断标准:如果在给定的显著水平下,拒绝了零假设,则将模型设定为个体固定效应模型是合理的。

10.3.2 时点固定效应模型

时点固定效应模型就是对于不同的截面(时点)呈现不同截距的模型。如果对于不同的截面,模型的截距显然不同,但却对不同的时间序列(个体)截距是相同的,则应该建立时点固定效应模型,其一般模型形式为:

$$y_{it} = \gamma_t + \sum_{k=2}^{k} x_{kit}\beta_k + u_{it} \tag{10-27}$$

矩阵形式为:

$$Y = (l_N \otimes I_T)\gamma + X\beta + U \tag{10-28}$$

如果约束 $\sum_{t=1}^{T}\gamma_t = 0$,模型(10-27)可以表示为:

$$Y = l_{NT}\delta + (l_N \otimes I_T)\gamma + X\beta + U \tag{10-29}$$

式中,$l_N \otimes I_T$ 是 N 阶列向量 $l_n = (1,1,\cdots,1)$ 和 T 阶单位矩阵 I_T 的克罗内积:

$$\gamma = \begin{bmatrix} \gamma_1 \\ \gamma_2 \\ \vdots \\ \gamma_T \end{bmatrix}_{T\times 1}, X_i = \begin{bmatrix} X_{2i1} & X_{3i1} & \cdots & X_{ki1} \\ X_{2i2} & X_{3i2} & \cdots & X_{ki2} \\ \vdots & \vdots & & \vdots \\ X_{2iT} & X_{3iT} & \cdots & X_{kiT} \end{bmatrix}_{T\times (K-1)}, X = \begin{bmatrix} X_1 \\ X_2 \\ \vdots \\ X_N \end{bmatrix}_{NT\times (K-1)}, \beta = \begin{bmatrix} \beta_2 \\ \beta_3 \\ \vdots \\ \beta_k \end{bmatrix}_{(k-1)\times 1}$$

时点固定效应模型估计类似于个体固定效应模型,只需要将 N 和 i 分别与 T 和调换位置即可,其具体操作结果如下:

组内回归模型:

$$y_{it} - \overline{y_{.t}} = (X_{it} - \overline{X}_{.t})\beta + (u_{it} - \overline{u_{.t}}) \tag{10-30}$$

假设 8 设 γ_t 是确定性时间效应,并且 $\sum_{t=1}^{T}\gamma_t = 0$,那么:

$$\hat{\delta} = \overline{y}_{..} + \overline{X}_{..}\hat{\beta}_{CV}$$

$$\hat{\gamma}_t = \overline{y}_{.t} - \hat{\delta} - \overline{X}_{.t}\hat{\beta}_{CV}$$

$$se_{LSDV}^{k} = se_{CV}^{k}\sqrt{\frac{df_{error}^{Within}}{df_{error}^{LSDV}}} = se_{CV}^{k}\sqrt{\frac{NT-(K-1)}{NT-T-(K-1)}} \tag{10-31}$$

式中，$\hat{\beta}_{CV}$ 为模型（10-29）的组内回归估计量；se_{LSDV}^{k}、df_{error}^{LSDV} 分别为参数 β_k 的 LSDV 回归估计量的标准差和自由度；se_{CV}^{k}、df_{error}^{Within} 分别为参数 β_k 的组内回归估计量的标准差和自由度。

F 检验的零假设为：

$$H_0 : \gamma_1 = \gamma_2 = \gamma_3 = \cdots = \gamma_{T-1} = 0$$

F 统计量为：

$$F_2 = \frac{(RRSS - URSS)/(T-1)}{URSS/(NT-T-K+1)} \sim F(T-1, T(N-1)-K+1)$$

判断标准：在给定的显著水平下，如果拒绝了原假设 H_0，则该模型设定为时点固定效应模型是合理的。

10.3.3 个体时点双固定模型

个体时点双固定效应模型对于不同的截面（时点）、不同的时间序列（个体）都有着不同的截距。如果对于不同的截面、不同的时间序列（个体）模型的截距都显著不相同，则应当建立个体时点固定效应模型，其模型为：

$$y_{it} = \lambda_i + \gamma_t + \sum_{k=2}^{k} x_{kit}\beta_k + u_{it} \tag{10-32}$$

矩阵形式为：

$$Y = (I_N \otimes l_T)\lambda + (l_N \otimes I_T)\gamma + X\beta + U \tag{10-33}$$

个体时点固定效应模型可以采用 LSDV 回归估计模型参数，但是，当 N 或 T 较大时，LSDV 回归的自由度成倍的减少，损失严重，且虚拟变量过多容易导致解释变量的多重共线性。因此，通常采用 ANCOVA 法估计个体时点固定效应模型的参数。

（1）个体时点固定效应模型 ANCOVA 法估计

首先假设：

$$D = I_{NT} - I_N \otimes \left(\frac{1}{T}l_T l_T'\right) - \left(\frac{1}{N}l_N l_N'\right) \otimes I_T + \left(\frac{1}{N}l_N l_N'\right) \otimes \left(\frac{1}{T}l_T l_T'\right)$$

D 左乘模型式（10-33）得到：

$$DY = DX\beta + DU$$

当 DU 满足上述假设 1~6 时，模型（10-33）中的参数 β 的一致无偏有效估计为：

$$\hat{\beta}_{CV} = (X'DX)^{-1}X'DY$$

另外，Wallace 和 Hussian（1969）提出了模型（10-27）和个体固定效应模型分解模型：

$$Y = l_{NT}\delta + \lambda \otimes l_T + (l_N \otimes I_T)\gamma + X\beta + U \tag{10-34}$$

式中，$\lambda = \begin{pmatrix} \lambda_1 \\ \lambda_2 \\ \vdots \\ \lambda_N \end{pmatrix}, \gamma = \begin{pmatrix} \gamma_1 \\ \gamma_2 \\ \vdots \\ \gamma_N \end{pmatrix}$。

与个体固定效应模型相似，当 λ 和 γ 分别满足假设 7 和假设 8，基于模型（10-34）可以分离出时点、个体和共同因素对 y_{it} 的固定效应 λ、γ 和 δ。

$$\hat{\lambda}_i = (\bar{y}_{i.} - \bar{y}_{..}) - (\bar{X}_{i.} - \bar{X}_{..})\hat{\beta}_{CV}$$

$$\hat{\gamma}_t = (\bar{y}_{.t} - \bar{y}_{..}) - (\bar{X}_{.t} - \bar{X}_{..})\hat{\beta}_{CV}$$

$$\hat{\delta} = \bar{y}_{..} - \bar{X}_{..}\hat{\beta}_{CV}$$

(2) 个体时点固定效应模型检验

类似于个体固定效应模型的检验方法，个体时点固定效应模型的设定检验采用 Chow 检验的 F 统计量。检验的假设分别是：

$H_0^1: \lambda_1 = \lambda_2 = \lambda_3 = \cdots = \lambda_{N-1} = 0$，当 $\gamma_1 = \gamma_2 = \gamma_3 = \cdots = \gamma_{T-1} = 0$ 时；

$H_0^2: \lambda_1 = \lambda_2 = \lambda_3 = \cdots = \lambda_{N-1} \neq 0$，当 $\gamma_t = 0, t = 1,2,\cdots,T-1$ 时；

$H_0^3: \gamma_1 = \gamma_2 = \gamma_3 = \cdots = \gamma_{T-1} = 0$，当 $\lambda_i \neq 0, i = 1,2,\cdots,N-1$ 时。

检验假设 H_0^2 是否成立，其目的是推断在时点效应存在的情况下，判断模型是否也包含个体效应；推断假设 H_0^3 是否成立，其目的是在存在个体效应的情况下，判断模型是否包含时点效应。

在检验假设 H_0^1 下，F 统计量为：

$$F_3 = \frac{(\text{RRSS} - \text{URSS})/(N+T-2)}{\text{URSS}/((N-1)(T-1)-K+1)} \sim F(N+T-2,(N-1)(T-1)-K+1)$$

其中，H_0^1 的有约束模型残差平方和是混合回归模型的残差平方和 RRSS，而无约束模型的残差平方和是 ANCOVA 估计模型 (10-34) 的残差平方和 URSS。

判断标准：在给定的显著水平下，如果拒绝了零假设 H_0^1，则将模型设定为个体时点效应模型是合理的。

在检验假设 H_0^2 下，F 统计量为：

$$F_4 = \frac{(\text{RRSS} - \text{URSS})/(N-1)}{\text{URSS}/((N-1)(T-1)-K+1)} \sim F(N-1,(N-1)(T-1)-K+1)$$

其中，H_0^2 的无约束模型的残差平方和是 ANCOVA 估计模型 (10-34) 的残差平方和 URSS，而有约束模型仅有组内回归模型：

$$y_{it} - \bar{y}_{.t} = (X_{it} - \bar{X}_{.t})\beta + (u_{it} - \bar{u}_{.t}) \tag{10-35}$$

判断标准：在给定的显著水平下，如果拒绝了零假设 H_0^2，则在存在时点效应的情况下，模型也包含个体效应，则将模型设定为个体时点效应模型是合理的。

在检验假设 H_0^3 下，F 统计量为：

$$F_5 = \frac{(\text{RRSS} - \text{URSS})/(T-1)}{\text{URSS}/((N-1)(T-1)-K+1)} \sim F(T-1,(N-1)(T-1)-K+1)$$

其中，H_0^3 的无约束模型的残差平方和是 ANCOVA 估计模型 (10-34) 的残差平方和 URSS，而有约束模型是仅有个体效应回归模型：

$$y_{it} - \bar{y}_{i.} = (X_{it} - \bar{X}_{i.})\beta + (u_{it} - \bar{u}_{i.}) \tag{10-36}$$

判断标准：在给定的显著水平下，如果拒绝了零假设 H_0^3，则在存在个体效应的情况下，模型也包含时点效应，则将模型设定为个体时点效应模型是合理的。

【例 10-1】 根据 2021 年中国统计年鉴可得，我国共发生交通事故 21.11 万起，平均每天发生约578起交通事故。交通事故已经成为危害我国人民健康和财产安全的重要因素之一。随着经济的快速发展,互联网已成为我国人日常生活中必不可少的组成部分,互联网和智能手机在促进我国经济发展、技术进步的同时,也极大地方便了人们的生产生活。同时,互联网技术一方面将有助于提高人们在遭遇交通事故时的应变能力,另一方面,也将提高社会在遇到突发事件时,政府有关部门可以及时、有效地采取更加合理的措施的能力。

【解】

本书案例基于中国统计年鉴中的省际面板数据,研究了互联网发展对交通事故的影响。结果表明,在控制相关因素后,互联网发展可显著降低交通事故发生数量,相对于宽带互联网而言,移动互联网对降低交通事故发生数量的作用更大。

本书案例中的被解释变量、解释变量和控制变量的相关数据均来自2016—2020年中国统计年鉴。通过采用面板数据的固定效应模型,最终建立如下计量模型:

$$\text{lnoccurrences}_{it} = \alpha_0 + \alpha_1 \text{lninternet}_{it} + \lambda Z_{it} + \lambda_i + \gamma_t + u_{it} \quad (1)$$

$$\text{lndeath}_{it} = \alpha_0 + \alpha_1 \text{lninternet}_{it} + \lambda Z_{it} + \lambda_i + \gamma_t + u_{it} \quad (2)$$

$$\text{lninjured}_{it} = \alpha_0 + \alpha_1 \text{lninternet}_{it} + \lambda Z_{it} + \lambda_i + \gamma_t + u_{it} \quad (3)$$

$$\text{lnloss}_{it} = \alpha_0 + \alpha_1 \text{lninternet}_{it} + \lambda Z_{it} + \lambda_i + \gamma_t + u_{it} \quad (4)$$

其中,模型(1)用于分析互联网对于交通事故发生数量的影响,模型(2)用于分析互联网对于交通事故中死亡人数的影响,模型(3)用于分析互联网对于交通事故中受伤人数的影响,模型(4)用于分析互联网对于交通事故经济损失的影响,Z_{it}为一系列控制变量,λ_i为衡量不随时间变化而变化的省份固定效应,γ_t为不随省份变化的时间固定效应,u_{it}为误差项。

为研究移动互联网和宽带互联网对交通事故的影响,可建立如下4个计量模型,分别用于分析移动互联网用户数量和互联网宽带用户数量对交通事故的影响:

$$\text{lnoccurrences}_{it} = \alpha_0 + \alpha_1 \text{lnmove}_{it} + \alpha_2 \text{lnfix}_{it} + \lambda Z_{it} + \lambda_i + \gamma_t + u_{it} \quad (5)$$

$$\text{lndeath}_{it} = \alpha_0 + \alpha_1 \text{lnmove}_{it} + \alpha_2 \text{lnfix}_{it} + \lambda Z_{it} + \lambda_i + \gamma_t + u_{it} \quad (6)$$

$$\text{lninjured}_{it} = \alpha_0 + \alpha_1 \text{lnmove}_{it} + \alpha_2 \text{lnfix}_{it} + \lambda Z_{it} + \lambda_i + \gamma_t + u_{it} \quad (7)$$

$$\text{lnloss}_{it} = \alpha_0 + \alpha_1 \text{lnmove}_{it} + \alpha_2 \text{lnfix}_{it} + \lambda Z_{it} + \lambda_i + \gamma_t + u_{it} \quad (8)$$

其中,本书案例中的被解释变量$\text{lnoccurrences}_{it}$表示$i$省在$t$年发生交通事故数量的对数,$\text{lndeath}_{it}$表示$i$省在$t$年发生交通事故死亡人数的对数,$\text{lninjured}_{it}$表示$i$省在$t$年发生交通事故受伤人数的对数,$\text{lnloss}_{it}$表示$i$省在$t$年发生交通事故造成直接经济损失的对数;解释变量$\text{lninternet}_{it}$表示$i$省在$t$年互联网用户数量和宽带互联网用户数量之和的对数,$\text{lnmove}_{it}$表示$i$省在$t$年移动互联网用户数量的对数,$\text{lnfix}_{it}$表示$i$省在$t$年宽带互联网用户数量的对数;$\text{lngdp}_{it}$表示$i$省在$t$年国内生产总值的对数,$\text{lntraffic}_{it}$表示$i$省在$t$年公路里程的对数,$\text{lncar}_{it}$表示$i$省在$t$年民用汽车数量的对数,$\text{lnhealth}_{it}$表示$i$省在$t$年每千人中拥有的卫生技术人员的对数。

表10-1显示了上述8个计量方程的结果,从中可以发现,各方程的主要解释变量的系数都呈现显著变化。根据模型(1)～模型(4)的计量结果可知,互联网用户数量每增长1%,将使4个被解释变量分别下降约0.12%、0.20%、0.11%和0.18%,其中的原因可解释为随着互联网的发展。一方面,更高的科技水平可以使人们的出行更安全,从而减少交通事故发生的可能性;另一方面,当交通事故发生后,人们可以更快速地处理交通事故,降低交通事故损

失。同时,对比模型(2)和模型(3)的计量结果可以发现,互联网发展对减少交通事故死亡人数的影响更大,其原因可能在于,相对于较轻的交通事故,重大交通事故更容易通过互联网进行传播,使人们更加重视交通安全。

互联网对交通事故的影响　　　　　　　表 10-1

变量名称	模型(1) lnoccurrences	模型(2) lndeath	模型(3) lninjured	模型(4) lnloss	模型(5) lnoccurrences	模型(6) lndeath	模型(7) lninjured	模型(8) lnloss
	-0.124	-0.201	-0.113	-0.175				
	(-2.12)	(-2.62)	(-2.00)	(-1.80)				
lnmove					-0.072	-0.081	-0.064	-0.086
					(-2.67)	(-2.97)	(-1.70)	(-1.83)
lnfix					-0.061	-0.053	-0.041	-0.049
					(-2.22)	(-3.01)	(-1.81)	(-1.80)
lngdp	-0.379	-0.423	-0.301	-0.174	-0.379	-0.423	-0.301	-0.174
	(-4.12)	(-3.17)	(-2.11)	(-1.87)	(-4.12)	(-3.17)	(-2.11)	(-1.87)
lntraffic	-0.241	-0.14	-0.273	-0.442	-0.109	-0.312	-0.178	-0.267
	(-3.33)	(-2.13)	(-3.14)	(-2.69)	(-5.23)	(-3.68)	(-1.69)	(-2.25)
lncar	0.431	0.553	0.317	0.406	0.245	0.279	0.139	0.241
	(5.02)	(6.07)	(2.07)	(3.08)	(1.72)	(1.82)	(1.02)	(2.02)
lnhealth	-0.354	-0.474	-0.531	-0.174	-0.379	-0.423	-0.301	-0.174
	(-3.77)	(-6.17)	(-2.71)	(-3.05)	(-4.17)	(-3.66)	(-2.09)	(-3.66)
c	1.341	2.352	1.651	3.438	2.56	1.009	2.417	3.157
	(8.17)	(1.11)	(2.11)	(4.22)	(3.17)	(1.08)	(2.25)	(3.07)
时间固定	是	是	是	是	是	是	是	是
省份固定	是	是	是	是	是	是	是	是
R^2	0.31	0.27	0.39	0.42	0.18	0.29	0.17	0.15
样本量	155.00	155.00	155.00	155.00	155.00	155.00	155.00	155.00

根据模型(5)~模型(8)的计量结果可知,虽然移动互联网和宽带互联网与降低交通事故发生皆有统计学上的关系,但相对于宽带互联网而言,移动互联网对4个被解释变量的影响更大,其原因可解释为,相对于宽带互联网而言,移动互联网传输信息更为迅速,更能及时地向社会传递交通事故方面的相关信息,引起人们的高度重视,从而降低交通事故的发生和损失。

10.4　随机效应回归模型

固定影响模型允许未观测到的个体影响与包括的变量相关。如果个体影响与解释变量严格不相关,那么在模型中将个体的常数项设定为跨横截面单元随机分布,则是恰当的。随机效应模型是假设从某一个大的总体随机选择截面单位,其个体效应与解释变量不相关,个体效应相当于某一随机变量,截距项可以看作是跨截面单位的随机分布。例如,研究所有省份的交通事故财产损失与汽车保有量之间的关系,宜选择固定效应模型,若只分析某省份的交通事故情况,宜选择随机效应模型。

10.4.1 随机效应回归模型

随机效应回归形式如下:

$$y_{it} = \beta_1 + \sum_{k=2}^{k} x_{it}\beta_k + u_{it} \quad i=1,2,\cdots,N; t=1,2,\cdots,T \tag{10-37}$$

式中,x_{it} 为 $k \times 1$ 阶解释变量列向量(包括 k 个回归量);y_{it} 为被解释变量;u_{it} 为随机误差项,在截面和时间上都是相关的,用3个分量表示为:

$$u_{it} = u_i + v_t + \varepsilon_{it}$$

其中,$u_i \sim N(0,\sigma_u^2)$ 表示截面随机误差分量;$v_t \sim N(0,\sigma_v^2)$ 表示时间随机误差分量;$\varepsilon_{it} \sim N(0,\sigma_\varepsilon^2)$ 表示混合随机误差分量,同时还假设 $u_i、v_t、\varepsilon_{it}$ 之间互不相关,各自分别不存在截面自相关、时间自相关和混合自相关。若随机效应模型只存在 u_i 而不存在 v_t,则称为个体随机效应模型,反之称为时间效应模型,如果随机效应模型既存在 u_i 又存在 v_t,则称为个体时间随机效应模型。下面将分别介绍个体随机效应模型和个体时间效应模型的参数估计和设定检验。

10.4.2 随机效应的检验方法

(1)拉格朗日法(LM)检验

Breusch 和 Pagan(1980)基于拉格朗日乘数(Lagrange Multiplier)法提出了随机效应模型的检验方法,其原假设和备择假设分别为:

$$H_0:\sigma_u^2 = 0(或者\ \sigma_u^2 = \sigma_v^2 = 0) \text{ (混合回归模型)}$$

$$H_1:\sigma_u^2 \neq 0(或者\ \sigma_u^2 \neq 0\ 或\ \sigma_v^2 \neq 0) \text{ (随机效应模型)}$$

原假设表示横截面个体的随机影响不存在,则模型为混合回归模型,其参数可用 OLS 进行估计。检验统计量如下:

$$LM = \frac{NT}{2(T-1)} \left[\frac{\sum_{i=1}^{N}(\sum_{t=1}^{T}\hat{\varepsilon}_{it})^2}{\sum_{i=1}^{N}\sum_{t=1}^{T}\hat{\varepsilon}_{it}^2} - 1 \right]^2 \tag{10-38}$$

式中,$\hat{\varepsilon}_{it}$ 是混合回归模型 OLS 估计的残差。

在零假设条件下,统计量 LM 服从 $\chi^2(1)$ 分布,即 $LM \sim \chi^2(1)$。如果 LM 检验没有拒绝原假设,则表明随机效应存在的可能性不大,但是,如果 LM 检验拒绝原假设,也不能保证随机效应一定存在,只能说明可能存在随机效应,因为还有可能存在固定效应。

(2)豪斯曼(Hausman)检验

Maddala(1971)和 Mundlak(1978)分别指出,对于随机效应模型(10-6),如果不能满足回归假设:

$$E(u_{it} \mid X_{it}) = 0 \tag{10-39}$$

则模型(10.37)的 GLS 估计量 $\hat{\beta}_{GLS}$ 是非一致的和有偏的。

Hausman(1978)、Hausman 和 Taylor(1981)基于模型的 GLS 估计量 $\hat{\beta}_{GLS}$、固定效应模型的组内估计量 $\hat{\beta}_\varepsilon$ 和组内估计量和 $\hat{\beta}_b$ 之间的差值,即 $\hat{q}_1 = \hat{\beta}_{GLS} - \hat{\beta}_\varepsilon$、$\hat{q}_2 = \hat{\beta}_{GLS} - \hat{\beta}_b$、和 $\hat{q}_3 = \hat{\beta}_\varepsilon - $

$\hat{\beta}_b$，构造统计量：

$$m_i = \hat{q}_i' V_i^{-1} q_i; V_i = \mathrm{Var}(q_i) \quad (i = 1,2,3) \quad (10\text{-}40)$$

检验假设：

$$H_0: E(u_{it} \mid X_{it}) = 0(\text{随机效应})$$
$$H_1: E(u_{it} \mid X_{it}) \neq 0(\text{固定效应})$$

在零假设条件下，统计量 m_i 渐进服从 K 个自由度的 χ^2 分布。在拒绝零假设时，模型设定为固定效应模型是合理的，如果不能拒绝零假设，模型应该设定为随机效应模型。

10.4.3 个体随机效应模型

在利用面板数据研究交通问题时，如果个体数量足够多，利用固定效应模型研究总体数据会损失较大的自由度，造成个体截距项的估计失效，所以，可以从总体中随机抽取 N 个样本，通过研究 N 个样本的随机效应模型，进而推断总体数据的规律。

$$y_{it} = \beta_1 + \sum_{k=2}^{k} x_{kit} \beta_k + u_i + \varepsilon_{it} \quad (10\text{-}41)$$

式中，u_i 是第 i 个个体的分量，并且在整个时间范围内（$t = 1,2,\cdots,T$）保持不变，它反映了不随时间变化的不可观测随机信息的效应。

(1) 个体随机效应模型的参数估计

为了获得更好的参数估计，假设模型(10-37)满足下列假设条件：

假设 1：$E(u_i) = 0, E(u_i^2) = \sigma_u^2, E(u_i u_j) = 0, i \neq j, i,j = 1,2,\cdots,N$；

假设 2：$E(\varepsilon_{it}) = 0, E(\varepsilon_{it}^2) = \sigma_\varepsilon^2, E(\varepsilon_{it} \varepsilon_{js}) = 0, i \neq j, t \neq s, i,j = 1,2,\cdots,N, t,s = 1,2,\cdots T$；

假设 3：$E(\varepsilon_{it} u_j) = 0, i,j = 1,2,\cdots,N, t = 1,2,\cdots,T$；

假设 4：X_{it} 与 u_i, ε_{it} 独立，即假定截面随机误差分量 u_i 和混合随机误差分量 ε_{it} 之间互不相关，分别不存在截面自相关和混合自相关。

因此，令 $w_{it} = u_i + \varepsilon_{it}, w_i = (w_{i1}, w_{i2}, \cdots, w_{iT})', w = (w_1, w_2, \cdots, w_T)'$，则个体随机效应模型的协方差矩阵：

$$\Omega = E(ww') = \begin{bmatrix} (\sigma_u^2 J_T + \sigma_\varepsilon^2 I_T) & 0 & \cdots & 0 \\ 0 & (\sigma_u^2 J_T + \sigma_\varepsilon^2 I_T) & \cdots & 0 \\ \vdots & \vdots & \vdots & \vdots \\ 0 & 0 & \cdots & (\sigma_u^2 J_T + \sigma_\varepsilon^2 I_T) \end{bmatrix}_{NT \times NT}$$

式中，J_T 是元素为 1 的 T 阶矩阵。

即 $\mathrm{cov}(w_{it} w_{js}) = \begin{cases} \sigma_u^2 + \sigma_w^2 & (i = j, t = s) \\ \sigma_u^2 & (i = j, t \neq s) \\ 0 & (i \neq j, t \neq s) \end{cases} \quad i,j = 1,2,\cdots,N, t,s = 1,2,\cdots,T$

于是，当已知 Ω 时，可以使用广义最小二乘法 GLS 对个体随机效应模型进行参数估计：

$$\hat{\beta}_{\mathrm{GLS}} = (Z'\Omega^{-1}Z)^{-1} Z'\Omega^{-1} Y \quad (10\text{-}42)$$

式中，$Z = [l_{NT}\ X]$。

当 Ω 未知时，Fuller 和 Battese(1973)提出了估计协方差矩阵 Ω 的方法。

首先,基于 $y_{it} - \bar{y}_{i.}$ 关于 $X_{it} - \bar{X}_{i.}$ 的回归残差 $\hat{\varepsilon}_{it}$ 估计 σ_ε^2,即

$$\hat{\sigma}_\varepsilon^2 = \sum_{i=1}^{N}\sum_{t=1}^{T} \frac{\hat{\varepsilon}_{it}^2}{N(T-1) - K + 1} \tag{10-43}$$

然后,基于个体随机效应模型的回归残差 $\hat{w}_{it}$ 估计 σ_u^2,即

$$\hat{\sigma}_u^2 = \frac{\sum_{i=1}^{N}\sum_{t=1}^{T} \hat{w}_{it}^2 - (NT - K)\hat{\sigma}_u^2}{NT - \text{trace}(U)} \tag{10-44}$$

式中,$U = (Z'Z)^{-1} \sum_{i=1}^{N} T^2 \bar{Z}_{i.}' \bar{Z}_{i.}$,$\bar{Z}_{i.}$ 表示第 K 个元素为 $\bar{z}_{ki.}$ 的 K 维向量,trace(U) 表示矩阵 U 的轨迹。

于是,通过求出协方差矩阵的估计矩阵 $\hat{\Omega}$,个体随机效应模型的 FGLS 参数估计为:

$$\hat{\beta}_{\text{FGLS}} = (Z'\hat{\Omega}^{-1}Z)^{-1} Z'\hat{\Omega}^{-1}Y \tag{10-45}$$

由于 FGLS 参数估计式(10-42)的计算比较复杂,因此 Fuller 和 Battese(1977)提出基于拟差分变换数据 $y_{it} - \hat{\alpha}_i \bar{y}_{i.}$ 关于 $X_{it} - \hat{\alpha}_i \bar{X}_{i.}$ 的回归进行个体随机效应模型的参数估计,其中:

$$\hat{\alpha}_i = 1 - \left(\frac{\hat{\sigma}_\varepsilon^2}{\hat{\sigma}_\varepsilon^2 + T\hat{\sigma}_u^2}\right)^{\frac{1}{2}} \tag{10-46}$$

(2)个体随机效应模型的检验

模型式(10-41)的原假设和备择假设分别是:

H_0: $\sigma_u^2 = 0$(混合估计模型)

H_1: $\sigma_u^2 \neq 0$(个体随机效应模型)

基于 LM 法的检验统计量:

$$\text{LM} = \frac{NT}{2(T-1)} \left[\frac{\hat{u}'(I_N \otimes J_T)\hat{u}}{\hat{u}'\hat{u}} - 1\right]^2 = \frac{NT}{2(T-1)} \left[\frac{\sum_{i=1}^{N}(\sum_{t=1}^{T}\hat{u}_{it})^2}{\sum_{i=1}^{N}\sum_{t=1}^{T}\hat{u}_{it}^2} - 1\right]^2 \tag{10-47}$$

式中,$\hat{u}_{it}$ 是混合回归估计模型进行 OLS 估计的残差。

判断标准:在零假设下,LM 统计量服从自由度为 1 的 χ^2 分布,即 LM ~ $\chi^2(1)$。

10.4.4 个体时间随机效应模型

(1)个体时间随机效应模型的参数估计

为了获得更好的参数估计,假设个体时间随机效应模型满足下列假设条件。

假设1:$E(u_i) = 0, E(u_i^2) = \sigma_u^2, E(u_i u_j) = 0, i \neq j, i,j = 1,2,\cdots,N$;

假设2:$E(v_t) = 0, E(v_t^2) = \sigma_v^2, E(v_t v_s) = 0, t \neq s, t,s = 1,2,\cdots,T$;

假设3:$E(\varepsilon_{it}) = 0, E(\varepsilon_{it}^2) = \sigma_\varepsilon^2, E(\varepsilon_{it}\varepsilon_{js}) = 0, i \neq j, t \neq s, i,j = 1,2,\cdots,N, t,s = 1,2,\cdots T$;

假设4:$E(\varepsilon_{it} u_j) = 0, i,j = 1,2,\cdots,N, t = 1,2,\cdots,T$;

假设5:$E(\varepsilon_{it} v_t) = 0, i,j = 1,2,\cdots,N, t = 1,2,\cdots,T$;

假设6:X_{it} 与 u_i、v_t、ε_{it} 独立,即假定截面随机误差分量 u_i、时间随机误差分量 v_t 和混合

随机误差分量 ε_{it} 之间互不相关，且不存在截面自相关、时间自相关或混合自相关。

令 $u_{it} = u_i + v_t + \varepsilon_{it}$，则：

$$\mathrm{Var}(u_{it}) = \mathrm{Var}(u_i) + \mathrm{Var}(v_t) + \mathrm{Var}(\varepsilon_{it}) = \sigma_u^2 + \sigma_v^2 + \sigma_\varepsilon^2 \tag{10-48}$$

个体时间随机模型的协方差矩阵

$$\Omega = E(u_i u'_i) = \begin{bmatrix} \sigma^2 J_T & \sigma_v^2 I_T & \cdots & \sigma_v^2 I_T \\ \sigma_v^2 I_T & \sigma^2 J_T & \cdots & \sigma_v^2 I_T \\ \vdots & \vdots & \vdots & \vdots \\ \sigma_v^2 I_T & \sigma_v^2 I_T & \cdots & \sigma^2 J_T \end{bmatrix}_{NT \times NT} = \sigma_u^2(I_N \otimes J_T) + \sigma_v^2(J_N \otimes I_T) + \sigma_\varepsilon^2(I_N \otimes I_T)$$

$$\tag{10-49}$$

式中，$\sigma^2 = \sigma_u^2 + \sigma_v^2 + \sigma_\varepsilon^2$，$J_T$ 是元素为 1 的 T 阶矩阵。

即

$$\mathrm{cov}(u_{it}\, u_{js}) = \begin{cases} \sigma_u^2 + \sigma_v^2 + \sigma_\varepsilon^2 & (i=j, t=s) \\ \sigma_u^2 & (i=j, t \neq s) \\ \sigma_v^2 & (i \neq j, t=s) \\ 0 & (i \neq j, t \neq s) \end{cases} \quad i,j = 1,2,\cdots,N, t,s = 1,2,\cdots,T$$

$$\tag{10-50}$$

于是，当已知 σ_u^2, σ_v^2 和 σ_ε^2 时，可以使用广义最小二乘法 GLS 对个体时间随机效应模型进行参数估计：

$$\hat{\beta}_{\mathrm{GLS}} = (Z'\Omega^{-1}Z)^{-1}Z'\Omega^{-1}Y \tag{10-51}$$

式中，$Z = [l_{NT}\ X]$。

同时，Swamy(1971) 指出，个体时间随机模型也可以表示为 β 的组内回归模型、个体组间回归模型或时间组间回归模型的联合回归模型：

$$\begin{pmatrix} Q_1 Y \\ Q_2 Y \\ Q_3 Y \end{pmatrix} = \begin{pmatrix} Q_1 X \\ Q_2 X \\ Q_3 X \end{pmatrix} \beta + \begin{pmatrix} Q_1 u \\ Q_2 u \\ Q_3 u \end{pmatrix}$$

式中，$Q_1 = E_N \otimes E_T, Q_2 = E_N \otimes J_T, Q_3 = J_T \otimes E_T, E_T = I_T - J_T, J_T = \dfrac{1}{T}J_T$，$J_T$ 是元素为 1 的 T 阶矩阵，$E_N = I_N - J_N, J_N = \dfrac{1}{T}J_N$，$J_N$ 是元素为 1 的 T 阶矩阵。

事实上，$Q_1 X$ 的元素是 $x_{kit} - \bar{x}_{ki\cdot} - \bar{x}_{k\cdot t} + \bar{x}_{k\cdot\cdot}$，$Q_2 X$ 的元素是 $x_{kit} - \bar{x}_{ki\cdot}$，$Q_3 X$ 的元素是 $x_{kit} - \bar{x}_{k\cdot t}$，因此，随机效应模型的 GLS 估计也可以写成：

$$\hat{\beta}_{\mathrm{GLS}} = \left(\dfrac{X'Q_1 X}{\sigma_\varepsilon^2} + \dfrac{X'Q_2 X}{\sigma_2^2} + \dfrac{X'Q_3 X}{\sigma_3^2} \right)^{-1} \left(\dfrac{X'Q_1 Y}{\sigma_\varepsilon^2} + \dfrac{X'Q_2 Y}{\sigma_2^2} + \dfrac{X'Q_3 Y}{\sigma_3^2} \right) \tag{10-52}$$

式中，$\sigma_2^2 = N\sigma_v^2 + \sigma_\varepsilon^2$；$\sigma_3^2 = T\sigma_u^2 + \sigma_\varepsilon^2$。

显然，$\hat{\beta}_{\mathrm{GLS}} = \Phi_1 \hat{\beta}_\varepsilon + \Phi_2 \hat{\beta}_{ib} + \Phi_1 \hat{\beta}_{tb}$

式中：

$$\Phi_1 = \left(X'Q_1X + \frac{\sigma_\varepsilon^2}{\sigma_2^2}X'Q_2X + \frac{\sigma_\varepsilon^2}{\sigma_3^2}X'Q_3X\right)^{-1}X'Q_1X$$

$$\Phi_2 = \left(X'Q_1X + \frac{\sigma_\varepsilon^2}{\sigma_2^2}X'Q_2X + \frac{\sigma_\varepsilon^2}{\sigma_3^2}X'Q_3X\right)^{-1}\left(\frac{\sigma_\varepsilon^2}{\sigma_2^2}X'Q_2X\right) \tag{10-53}$$

$$\Phi_3 = \left(X'Q_1X + \frac{\sigma_\varepsilon^2}{\sigma_2^2}X'Q_2X + \frac{\sigma_\varepsilon^2}{\sigma_3^2}X'Q_3X\right)^{-1}\left(\frac{\sigma_\varepsilon^2}{\sigma_3^2}X'Q_3X\right)$$

即模型式(10-6)的 GLS 估计 $\hat{\beta}_{\mathrm{GLS}}$ 是组内 GLS 估计 $\hat{\beta}_\varepsilon$、个体组间 GLS 估计 $\hat{\beta}_{ib}$ 和时间组间 GLS 估计 $\hat{\beta}_{tb}$ 的矩阵加权平均。

若 Ω 是未知的，Wallace 与 Hussian(1969)基于混合回归模型 OLS 估计的残差 $\hat{u}_{it}$ 进行方差 σ_u^2、σ_v^2 和 σ_ε^2 的估计：

$$\hat{\sigma}_u^2 = \frac{1}{T}\left[\frac{1}{(N-1)T}\sum_{i=1}^{N}(\sum_{t=1}^{T}\hat{u}_{it})^2 - \hat{\sigma}_\varepsilon^2\right]$$

$$\hat{\sigma}_v^2 = \frac{1}{N}\left[\frac{1}{(T-1)N}\sum_{t=1}^{T}(\sum_{i=1}^{N}\hat{u}_{it})^2 - \hat{\sigma}_\varepsilon^2\right] \tag{10-54}$$

$$\hat{\sigma}_\varepsilon^2 = \frac{1}{(N-1)(T-1)}\sum_{i=1}^{N}\sum_{t=1}^{T}\left(\hat{u}_{it} - \frac{1}{T}\sum_{t=1}^{T}\hat{u}_{it} - \frac{1}{T}\sum_{j=1}^{T}\hat{u}_{it}\right)^2$$

类似于个体随机效应模型，通过协方差矩阵的估计矩阵 $\hat{\Omega}$，可以得到随机效应模型的 FGLS 的估计：

$$\hat{\beta}_{\mathrm{GLS}} = (Z'\Omega^{-1}Z)^{-1}Z'\Omega^{-1}Y \tag{10-55}$$

(2) 个体时间随机效应模型的检验

模型式(10-6)的原假设和备择假设分别是：

$$H_0: \sigma_u^2 = \sigma_v^2 = 0 \quad \text{（混合估计模型）}$$

$$H_1: \sigma_u^2 \neq 0 \text{ 或 } \sigma_v^2 \neq 0 \quad \text{（随机效应模型）}$$

基于 LM 法的检验统计量：

$$\begin{aligned} LM &= \frac{NT}{2}\left[\frac{1}{T-1}\left(\frac{\hat{u}'(I_N \otimes J_T)\hat{u}}{\hat{u}'\hat{u}} - 1\right)^2 + \frac{1}{N-1}\left(\frac{\hat{u}'(I_N \otimes J_T)\hat{u}}{\hat{u}'\hat{u}} - 1\right)^2\right] \\ &= \frac{NT}{2}\left[\frac{1}{T-1}\left(\frac{\sum_{i=1}^{N}(\sum_{t=1}^{T}\hat{u}_{it})^2}{\sum_{i=1}^{N}\sum_{t=1}^{T}\hat{u}_{it}^2} - 1\right)^2 + \frac{1}{N-1}\left(\frac{\sum_{i=1}^{N}(\sum_{t=1}^{T}\hat{u}_{it})^2}{\sum_{i=1}^{N}\sum_{t=1}^{T}\hat{u}_{it}^2} - 1\right)^2\right] \end{aligned} \tag{10-56}$$

式中，$\hat{u}_{it}$ 是混合回归估计模型进行 OLS 估计的残差。

判断标准：在零假设下，LM 统计量服从自由度为 2 的 χ^2 分布，即 $LM \sim \chi^2(2)$。

10.4.5 固定效应和随机效应对比分析

固定效应模型和随机效应模型各有优势与局限性。固定效应模型的优势则体现在很容易分析出任意截面数据所对应的因变量与全部截面数据对应的因变量均值的差异程度。随机效应模型的优势是节约自由度，对时间和截面两方面都存在较大变化的数据，随机效应模型能更好地描述误差来源特征。

那么,在实际交通应用中,固定效应模型和随机效应模型一般选择的检验方法是:若研究者预期建立面板数据模型推断样本空间的经济关系,则模型设定为固定效应模型更优;若研究样本是从总体中随机抽样得到,并且预期利用模型解释或推断总体的统计性质,则模型设定为随机效应模型更为合适。

10.5 本章小结

本章主要介绍了面板数据模型的概念和特点、模型的分类、模型的估计方法、模型的检验等内容,并列举了一些将面板数据模型运用在交通运输领域的实际案例,有助于解决交通领域中的问题。比如可以将面板数据模型运用在探究交通事故财产损失与影响因素之间的联系、固定效应模型和随机效应模型在探究交通事故影响因素的研究、互联网与交通事故的研究等方面,借助面板数据模型能更深入研究和解决交通领域的安全问题,依据模型和理论为交通运输领域未来发展做出预测和提出一些建议。

本章参考文献

[1] 沈体雁,于瀚辰.空间计量经济学[M].北京:北京大学出版社,2019.
[2] 兰草.截面、面板数据分析与STATA应用[M].武汉:武汉大学出版社,2012.

第三篇

机器学习

第 11 章　无监督学习

无监督学习是机器学习的一个重要分支,其在机器学习、数据挖掘、数据科学等领域有着重要地位。其训练样本的标记(label)信息是未知的,目标是通过对无标记样本的学习来发现数据内在的性质和规律,为进一步的数据分析提供基础。可分为数据压缩和聚类两大类。

假设某路段交通数据中存在大量冗余,而最能代表数据集的信息只有实际内容的一小部分,可以通过降维算法(如主成分分析、奇异值分解等),实现部分数据传达信息的目的。

任何集类算法通常会输出所有数据点及其所属的集群,便于对数据进行分类。最常见的聚类方法有 K-means 聚类、层次(Hierarchical)聚类、概率(Probabilistic)聚类。本章具体介绍一些无监督学习方法,并介绍其在交通领域的实际应用。

11.1　主成分分析

11.1.1　主成分分析的概念

主成分分析(Principal Components Analysis,PCA),通过对多影响因素数据进行处理,分析主要影响因素,提高研究效率。主成分分析是利用降维思想,在损失较少信息的前提下把多个指标转化为几个综合指标的多元统计方法。

通常把转化生成的综合指标称为主成分,其中每个主成分都是原始变量的线性组合,且各个主成分之间互不相关,使得主成分比原始变量具有更优越的性能。

在使用主成分分析时,首先对 p 个指标的原始数据进行标准化,根据标准化后的数据矩阵求解相关系数矩阵。再求出协方差矩阵的特征值和特征向量。最后,根据最终所得到的累积方差贡献率确定主成分的具体个数,从而确定主成分的数学表达式,对主成分进行合理的解释。

在研究交通问题中,为了更全面、精确地反映交通问题的特征,往往需要考虑多种因素。随着考虑因素增多,问题的复杂性也随之增加。由于多种因素均能反映同一交通问题,因素间可能会存在信息重叠。这种情况就需要对原始数据进行降维,降低研究的复杂性。可采用主成分分析法对影响因素指标进行分析,确定主要影响指标。

设对某一交通问题的研究涉及 p 个指标,分别用 $X_1, X_2, \cdots, X_p$ 表示,n 个样本数据资料矩阵为:

$$X = \begin{pmatrix} x_{11} & x_{12} & \cdots & x_{1p} \\ x_{21} & x_{22} & \cdots & x_{2p} \\ \vdots & \vdots & \ddots & \vdots \\ x_{n1} & x_{n2} & \cdots & x_{np} \end{pmatrix} = (x_1, x_2, \cdots, x_p) \tag{11-1}$$

其中:

$$x_j = \begin{pmatrix} x_{1j} \\ x_{2j} \\ \vdots \\ x_{nj} \end{pmatrix} \quad j = 1, 2, \cdots, p \tag{11-2}$$

主成分分析就是将 p 个指标变量综合成为 p 个新的变量(综合变量),即

$$\begin{cases} F_1 = a_{11}x_1 + a_{12}x_2 + \cdots + a_{1p}x_p \\ F_2 = a_{21}x_1 + a_{22}x_2 + \cdots + a_{2p}x_p \\ \cdots \\ F_p = a_{p1}x_1 + a_{p2}x_2 + \cdots + a_{pp}x_p \end{cases} \tag{11-3}$$

简写为:

$$F_j = a_{j1}x_1 + a_{j2}x_2 + \cdots + a_{jp}x_p$$
$$j = 1, 2, \cdots, p \tag{11-4}$$

要求模型满足以下条件:
(1) F_i, F_j 互不相关 ($i \neq j, i, j = 1, 2, \cdots, p$);
(2) F_1 的方差大于 F_2 的方差,大于 F_3 的方差,依次类推;
(3) $a_{k1}^2 + a_{k2}^2 + \cdots + a_{kp}^2 = 1, k = 1, 2, \cdots, p$。

通过正交变换将一组可能存在相关性的变量转换成一组线性不相关的变量,转换后的这组变量即为主成分。因此,称 F_1 为第一主成分,F_2 为第二主成分,依次类推,有 p 个主成分。

从数学的观点上来说,主成分分析是对原始数据进行线性组合的过程。而在几何意义上,数据的线性组合就是对原始数据所在的原坐标轴作坐标旋转或平移,从而得到一个新的相互正交的坐标轴,使得新坐标轴的方向为所有指标变量分散最开的方向。

为便于直观理解,现在从二维空间来说明主成分分析的基本思想。如图 11-1 所示。原始坐标由横坐标 X_1 和纵坐标 X_2 构成,图中椭圆内的原点代表原始数

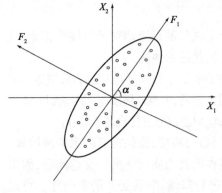

图 11-1 主成分分析二维示意图

据,可以看出,不管将这些原始数据投影到原始坐标轴的横坐标轴 X_1 或者是纵坐标轴 X_2,都会造成大量的信息丢失。如果将原坐标轴按逆时针旋转角度 a,将会得到一个新的坐标轴,定义这个新的坐标轴横坐标为 F_1 和纵坐标为 F_2,可以看出,沿坐标轴 F_1 方向上,数据的离散程度是最大的,这时可以认为,这些数据在 F_1 轴上的投影可以最大限度地保留原始数据的信息。

这样,原始的二维数据就可以用一维数据来表示,实现了降维效果。主成分分析法通过旋转原始坐标,找出原始数据分布最分散的一个方向。同时,方差也可以将数据的离散型反映出来。因此,将原始坐标轴旋转的目的是在新坐标轴的方向上最大限度地改变原始数据的方差。

新坐标和原始坐标之间的关系可以由下面的方程式表示:

$$F_j = a_{j1}x_1 + a_{j2}x_2 + \cdots + a_{jp}x_p \\ j = 1, 2, \cdots, p \tag{11-5}$$

如果原始数据是多维分布的,则数据降维的处理过程是和二维相似的。

【例 11-1】 在城市经济的良性发展过程中,城市交通起着重要的作用,有必要对城市交通可持续发展作出科学评价,以探索出正确的城市交通可持续发展的道路。选取了 23 项评价指标作为成都城市交通可持续发展评价指标体系。利用 SPSS19.0 对处理后的数据进行主成分分析,依据主成分特征值大于 1 的原则提取前 3 个主成分进行分析。如表 11-1 所示。

主成分因子荷载表 表 11-1

指标	成分			指标	成分		
	F_1	F_2	F_3		F_1	F_2	F_3
城市路网密度 R_1	0.845	0.287	0.408				
人均道路面积 R_2	0.938	-0.034	0.237	城市干道平均车速 R_{13}	0.23	0.908	0.346
城市路网连通度 R_3	-0.13	0.863	0.283	交通安全协调系数 R_{14}	0.381	0.223	0.881
路网负荷均衡度 R_4	0.011	0.921	-0.181	交通科技进步率 R_{15}	0.923	0.344	-0.044
中心城区停车位比 R_5	0.959	0.259	0.026	区域交通发展均衡度 R_{16}	-0.048	0.82	-0.356
公交出行比例 R_6	0.998	0.027	-0.030	时空资源消耗指数 R_{17}	0.94	0.061	0.06
交通管理信息化水平 R_7	0.994	0.012	0.042	环保投资额 R_{18}	-0.01	-0.1	0.916
交通专门人才比例 R_8	0.952	0.293	0.020	清洁能源使用替代率 R_{19}	0.12	0.226	0.855
交通法规保障能力 R_9	0.994	-0.058	0.058	交通干线平均噪声 R_{20}	0.779	-0.438	0.361
万人公交车标台 R_{11}	0.965	0.037	0.171	汽车尾气达标率 R_{21}	0.949	-0.206	-0.062
公交站点 500m 覆盖率 R_{11}	0.99	0.061	0.057	大气污染饱和度 R_{22}	0.983	0.099	-0.001
平均换成系数 R_{12}	0.946	0.269	0.043	路段空气质量超标率 R_{23}	0.94	0.086	-0.018

由表 11-1 可以发现评价指标 R_1、R_2、R_5、R_6、R_7、R_8、R_9、R_{10}、R_{11}、R_{12}、R_{15}、R_{17}、R_{20}、R_{21}、R_{22}、R_{23} 在主成分 F_1 上有较大的荷载。由于这些指标反映了城市交通可持续发展的交通现状水平,故可将第 1 主成分 F_1 称为发展水平成分;评价指标 R_3、R_4、R_{13}、R_{16} 在主成分 F_2 上有较大的荷载,由于这些指标反映的是一个城市交通在可持续发展过程中的协调水平,故将第 2 主成分 F_2 称为交通发展协调力成分;评价指标 R_{14}、R_{18}、R_{19} 在主成分 F_3 上有较大的荷载,这些指标主要反映了城市交通在可持续发展过程中潜在的改变程度,故将第 3 主成分 F_3 称为交通发展潜力成分。

11.1.2 矩阵的特征值与奇异值

(1) 矩阵的特征值

A 是 n 阶方阵,如果存在实数 λ 和 n 维非零列向量 X,使得 $AX = \lambda X$ 成立,则实数 λ 被称为方阵 A 的特征值,非零列向量 X 被称为方阵 A 对应于特征值 λ 的特征向量。

式中:

$$A = \begin{pmatrix} a_{11} & a_{12} & \cdots & a_{1n} \\ a_{21} & a_{22} & \cdots & a_{2n} \\ \vdots & \vdots & & \vdots \\ a_{n1} & a_{n2} & \cdots & a_{nn} \end{pmatrix} \tag{11-6}$$

$$X = (x_1, x_2, \cdots x_n)^{\mathrm{T}} \tag{11-7}$$

根据特征值和特征向量的定义,n 阶 A 方阵一旦确定,就可以求得特征值和特征向量。由 $AX = \lambda X$ 可得:

$$(\lambda E - A)X = 0 \tag{11-8}$$

式中,E 是 n 阶单位矩阵。

这是含 n 个未知数 n 个方程的齐次线性方程组,它有非零解的充分必要条件是系数行列式:

$$|\lambda E - A| = 0 \tag{11-9}$$

根据行列式的性质可以得到:

$$|\lambda E - A| = \begin{vmatrix} \lambda - a_{11} & -a_{12} & \cdots & -a_{1n} \\ -a_{21} & \lambda - a_{22} & \cdots & -a_{2n} \\ \vdots & \vdots & & \vdots \\ -a_{n1} & -a_{n2} & \cdots & \lambda - a_{nn} \end{vmatrix} \tag{11-10}$$

$$= \lambda^n - (a_{11} + a_{22} + \cdots + a_{nn})\lambda^{n-1} + \cdots + (-1)n|A|$$

所以,可以把 $|\lambda E - A|$ 看作是关于 λ 的 n 次多项式,即

$$\begin{aligned} f(\lambda) &= |\lambda E - A| \\ &= \lambda^n - (a_{11} + a_{22} + \cdots + a_{nn})\lambda^{n-1} + \cdots + (-1)n|A| \end{aligned} \tag{11-11}$$

此多项式被称 A 为方阵的特征多项式,而方程 $f(\lambda) = 0$ 是关于 λ 的一元次 n 方程,这个方程被称为方阵 A 的特征方程。明显可见,$f(\lambda) = 0$ 的根,就是方阵 A 的特征值。

(2) 矩阵的奇异值

如果矩阵 A 是一个 $n \times n$ 的实对称矩阵(即 $A = A^{\mathrm{T}}$),它可以被分解成如下形式:

$$A = Q\Sigma Q^{\mathrm{T}} = Q \begin{bmatrix} \lambda_1 & \cdots & \cdots & \cdots \\ \cdots & \lambda_2 & \cdots & \cdots \\ \cdots & \cdots & \ddots & \cdots \\ \cdots & \cdots & \cdots & \lambda_n \end{bmatrix} Q^{\mathrm{T}} \tag{11-12}$$

式中,Q 为正交矩阵,指的是如果一个矩阵满足 $QQ^{\mathrm{T}} = I$,那么该矩阵就是正交矩阵。对于对称的方阵而言,能够进行对角化,那么非对称矩阵当然不具有这样的分解,但可

以进行矩阵的奇异值分解。

奇异值分解定理：

设矩阵 $A \in R^{m \times n}$ 的奇异值中有 r 个不等于零，记 $\sigma_1 \geq \sigma_2 \geq \cdots \geq \sigma_r \geq 0$，它们构成的 r 阶对角阵记为 $D = \text{diag}\{\sigma_1, \sigma_2, \cdots, \sigma_r\}$。令 $m \times n$ 矩阵 Σ 具有如下分块形式：

$$\Sigma = \begin{pmatrix} D & 0 \\ 0 & 0 \end{pmatrix} \tag{11-13}$$

则存在正交矩阵 $U \in R^{m \times n}, V \in R^{m \times n}$，使 $A = U\Sigma V^T$。

设矩阵 $A \in R^{m \times n}$，半正定矩阵 $A^T A$ 的 n 个特征值记为 λ_i，$i = 1, 2, \cdots, n$，可见 $\lambda_i \geq 0$，称 λ_i 的算术平方根 $\sigma_i = \sqrt{\lambda_i}(i = 1, 2, \cdots, n)$ 为矩阵 A 的奇异值。

奇异值等于特征值的平方。但特征值只有矩阵为方阵时才存在，而奇异值只要是个矩阵就存在。

奇异值求解： 利用定理直接求 U, Σ, V 不太方便，利用矩阵的以下性质：

$$\begin{cases} AA^T = U\Sigma V^T V \Sigma^T U^T = U\Sigma \Sigma^T U^T \\ A^T A = V\Sigma^T U^T U \Sigma V^T = V\Sigma^T \Sigma V^T \end{cases} \tag{11-14}$$

其中，

$$\Sigma \Sigma^T = \begin{bmatrix} \sigma_1^2 & 0 & 0 & 0 \\ 0 & \sigma_2^2 & 0 & 0 \\ 0 & 0 & \ddots & 0 \\ 0 & 0 & 0 & \ddots \end{bmatrix}_{m \times m} \Sigma^T \Sigma = \begin{bmatrix} \sigma_1^2 & 0 & 0 & 0 \\ 0 & \sigma_2^2 & 0 & 0 \\ 0 & 0 & \ddots & 0 \\ 0 & 0 & 0 & \ddots \end{bmatrix}_{n \times n} \tag{11-15}$$

通过已学的矩阵知识，可推出 AA^T 和 $A^T A$ 都是对称矩阵，可以进行特征值分解，就可以得到特征矩阵 U、V。$\Sigma \Sigma^T$ 或 $\Sigma^T \Sigma$ 中的特征值开方，就可得到所有的奇异值。

值得注意的是，按照习惯，奇异值 σ 在矩阵 Σ 中总是按递减的顺序进行排列（即最大的奇异值在第一行，最小的奇异值在最后一行）。如果需要与矩阵 Σ 中的 σ ——对应，那么就需要对矩阵 U 和矩阵 V 中的列进行重新排列。

11.1.3 协方差矩阵

协方差矩阵在统计学和机器学习中随处可见，一般来说，可看作由方差和协方差两部分组成，即方差构成了对角线上的元素，协方差构成了非对角线上的元素。

以二维随机变量为例，设二维随机变量 (X_1, X_2) 有四个二阶中心距（它们都存在），分别记为：

$$\begin{aligned} c_{11} &= E\{[X_1 - E(X_1)]^2\} \\ c_{12} &= E\{[X_1 - E(X_1)][X_2 - E(X_2)]\} \\ c_{21} &= E\{[X_2 - E(X_2)][X_1 - E(X_1)]\} \\ c_{22} &= E\{[X_2 - E(X_2)]^2\} \end{aligned} \tag{11-16}$$

将它们排成矩阵的形式：

$$\begin{pmatrix} c_{11} & c_{12} \\ c_{21} & c_{22} \end{pmatrix} \tag{11-17}$$

这个矩阵称为随机变量(X_1,X_2)的协方差矩阵。

设n维随机变量$(X_1,X_2,\cdots,X_n)$的二阶混合中心距$c_{ij} = \text{Cov}(X_i,X_j) = E\{[X_i - E(X_j)][X_j - E(X_j)]\}$, $i,j = 1,2,\cdots,n$都存在,则称矩阵

$$C = \begin{pmatrix} c_{11} & c_{12} & \cdots & c_{1n} \\ c_{21} & c_{22} & \cdots & c_{2n} \\ \vdots & \vdots & & \vdots \\ c_{n1} & c_{n2} & \cdots & c_{nn} \end{pmatrix} \tag{11-18}$$

为n维随机变量$(X_1,X_2,\cdots,X_n)$的协方差矩阵。

协方差矩阵中的每一个元素是表示随机向量X的不同分量之间的协方差,而不是不同样本之间的协方差,如元素c_{ij}就是反映随机变量X_i,X_j的协方差。

协方差是反映变量之间的二阶统计特性,如果随机向量的不同分量之间的相关性很小,则所得的协方差矩阵几乎是一个对角矩阵。对于一些特殊的应用场合,为了使随机向量的长度较小,可以采用主成分分析的方法,使变换之后的变量的协方差矩阵完全是一个对角矩阵。

11.1.4 特征分解

矩阵的特征值分解目的就是提取出一个矩阵最重要的特征。特征分解是使用最广泛的矩阵分解之一,即将矩阵分解为一组特征向量和特征值。但是,只有可对角化的矩阵才可以进行特征分解。

可对角化矩阵是线性代数和矩阵论中重要的一类矩阵。如果一个方阵相似于对角矩阵,也就是说,如果存在一个可逆矩阵P使得$P^{-1}AP$是对角矩阵,则它就被称为可对角化矩阵。除此之外,还需要了解以下知识点:

(1) 正交矩阵:$AA^T = A^TA = E$。

(2) 酉矩阵:若A是n阶复矩阵满足$A^HA = AA^H = E$,则称A为酉矩阵。

判断正交矩阵和酉矩阵的充分必要条件是:$A^T = A^{-1}$。

如果矩阵A是一个$n \times n$的实对称矩阵(即$A = A^T$),它可以被分解成如下形式:

$$A = Q\Sigma Q^T = Q \begin{bmatrix} \lambda_1 & \cdots & \cdots & \cdots \\ \cdots & \lambda_2 & \cdots & \cdots \\ \cdots & \cdots & \ddots & \cdots \\ \cdots & \cdots & \cdots & \lambda_n \end{bmatrix} Q^T \tag{11-19}$$

式中,Q为标准正交阵,即有$QQ^T = I$;Σ为对角矩阵,且上面的矩阵的维度均为$n \times n$;λ_i为特征值。

此时,矩阵A就可以分解为特征值和特征向量的乘积,称为特征分解。

分解得到的Σ是特征值向量λ对应的对角矩阵,其特征值是由大到小排列的,这些特征值所对应的特征向量是描述这个矩阵变化方向(从主要变化到次要变化的排列)。特征值表示这个数据特征的重要性,而特征向量表示这个数据特征。可见,矩阵A的信息可以由特征值和特征向量表示。

对于高维数据,矩阵为高维的情况下,则这个矩阵就是在高维空间下的一个线性变换。可想而知,这个变换会有很多种变换方向,可通过特征值分解得到 N 个特征向量,也就是对应这个矩阵最主要的 N 个变化方向。这样就可以获取主要信息,有利于实现数据降维。

11.1.5 奇异值分解

奇异值分解(SVD)也是对矩阵进行分解,但是和特征值分解不同,SVD 并不要求分解的矩阵为方阵。奇异值分解是一种矩阵因子分解方法,是主成分分析对数据进行降维的重要过程。

任意一个 $m\times n$ 矩阵,都可以表示为三个矩阵的乘积形式,分别是 m 阶标准正交矩阵、$m\times n$ 降序排列的非负对角线元素组成的 $m\times n$ 矩形对角矩阵和 n 阶标准正交矩阵,这就称为该矩阵的奇异值分解。

假设矩阵 A 是一个 $m\times n$ 的矩阵,那么定义矩阵 A 的 SVD 为:

$$A = U\Sigma V^T \tag{11-20}$$

式中,U 是一个 $m\times m$ 的矩阵;Σ 是一个 $m\times n$ 的矩阵,除了主对角线上的元素以外全为 0,主对角线上的每个元素都称为奇异值;V 是一个 $n\times n$ 的矩阵。其中 U 和 V 均为单位正交矩阵,即有 $U^T U = I, V^T V = I$,U 称为左奇异矩阵,V 称为右奇异矩阵。

一般 Σ 有如下形式:

$$\Sigma = \begin{bmatrix} \sigma_1 & 0 & 0 & 0 & 0 \\ 0 & \sigma_2 & 0 & 0 & 0 \\ 0 & 0 & \ddots & 0 & 0 \\ 0 & 0 & 0 & \ddots & 0 \end{bmatrix}_{m\times n} \tag{11-21}$$

从线性变换的角度理解奇异值分解,$m\times n$ 矩阵中 A 表示从 n 维空间 R^n 到 m 维空间 R^m 的线性变换:

$$T: x \to Ax$$

$x \in R^n, Ax \in R^m, x$ 和 Ax 分别是各自的空间向量。线性变换可以分解为三个简单的变换:一个坐标系的旋转或反射变换,一个坐标轴的缩放变换,另一个坐标系的旋转或反射变换。这就是奇异值分解的几何解释。

对矩阵 A 进行奇异值分解,得到 $A = U\Sigma V^T$,U 和 V 都是正交矩阵,所以,V 的列向量 $v_1, v_2, \cdots, v_n$ 构成 R^n 空间的一组标准正交基,表示 R^n 中的正交坐标系的旋转或反射变换;U 的列向量 $\sigma_1, \sigma_2, \cdots, \sigma_n$ 构成 R^m 空间的一组标准正交基,表示 R^m 中的正交坐标系的旋转或反射变换;Σ 的对角元素 $\sigma_1, \sigma_2, \cdots, \sigma_n$ 是一组非负实数,表示 R^n 中原始正交坐标系坐标轴的 $\sigma_1, \sigma_2, \cdots, \sigma_n$ 的缩放变换。

矩阵奇异值分解的主要性质包括:

(1)因为 $A = U\Sigma V^T$,所以 $AV = U\Sigma$。左奇异向量和右奇异向量存在以下关系:$Av_j = \sigma_j u_j, j = 1, 2, \cdots, n$。

(2)矩阵 A 的奇异值分解中,奇异值是唯一的,而 U 和 V 是不唯一的。

(3)矩阵 A 和 Σ 的秩相等,等于正奇异值的个数 r。

矩阵奇异值分解的计算步骤:

(1) 求 $A^\mathrm{T}A$ 的特征值和特征向量；
(2) 求 n 阶正交矩阵 V；
(3) 求 $m \times n$ 对角矩阵 Σ；
(4) 求 m 阶正交矩阵 U；
(5) 得出奇异值分解。

11.1.6 案例

随着科技的发展以及居民生活水平的提高,越来越多人选择外出旅行。根据人们的出行数据,可以分析个人和家庭的旅行趋势。由于每个家庭和个人的经济水平不同,人们选择的旅行方式、旅行人员、旅行地点等也会不同。本章要对影响大众旅行的相关因素进行统计调查,研究哪些因素对个人和家庭的旅行趋势有重要影响。可以用主成分分析法,看看哪些影响因素对研究大众外出旅行的贡献率最大。

运用主成分分析,寻找判断问题的综合指标,并对综合指标所包含的信息进行合理的解释。

主成分分析法的计算步骤包括:
(1) 对有 p 个指标的原始数据进行标准化,以消除水平和量纲上的差异；
(2) 根据标准化后的数据矩阵求解相关系数矩阵；
(3) 求解协方差矩阵的特征根和特征向量；
(4) 由累积方差贡献率确定主成分的个数,并确定主成分的表达式,并对主成分进行合理的解释。

【例 11-2】 对一组由美国联邦公路局所提供的美国公众出行数据进行主成分分析(表 11-2)。数据包含了所有日常的出行方式、出行人员、家庭和车辆的特性,总共包括了 53 个指标,每个指标有上万条数据。由于数据指标过多、数据量大,导致不能直接使用,因此需要对这组数据进行降维处理,以方便使用。降维后有利于分析个人和家庭的出行趋势。

美国公众出行部分数据表　　　表 11-2

HOUSED	TRAVDAY	SAMPSTRAT	HOMEOWN	HHSIZE	HHVEHCNT	…
30000007	2	3	1	3	5	…
30000008	5	2	1	2	4	…
30000012	5	3	1	1	2	…
30000019	5	3	1	2	2	…
30000029	3	3	1	2	2	…
30000039	5	3	1	2	2	…
30000041	4	3	1	2	2	…
30000062	5	4	1	2	6	…
30000082	3	3	2	4	2	…
⋮	⋮	⋮	⋮	⋮	⋮	⋮

比如,HOUSEID 变量表示的是家庭识别码,TRAVDAY 变量表示的是出行日(1-7 对应的是周日-周六),SAMPSTRAT 表示的是主要取样层位置分配等。其余变量代表的含义读者可以通过查阅美国联邦公路局所提供的美国公众出行数据说明进行获取。

(1) 数据标准化

在数据分析之前,通常需要先将数据标准化(Normalization),再利用标准化后的数据进行数据分析。将原始数据均转换为无量纲化指标测评值,即各指标值都处于同一个数量级别,可以进行综合测评分析。

首先,打开数据文件,点击"分析→描述统计→描述",打开描述主对话框,将相关变量选进"变量",勾选"将标准化的值另存为变量(Z)",点击确定,结果见表 11-3。

数据标准化结果表　　　　　　　　　　　　　　　　表 11-3

序号	ZTRAVDAY	ZSAMPSTRAT	ZHOMEOWN	ZHHSIZE	ZHHVEHCNT	…
1	-1.05005	.44528	-.11509	.74177	2.56986	…
2	.53417	-.65292	-.11509	-.11400	1.72023	…
3	.53417	.44528	-.11509	-.96977	.02098	…
4	.53417	.44528	-.11509	-.11400	.02098	…
5	-.52865	.44528	-.11509	-.11400	.02098	…
6	.53417	.44528	-.11509	-.11400	.02098	…
7	.00276	.44528	-.11509	-.11400	.02098	…
8	.53417	1.54348	-.11509	-.11400	3.41949	…
9	-.52865	.44528	.00595	1.59755	.02098	…
10	-1.59147	-.65292	-.11509	-.96977	.02098	…
⋮	⋮	⋮	⋮	⋮	⋮	⋮

(2) 主成分分析

案例使用 SPSS 软件进行主成分分析,在软件中,点击"分析→降维→因子分析",得出如表 11-4 所示的相关结果。

公因子方差(Communalities)表　　　　　　　　　　　　表 11-4

变量名称	初　　始	提　　取
TRAVDAY	1.000	.977
SAMPSTRAT	1.000	.883
HOMEOWN	1.000	.697
HHSIZE	1.000	.927
HHVEHCNT	1.000	.597
HHFAMINC	1.000	.471
PC	1.000	.655
SPHONE	1.000	.591
TAB	1.000	.539
WALK	1.000	.702
BIKE	1.000	.839
CAR	1.000	.335
TAXI	1.000	.904
BUS	1.000	.907
TRAIN	1.000	.926
⋮	⋮	⋮

由表 11-4 得出原始变量的公因子方差,结果中"提取"表示变量公因子方差的值。对变量进行解释说明,以下 RAVDAY 为例,TRAVDAY 表示的是旅游出行日(1-7 分别是周一到周日),得出其公因子方差为 0.977,说明公因子对 TRAVDAY 的解释度为 97.7%;其他类似。

起始特征值大于 1,是有用因子的通用标准。累计百分数,用来说明因子的贡献率,累计百分数越高,表明这几个因子对总体的解释度越高。一般累计百分数高于 70% 时,表明解释度比较满意。

从总方差解释表可以看出,前 15 个成分特征值均大于 1,且累计贡献率为 74.2%,说明这 15 个主成分对总体的解释度比较满意,故可以提取前 15 个主成分。

碎石图来源于地质学的概念。碎石图以特征值为纵轴,成分数为横轴。前面陡峭的部分特征值大,包含的信息多,后面平坦的部分特征值小,包含的信息也小,结果如图 11-2 所示。

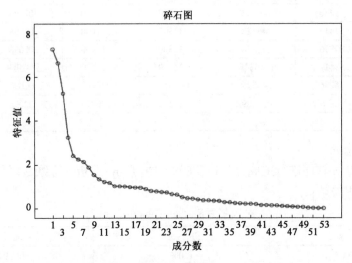

图 11-2 碎石图

由方差解释表 11-5 及碎石图 11-2 可知,特征值大于 1 的主成分有 15 个,累积方差贡献率达到了 74.2%,能够较好地包含原始数据的信息。将原始的 53 个指标转化为 15 个指标替代,达到了降维的目的。

总方差解释(Total Variance Explained)表　　　　　表 11-5

成分	初始特征值	提取平方和载入	累积(%)	合计	方差	累积(%)
	合计	方差				
1	7.273	13.723	13.723	7.273	13.723	13.723
2	6.638	12.524	26.247	6.638	12.524	26.247
3	5.529	9.922	36.169	5.529	9.922	36.169
4	3.241	6.115	42.284	3.241	6.115	42.284
5	2.401	4.530	46.815	2.401	4.530	46.815
6	2.239	4.224	51.039	2.239	4.224	51.039
7	2.134	4.027	55.065	2.134	4.027	55.065

续上表

成分	初始特征值 合计	提取平方和载入 方差	累积(%)	合计	方差	累积(%)
8	1.876	3.540	58.605	1.876	3.540	58.605
9	1.531	2.888	61.493	1.531	2.888	61.493
10	1.336	2.521	64.014	1.336	2.521	64.014
11	1.213	2.288	66.302	1.213	2.288	66.302
12	1.165	2.199	68.501	1.165	2.199	68.501
13	1.014	1.912	70.413	1.014	1.912	70.413
14	1.007	1.900	72.313	1.007	1.900	72.313
15	1.000	1.887	74.200	1.000	1.887	74.200
16	.970	1.830	76.030			
17	.947	1.787	77.817			
18	.938	1.770	79.587			
19	.880	1.661	81.248			
⋮	⋮	⋮	⋮			

运用主成分分析法对大规模交通数据进行处理,表11-6得出的是主成分矩阵,由于指标变量太多,无法完全展示,表中只有部分指标结果。

通过主成分分析法将原有53个指标转化为这15个主成分,这15个新变量的表达不能从输出窗口中直接得到,但可通过成分矩阵来判断主成分变量。"成分矩阵"是指初始因子的载荷矩阵,而每一个荷载量表示主成分与对应变量的相关系数。其数值越大,则相关性越大,也就表明主成分能够包含对应变量信息。

主成分因子成分矩阵表 表11-6

	成分矩阵								
	成分								
	1	2	3	4	5	6	7	8	9
TRAIN	.651	.564	−.225	.018	−.043	.295	−.187	−.083	.033	⋯
TAXI	.642	.557	−.219	.003	−.028	.295	−.186	−.095	.038	⋯
BUS	.640	.561	−.209	.010	−.036	.287	−.214	−.083	.031	⋯
PARA	.616	.567	−.200	.002	−.031	.294	−.201	−.078	.036	⋯
BIKE	.608	.553	−.217	−.005	−.017	.269	−.188	−.081	.035	⋯
WALK	.592	.475	−.183	.011	−.032	.225	−.189	−.068	.027	⋯
PTRANS	.557	.403	−.136	.036	.007	−.415	.136	.238	−.111	⋯
WALK2SAVE	.550	.413	−.126	.032	.037	−.473	.133	.242	−.093	⋯
BIKE2SAVE	.546	.440	−.142	.019	.041	−.437	.140	.233	−.105	⋯
HBHTNRNT	−.446	.422	−.050	.048	−.206	.261	.240	.238	−.066	⋯
HTEEMPDN	−.507	.668	.214	−.045	.015	.027	.062	.074	.078	⋯
HTPPOPDN	−.542	.666	.294	−.133	.137	.114	.111	.165	.095	⋯
HBPPOPDN	−.537	.659	.182	−.113	.108	.128	.121	.166	.081	⋯
HBRESDN	−.515	.606	.124	−.198	.154	.164	.138	.295	.086	⋯

续上表

成分矩阵										
	成分									
	1	2	3	4	5	6	7	8	9	⋯
HHSIZE	.382	-.011	.782	-.051	-.029	.167	.220	-.074	-.076	⋯
RESP－CNT	.382	-.011	.782	-.051	-.029	.167	.220	-.074	-.076	⋯
NUMADLT	.382	-.049	.749	-.034	.043	.094	.203	-.074	.116	⋯
DRVRCNT	.462	-.071	.729	-.019	.017	.007	.107	-.014	.123	⋯
⋮	⋮	⋮	⋮	⋮	⋮	⋮	⋮	⋮	⋮	

从表11-6中可以看出 TRAIN,BUS,TAXI,BIKE,WALK 等几个变量在主成分 F_1 上有较大的荷载,由于它们反映的是交通工具的不同,说明 F_1 第一主成分是出行方式的选择。HTEEMPDN,HTPPOPDN,HBPPOPDN,HBRESDN 等几个变量在主成分 F_2 上有较大的荷载,它们反映的是家庭居住单元地址,说明 F_2 第二主成分是家庭居住位置指标。HHSIZE、RESPCNT、NUMADLT、DRVRCNT、HHRELATD 等几个变量在主成分 F_3 上有较大的荷载,反映的是家庭成员信息,说明 F_3 第三主成分是家庭人员数。

同理,其他主成分的含义也可以通过这样来解释。从而可以得出15个主成分指标是大众出行旅游的主要影响指标。

通过以上学习,对主成分分析有了一定的了解,便于以后学会对指标多且量大的数据进行主成分分析,进而基于主要变量展开更有效的研究。

11.2 孤立森林

本章将介绍一种用于异常检测的算法——孤立森林 iForest(Isolation Forest)。孤立森林是一个基于 Ensemble(数据库)的快速离群点检测方法,具有线性时间复杂度和高精准度,是符合大数据处理要求的算法。适用于连续数据(Continuous Numerical Data)的异常检测,与其他异常检测算法通过距离、密度等量化指标来刻画样本间的疏离程度不同,孤立森林算法通过对样本点的孤立来检测异常值。具体来说,该算法利用一种名为孤立树(iTree)的二叉搜索树结构来孤立样本。由于异常值的数量较少且与大部分样本的疏离性,因此,异常值会被更早地孤立出来,即异常值会距离 iTree 的根节点更近,而正常值则会距离根节点有更远的距离。此外,相较于 LOF,K-means 等传统算法,孤立森林算法对高纬数据有较好的鲁棒性。可用于网络安全中的攻击检测、金融交易欺诈检测、疾病侦测和噪声数据过滤等。

归根结底,孤立森林算法用于筛选出数据中的异常值,以驾驶员行驶速度分类为例,已知有一组关于驾驶员行驶速度的数据,假设正常范围区间为117~125km/h,但数据中存在<117km/h或>125km/h 的数据值,通过筛选出这些异常数值,进而对其删除,但是这犹如大海寻针,不过孤立森林可以解决此类问题,以下将对孤立森林进行详细的介绍。

11.2.1 异常的定义

孤立森林是异常检测的算法之一,何为异常检测?异常检测是找出数据中离群值(离群值是在给定数据集中,与其他数据点显著不同的数据点)的过程。"孤立"一词的意思是"将一个实例与其余实例分离"。通常,基于隔离的方法可衡量各个实例是否容易被孤立的敏感性,异常则是敏感性最高的那些。

孤立森林的算法思想在于:想象用一个随机超平面对一个数据空间进行切割,切一次可以生成两个子空间。接下来,再继续随机选取超平面,来切割第一步得到的两个子空间,以此循环下去,直到每个子空间里面只包含一个数据点为止。直观上来看,可以发现,那些密度很高的点要被切很多次才会停止切割,即每个点都单独存在于一个子空间内,但那些分布稀疏的点,大部分很早就停到一个子空间内。如图 11-3 所示,一个正常点 x_i 需要分割 12 个随机分区,而一个异常点 x_o 只需要分割 4 个随机分区。

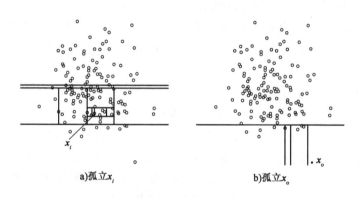

图 11-3 孤立分割图

因此,使用孤立森林算法存在两个前提条件:
(1)异常数据占总样本量的比例很小;
(2)异常点的特征值与正常点的差异很大。
使用孤立森林进行异常检测分为两个阶段:
(1)训练阶段,使用给定训练集的子样本构建隔离树;
(2)评估阶段,通过隔离树传递测试实例,以获得每个实例的异常评分。

11.2.2 孤立树(iTree)

孤立树的定义:若 T 为孤立树的一个节点,T 存在两种情况:没有子节点的外部节点或有两个子节点(T_l,T_r)和一个 test 的内部节点。test 由一个属性 q 和一个分割点 p 组成,$q<p$ 的点属于 T_l,反之属于 T_r。

设 $X=\{x_1,x_2,\cdots x_n\}$ 为给定数据集。ψ 实例 $X'\subset X$ 的样本用于构建孤立树(iTree)。通过随机选择一个属性 q 和一个分割值 p 来递归分割 X',直到该节点只有一个实例或节点上的所有数据都具有相同的值。

  iTree 中的每个节点都有零个或两个子节点。假设所有实例都是不同的,当 iTree 完全增长时,每个实例都隔离到一个外部节点,在这种情况下,外部节点的数量为 ψ,内部节点的数量为 $\psi-1$;iTrees 的节点总数为 $2\psi-1$。因此内存需求是有限的,并且只随 ψ 线性增长。

  路径长度的定义 $h(x)$:点 x 的 $h(x)$ 是通过 x 从根节点遍历一个 iTree,直到遍历外部节点终止的边数目来测量。

  通常采用路径长度作为隔离敏感度的衡量标准:短路径长度意味着高隔离敏感度,长路径长度意味着低隔离敏感度。

  孤立森林作为孤立树的总体,将具有较短路径长度的点识别为异常点,不同的树扮演不同异常识别的"专家"。已经存在的那些异常检测的方法大部分都期望有更多的数据,但是在孤立森林中,小数据集往往能取得更好的效果。样本数较多会降低孤立森林孤立异常点的能力,因为正常样本会干扰隔离的过程,降低隔离异常的能力,子采样就是在这种情况下被提出的。

Swamping 和 Masking 是异常检测中比较关键的问题:

  Swamping(淹没)指的是错误地将正常样本预测为异常。当正常样本很靠近异常样本时,隔离异常时需要的拆分次数会增加,使得从正常样本中区分出异常样本更加困难。

  Masking(掩蔽)指的是存在大量异常点隐藏了它们的本来面目。当异常簇比较大,并且比较密集时,同样需要更多的拆分才能将它们隔离出来。

  造成上面两种情况的原因都与数据量太大有关。孤立树的独有特点使得孤立森林能够通过子采样建立局部模型,减小 Swamping 和 Masking 对模型效果的影响。其中的原因是子采样可以控制每棵孤立树的数据量和每棵孤立树专门用来识别特定的子样本。

  淹没和掩蔽问题已经在异常检测中受到越来越多的关注。

  iForest 能够通过使用多个子样本来建立模型,以减少淹没和掩蔽的影响。其中,由小规模样本构建的 iTree 性能比由整个数据集子样本构建的 iTree 性能更好。这是因为子样本中干扰异常的正常点较少,因此使异常点更容易隔离。

  为了说明二次抽样如何减少掩蔽和淹没的影响,特意在一大群正常点附近设置了两个相当大且密集的异常簇,以说明掩蔽和淹没的效果。异常簇周围有干扰正常点,异常簇比正常簇密度大。图 11-4b)显示了原始数据的 128 个实例的子样本。在子样本中异常聚类是可清楚识别的。那些围绕着两个异常星团的"虚假"正常情况,导致了淹没效应,已经被清除;图 11-4a)中的异常簇的数据大小会导致屏蔽效应,变得更小,如图 11-4b)所示。净效果是它们使异常集群更容易隔离。当使用图 11-4a)中的整个集合时,iForest 报告的 AUC (Area under Curve)为 0.67。当使用 128 和 256 的二次抽样时,iForest 分别达到 0.91 和 0.83 的 AUC。结果表明,通过显著减少子样本,iForest 在处理淹没和掩蔽效应方面表现出色。

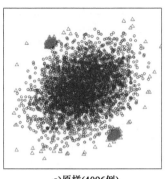
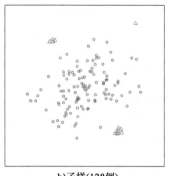

a) 原样(4096例)　　　　　　b) 子样(128例)

图 11-4　大小样本比较

11.2.3　异常检测两阶段

(1) 训练阶段

在训练阶段,通过递归地划分一个子样本 X',直到所有的实例都被隔离,来构造 iTrees。每个 iTree 都是从 $X,X'\subset X$ 中随机选择子样本 X' 来构建,见表 11-7。

算法 1 伪代码　　　　　　　　　　　　　表 11-7

Algorithm 1: $iForest(X,t,\psi)$
Inputs: X-input data, t-number of trees, ψ-subsampling size
Output: a set of t iTrees
1: Initialize Forest
2: for $i=1$ to t do
3: $X'\leftarrow sample(X,\psi)$
4: $Forest\leftarrow Forest\cup iTree(X)$
5: end for
6: return Forest

算法 1 中的 iForest 算法有两个输入参数。它们是子采样大小 ψ 和树的数目 t;参数的影响如下。

子采样大小 ψ 控制训练数据的大小。当 ψ 增加到期望值时,iForest 检测可靠,并且不需要进一步增加 ψ,因为它增加了处理时间和内存大小,而检测精度没有任何提高。由于假设异常"少"和"不同",正常点也被假设为"多"和"相似"。在这些假设下,一个小的二次抽样大小就足以让 iForest 区分异常点和正常点。根据经验,将 ψ 设置为 2^8 或 256 通常足以在广泛的数据范围内执行异常检测。除非另有说明,使用 $\psi=256$ 作为本章试验的默认值。

树的数量控制着整体的大小。路径长度通常在 $t=100$ 之前很好地收敛。除非另有说明,本章在试验中使用 $t=100$ 作为默认值。

在训练阶段结束时,会返回一组树,并准备进行评估。训练一个 iForest 的最坏情况对应的时间复杂度是 $O(t\psi^2)$,空间复杂度是 $O(t\psi)$。

每颗孤立树的生长参考算法 2,见表 11-8。

算法 2 伪代码　　　　　　　　　　　　　　　表 11-8

Algorithm 2: *iTree*(X')

Inputs: X'-*input data*
Output: *an iTree*
1: *if* X' *cannot be divided then*
2: *return exNode*{*Size*←|X'|}
3: *else*
4: *let Q be a list of attributes in* X'
5: *randomly select an attribute* $q \in Q$
6: *randomly select a split point p between the max and min values of attribute q in* X'
7: X_l←*filter*(X', $q < p$)
8: X_r←*filter*(X', $q \geq p$)
9: *return inNode*{*Left*←*iTree*(X_l),
10: *Right*←*iTree*(X_r),
11: *SplitAtt*←q,
12: *SplitValue*←p}
13: *end if*

（2）评估阶段

参考算法 3，当实例 x 遍历 iTree 时，通过计算从根节点到外部节点的边 e 的数量，得出单个路径长度 $h(x)$。当遍历达到预定义的高度限制 hlim 时，返回值是 e 加上一个调整 $c(Size)$。这种调整用于估计随机子树的平均路径长度，该随机子树可以使用超过树高限制的大小数据来构建。当每个树获得 $h(x)$ 时，计算异常分数，异常分数和调整 $c(Size)$ 将在 11.2.4 中定义。评估过程时间复杂度最差的情况是 $O(nt\psi)$，其中 n 是测试数据大小。见表 11-9。

算法 3 伪代码　　　　　　　　　　　　　　　表 11-9

Algorithm 3: *PathLength*(x, T, *hlim*, e)

Inputs: x-*an instance*, T-*an iTree*, *hlim-height limit*, *e-current path length*; *to be initialized to zero when first called*
Output: *path length of x*
1: *if T is an external node or* $e \geq$ *hlim then*
2: *return* $e + c(T.\ size)$ {$c(.)$ *is defined in Equation* 1}
3: *end if*
4: a←$T.\ splitAtt$
5: *if* $x_a < T.\ splitValue$ *then*
6: *return PathLength*(x, $T.\ left$, *hlim*, $e + 1$)
7: *else* {$x_a \geq T.\ splitValue$}
8: *return PathLength*(x, $T.\ right$, *hlim*, $e + 1$)
9: *end if*

11.2.4　异常分数

任何异常检测方法都需要异常分数。从 $h(x)$ 得出这样一个分数的困难在于，虽然 iTree 的最大可能高度以 ψ 的数量级增长，但平均高度是以 $\log\psi$ 的数量级增长。当需要可视化或比较来自不同子采样大小的模型的路径长度时，由上述任意一项进行的 $h(x)$ 的标准化要么没有界限，要么不能直接比较。因此，为了达到上述目的，需要标准化的异常分数。

给定一个包含 ψ 个样本的数据集，树的平均路径长度为：

$$c(\psi) = \begin{cases} 2H(\psi-1) - 2(\psi-1)/n & \text{for } \psi > 2 \\ 1 & \text{for } \psi = 2 \\ 0 & \text{otherwise} \end{cases} \quad (11\text{-}22)$$

式中,$H(i)$为调和数,可由$\ln(i) + 0.5772156649$(欧拉常数)估算。由于$c(\psi)$是给定ψ的$h(x)$的平均值,用它来归一化$h(x)$。实例x的异常分数s定义为:

$$s(x,\psi) = 2^{-\frac{E[h(x)]}{c(\psi)}} \quad (11\text{-}23)$$

式中,$E[h(x)]$是来自一组iTrees的$h(x)$的平均值。

以下条件提供了异常分数的三个特殊值(图11-5):

(1) when $E[h(x)] \to 0, s \to 1$;

(2) when $E[h(x)] \to \psi - 1, s \to 0$;

(3) when $E[h(x)] \to c(\psi), s \to 0.5$。

使用异常得分s,能够做出以下评估:

(1) 如果实例返回s非常接近1,则它们肯定为异常;

(2) 如果实例返回s远小于0.5,则它们被视为正常实例是非常安全的;

(3) 如果所有实例返回$s \approx 0.5$,则整个样本实际上没有任何明显的异常。

在异常检测中,需要做出一个决定,决定一个孤立的数据簇是异常的还是其周围的点是异常

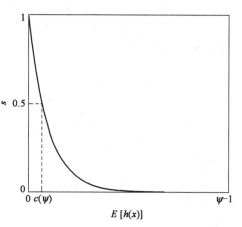

图11-5 函数示意图

的。在本节中展示了孤立森林能够通过在评估阶段更改树高限制参数来检测这两种情况。请注意,在评估阶段调整高度限制不会改变已训练的模型,也不需要对模型进行重新训练。如图11-6所示,在一组数据集中,用不同的高度限制(即hlim=1和6)说明了两个异常分数等值线。生成的数据有一个稀疏的簇,比一个小的密集簇大得多。可以注意到,在较高的高度限制下,即hlim=6,大小簇周围的分散点比两个簇的核心点具有更高的异常分数。在这种情况下,大小星团周围的散射点被视为异常。当hlim=1时,整个小的密集簇具有较高的异常分数,导致它们被识别为异常。使用较低高度限制的效果可以描述为降低异常分数的粒度,较高的高度限制提供了较高的粒度来检测数据集群周围的分散点。

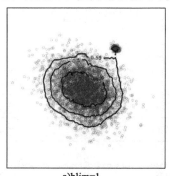

a) hlim=1

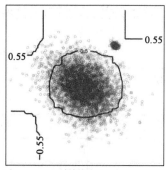

b) hlim=6

图11-6 调整评估高度限制会改变异常分值的粒度

（1）当评估高度限制设置为 hlim = 6 时，大稀疏聚类（正常实例）和小密集聚类（异常）都被等高线 $s=0.55$ 包围。在此设置下，围绕两个聚类的分散点被视为异常（$s<0.55$）。

（2）当 hlim = 1 时，只有稀疏大簇（正常实例）的轮廓线为 $s=0.5$，而小密集簇中没有轮廓线。这个小而密集的星团现在被认为是异常的。

11.2.5 案例分析

通过上述，可以对孤立森林算法有一个大致清晰的认知，接下来，将以某个交通参数为例，利用孤立森林，对其中的异常值进行查找和分析。

如表 11-10 所示，通过对驾驶员反应时间的研究获取一组有关驾驶员反应时间以及其他参数（如转向盘转角、速度、加速度、横向速度、车头间距、换道时间等）的数据，采集近 6 万名驾驶员数据。

初 始 数 据　　　　　　　　　　　　　　　表 11-10

时　间	转向盘转角（°）	速度（km/h）	速度（m/s）	加速度（m/s²）	横向速度（m/s）	横向加速度（m/s²）
00:00.1	-0.011	125.958	34.988	0.011	0	0.276
00:00.1	-0.011	125.958	34.988	0.011	0	0.276
00:00.1	-0.011	125.958	34.989	0.011	0	0.276
00:00.1	-0.011	125.959	34.989	0.011	0	0.276
00:00.1	-0.01	125.959	34.99	0.012	0	0.28
00:00.1	-0.01	125.96	34.99	0.012	0	0.28
00:00.3	-0.011	125.96	34.99	0.011	0	0.276
00:00.3	-0.011	125.961	34.991	0.011	0	0.28
00:00.3	-0.011	125.961	34.991	0.01	0	0.276
00:00.3	-0.011	125.962	34.992	0.01	0	0.28
00:00.3	-0.01	125.963	34.993	0.011	0	0.276
…	…	…	…	…	…	…

现针对该列时速数据（Silab_Speed kmh）进行异常值检测，挑选出时速中不合理的数据，通过输出异常数值进行图表分析，得出异常数值大致分布区间。

最终部分输出结果如表 11-11 所示，其中 A 列为异常速度值，B 列为异常数值对应原文件中的行数。

输 出 结 果　　　　　　　　　　　　　　　表 11-11

序　号	A	B
1	125.734	2003
2	132.26	2007
…	…	…
191	125.006	3000

通过对异常数值布设散点图(图 11-7),不难发现异常值大致分布在[111,117]以及[125,135]这两个区间之内,少部分超出该区间。

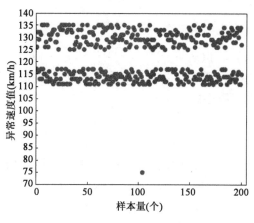

图 11-7 异常数值散点图

考虑到数据量过大,本案例仅选取 Silab_Speed kmh 列 3000 个数据用来分析,供各位读者参考。

11.3 K-means 聚类

11.3.1 聚类任务和 K 均值算法

伴随着地理信息系统技术的迅速发展,利用 GPS 数据对车辆出行进行管理已经成为智能交通领域的重要内容之一。GPS 数据可以提供海量的车辆出行数据,但是车辆的 GPS 数据仅能提供特定车辆的轨迹信息和停车信息,难以对其进行具体出行的划分。

在难以获取车辆的行车记录数据时,就需要对车辆停车点进行分类,这个情况就是一个典型的无监督聚类问题。借助聚类算法,可以将特征类似的停车点划分出来,并结合地理信息系统进行更加具体的分析。

聚类算法试图将数据集中的样本划分为若干个子集,这些子集通常是不相交的,每个子集被称为一个簇。聚类算法既能作为一个单独过程,用于寻找数据内在的规律和分布结构,也可作为其他学习任务的前置过程。

K 均值算法是解决聚类问题的一类代表性算法。其主要思想是在给定 K 个初始类中心点的情况下,把每个样本点分到离其最近的类中心点所代表的类中,所有迭代点分配完毕之后,重新根据一个类内的所有点计算该类的中心点,然后进行分配点迭代和更新类中心点的步骤,直至类中心点的变化很小,或者达到指定的迭代次数。

11.3.2 K-means 算法

如果给定 n 维的输入数据集 X,聚类簇的数目 k,最大迭代次数 N,对该数据集进行 K-means 聚类的步骤如下:

(1)随机设置 k 个特征空间内的点作为初始的聚类中心。

(2)对于其他每个点计算到 K 个中心的距离,类别未知的点选择最近的一个聚类中心点作为其类别。

其距离的计算方法为欧几里得距离:

$$d(x,y) = \sqrt{(x_1-y_1)^2+(x_2-y_2)^2+\cdots+(x_n-y_n)^2} \tag{11-24}$$

(3)针对标记的聚类中心,重新计算出每个聚类的新中心点。

中心点的计算方法参考质心的定义。

$$r_\sigma = \frac{\sum_i m_i r_i}{M} = \frac{\sum_i r_i}{N} \tag{11-25}$$

(4)如果计算得出的新中心点与原中心点一样,也就是计算出的质心不再移动,那么结束迭代;否则重新进行第二步过程,直到达到最大迭代次数。

通过以上步骤,可以将数据集 X 中的所有数据分为 K 类。

【例 11-3】 在车辆停车点的问题中,如果简单地考虑经度和纬度进行停车点聚类,那就是对一个二维平面中的多个坐标点进行聚类。这里给定二维平面上的八个点:

(1,1),(2,3),(3,1),(4,4),(5,3),(6,5)(6,3),(6,2)

对其进行 K 均值聚类。

【解】

由于 K 值事先未确定,根据对图像中点的分布,将 K 值定为 2。

(1)设置点(1,1)和点(6,5)作为初始聚类中心,计算各点到初始聚类中心的距离,我国 ITS 发展概况见表 11-12。

我国 ITS 发展概况　　　　　　　　　表 11-12

项目	1	2	3	4	5	6	7	8
d_1	0	$\sqrt{5}$	2	$3\sqrt{2}$	$2\sqrt{5}$	$\sqrt{41}$	$2\sqrt{5}$	$\sqrt{17}$
d_2	$\sqrt{41}$	$2\sqrt{5}$	5	$\sqrt{5}$	$\sqrt{5}$	0	2	3

(2)根据点到两个聚类中心的距离对点进行分类,点 1、2、3 被分类至类 1,点 4、5、6、7、8 被分类至类 2。

计算两个聚类中心的坐标:

$$(x_1,y_1) = \left(\frac{\sum x}{n_1}, \frac{\sum y}{n_1}\right) = \left(2, \frac{5}{3}\right)$$

$$(x_2,y_2) = \left(\frac{\sum x}{n_2}, \frac{\sum y}{n_2}\right) = \left(\frac{27}{5}, \frac{17}{5}\right)$$

(3)重新计算点到新聚类中心 $\left(2,\frac{5}{3}\right)$ 和 $\left(\frac{27}{5},\frac{17}{5}\right)$ 的距离,见表 11-13。

我国 ITS 发展概况　　　　　　　　　表 11-13

项目	1	2	3	4	5	6	7	8
d_1	$\frac{\sqrt{13}}{3}$	$\frac{4}{3}$	$\frac{\sqrt{13}}{3}$	$\frac{\sqrt{85}}{3}$	$\frac{\sqrt{97}}{3}$	$\frac{2\sqrt{61}}{3}$	$\frac{4\sqrt{10}}{3}$	$\frac{\sqrt{145}}{3}$
d_2	$\frac{2\sqrt{157}}{5}$	$\frac{\sqrt{293}}{5}$	$\frac{12\sqrt{2}}{5}$	$\frac{\sqrt{58}}{5}$	$\frac{2\sqrt{2}}{5}$	$\frac{\sqrt{73}}{5}$	$\frac{\sqrt{13}}{5}$	$\frac{\sqrt{58}}{5}$

再次根据点到两个聚类中心的距离对点进行分类,虽然聚类中心发生变化,但是点的分类没有发生改变,因此迭代终止。原数据根据聚类中心 $\left(2, \frac{5}{3}\right)$ 和 $\left(\frac{27}{5}, \frac{17}{5}\right)$ 分为两类,第一类包含点1、2、3,第二类包含点4、5、6、7、8。

在【例11-2】中,K 值的确定方法是通过对数据集的分布进行观察从而确定,然而实际生活中大多数数据难以可视化,仅凭观察对 K 值的确定难以实现,这就需要通过一定的方法来对 K 值进行适当确定。

这里介绍一种较常用的 K 值确定方法:手肘法。

顾名思义,手肘法得名正是因为方法中的函数图像近似于手肘。手肘法采取均方误差(SSE)来描述聚类的精细程度。

K 值的增加就意味着聚类中心的增加,这样会导致聚类的精细程度不断增加,即 SSE 值持续降低。但是由于聚类存在最佳的聚类数,因此 SSE 的下降速度会产生变化。当 K 值小于最佳聚类数 K_0 时,增加 K 值对 SSE 的贡献很高,导致 SSE 快速下降,而当 K 值大于 K_0 后,增加 K 值的回报率会不断下降,也就是 SSE 的下降速度开始降低。因此可以借助手肘法对最佳 K 值进行估计。

11.3.3 K-means 算法的改进算法

K-means 算法的原理简单易懂,易于实现,但是这同样导致其具有一些缺点,除了前述 K 值的确定会影响算法的准确程度之外,初始聚类中心的选取会显著影响 K-means 算法的迭代速度,此外,对于大样本数据集,K-means 算法的运行速度会显著降低。

针对以上两个问题,学者提出了 K-means++ 算法和 Mini Batch K-means 等算法进行改进和优化。

(1)K-means++ 算法

K-means++ 算法优化了 K-means 算法对初始聚类中心的选择步骤,其选择原则是初始聚类中心之间的距离尽可能远,根据这个思路,K-means++ 算法根据以下步骤进行聚类中心的选取:

①从数据集 X 中随机选取一个中心点 x_1 作为第一个聚类中心。

②计算数据集中的每一个样本点与当前已有的所有聚类中心 x_1 之间的距离,选择其中的最短距离作为其被选择为新聚类中心的概率。

$$P(x) = \frac{D(x)^2}{\sum_{x \in X} D(x)^2} \tag{11-26}$$

③使用轮盘法选择一个新的聚类中心,重复步骤②,直到选择了所有 k 个中心。

(2)Mini Batch K-means 算法

在大量数据的情况下,K-means 算法的运算速度会显著降低。在这个大数据时代,交通领域中的聚类问题同样面临着这样的问题。

对于 K-means 算法,在数据量大于 10000 的情况下就要考虑通过某种方式提升算法的效率。Mini Batch K-means 算法就是一种能在尽量保持聚类准确性的情况下,大幅度降低计算时间的聚类模型。

Mini Batch K-means 算法的思想非常朴素,如果影响算法运算速度的因素为数据规模的话,就可以通过缩小数据规模提升算法的迭代速度。即在整体中随机抽样,选取一小部分来代替整体,从而人为地缩小数据规模。通过这个方法,可以大大提升朴素 K-means 算法的运行速度。

至于算法的准确率问题,大量的机器学习问题已经证明了 Mini Batch K-means 算法的科学性,虽然 Mini Batch 的原理就是抽样调查,但是它非常重要而且在机器学习领域广为使用。在大数据的背景下,几乎所有模型都需要进行 Mini batch 优化。

(3) elkan K-Means

在之前的讲解中可以看到,在每轮迭代时,要计算所有的样本点到每一个质心的距离,同样的,在样本数据量比较大的情况下,这样会比较耗时。elkan K-Means 算法就是从此入手加以改进。它的目标是减少不必要距离的计算。

elkan K-Means 利用了两边之和大于等于第三边,以及两边之差小于第三边的三角形性质,来减少距离的计算。

第一种规律是对于一个样本点 x 和两个质心 μ_{j1}、μ_{j2}。如果预先计算出了这两个质心之间的距离 $D(j1,j2)$,则如果计算发现 $2D(x,j2) \leq D(j1,j2)$,就可以知道 $D(x,j1) \leq D(x,j2)$。此时不需要再计算 $D(x,j2)$。

第二种规律是对于一个样本点 x 和两个质心 μ_{j1}、μ_{j2}。可以得到 $D(x,j2) \leq \max\{0, D(x,j1) - D(j1,j2)\}$。

利用上边的两个规律,elkan K-Means 比起传统的 K-Means 迭代速度有很大的提高。但是如果样本的特征是稀疏的,有缺失值,这个方法就不再适用,此时某些距离将无法计算,则不能使用该算法。

11.3.4 案例:货车停车点聚类

本节的案例就来分析开头分析的情景,本例所用数据为某市范围内 2018 年 3 月 1 日至 7 日一周内货车的 GPS 数据,该数据集共包含九个字段,如表 11-14 所示。

GPS 数据字段类型   表 11-14

字段名称	描述
DATA	GPS 车载终端日期
TIME	GPS 车载终端时间
GPS_ID	GPS 车载终端设备编号-标识符
LONGITUDE	GPS 车载终端-经度-位置
LATITUDE	GPS 车载终端-纬度-位置
STATUS	GPS 车载终端-状态
DIRECTION_ANGLE	GPS 车载终端-方向-角度
SPEED	GPS 车载终端-速度-数量
TYPE	GPS 车载终端-车辆类别-代码

本例选取某机场附近区域进行停车点的聚类分析,在实现对数据的统计分析中已经将停车点区分出来,因此直接借助 ArcGIS 进行停车点坐标在道路网上的可视化。如图 11-8 停

车点分布所示,可以看到停车点广泛分布于该区域内的大部分区域,且相对杂乱,难以进行分析。

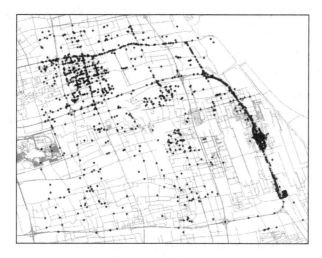

图 11-8　停车点分布

使用 sklearn 库中的 K-means 函数进行聚类,分别选取聚类中心数从 2 到 15,根据聚类结果选取 9 作为最优聚类中心数目。

聚类结果显示于图 11-9 停车点聚类结果中。可以看到停车点主要有两类,一类集中在道路上,属于交通拥堵影响导致的停车,另一类集中于物流园区、机场等地点,作为一次出行的起终点。

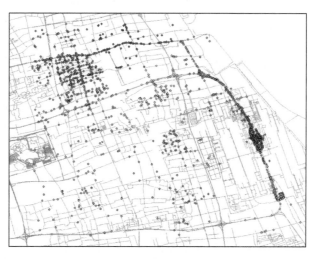

图 11-9　停车点聚类结果

11.4　本章小结

本章对主成分分析法进行了介绍和运用。介绍了主成分分析法的概念并重点介绍了主成分的概念。基于线性代数的基础理论对矩阵相关知识点展开介绍。本书对特征分解和奇异值分解进行介绍,引入案例讲解主成分分析法。

本章介绍了一种用于异常检测的算法——孤立森林。从对孤立森林算法的思想进行介绍中引入异常的定义。介绍了孤立树(Isolation Tree)的定义,提出 iForest 能够通过使用多个子样本来建立模型,以减少异常检测中淹没和掩蔽的影响。对异常检测两阶段和异常检测中的异常分数展开了介绍。用孤立森林算法,对交通数据参数中的"时速"进行异常值查找和分析。

本章介绍了无监督聚类算法中的代表——K 均值聚类(K-means)算法,该算法的主要作用是将相似的样本自动归到一个类别中。介绍了聚类问题和聚类算法的主要内容。介绍了 K 均值聚类(K-means)算法步骤并引入算例,也进一步介绍了几种基于 K-means 算法的改进算法。

本章参考文献

[1] 同济大学数学系. 工程数学线性代数[M].6 版. 北京:高等数学出版社,2014.
[2] Roger A. Hon,Charles R. JohnSon. 矩阵分析[M].2 版. 北京:机械工业出版社,2016.

第12章 监督学习

12.1 决策树

12.1.1 决策树模型

监督学习是先利用包含输入和输出标签的训练数据标定模型,再将新的样本数据输入模型,得到输出结果的机器学习方法。其本质特征在于基于训练样本构建一个由输入到输出的映射模型。由于在训练模型时,样本已经受到输出标签的限定,即模型在有限已知的输出标签监督下学习,故称为监督学习。典型的监督学习如"分类器"一样,假设有一组样本数据,数据中除了包含了分类特征变量和分类结果外,还令分类器模型对这组样本数据进行学习,当完成学习以后,可向分类器输入新样本的特征变量,从而得到分类结果。分类器在智能交通中应用广泛,例如,某区域内的交通拥堵程度(畅通、一般、拥堵等),可通过行程速度、延误等交通状态特征变量来判断。通过历史样本中的交通状态特征和拥堵程度的映射关系,可以训练监督学习模型,再向模型中输入新的交通状态变量,即可得到交通拥堵分类结果。

决策树(Decision Tree)是一种基本的分类器,也是一种典型的监督学习模型。它是一个由根节点、若干内部节点和若干叶节点构成的可以解决分类和回归问题的非参数学习模型。树中每个节点表示一个对象,而每个分叉路径则代表某个可能的属性值,并且每个叶结点对应从根节点到该叶节点所经历的路径所表示对象的值。数据挖掘中决策树是一种常用模型,可以用于分析数据,同样也可以用来处理预测问题。

图12-1是一个决策树的例子,它先在根节点判断"天气状况"的属性值,若属性值为"晴天",可判断"交通状况"属性值,若交通属性取值"拥堵"时,则员工上班是否迟到的结果判断为"迟到"。

12.1.2 特征选择

决策树的首要问题是进行特征选择,即判断哪个特征有更好的分类能力。首先引入"熵""信息增益"以及"基尼系数"这三个概念。

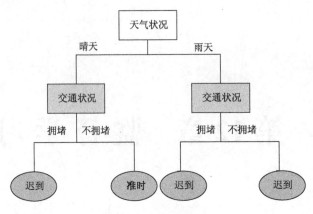

图 12-1 决策树的例子

(1) 信息熵

信息熵是数据中排除了冗余后包含的平均信息量。广义上,熵还表示随机变量的不确定性;熵越小,数据的不确定性越低;熵越大,数据的不确定性越高。假设一个有限取值的离散随机变量 X 的概率分布如下:

$$P(X=x_i) = p_i \quad i = 1,2,\cdots,n \tag{12-1}$$

信息熵是信息量的数学期望,即平均信息量,定义为:

$$H(X) = -\sum_{i=1}^{n} p_i \log_b p_i \tag{12-2}$$

其中,b 通常取 2 或者自然对数 e,熵单位分别称为比特(bit)或者纳特(nat)。

条件熵表示在已知随机变量 X 的条件下随机变量 Y 的不确定性,数学表达式为:

$$H(Y|X) = -\sum_{i=1}^{n} p(X=x_i) H(Y|X=x_i) \quad i = 1,2,\cdots,n \tag{12-3}$$

(2) 信息增益

信息增益是熵的一种增加。严格来说,信息增益(Information Gain)表示的是得知特征 A 的信息之后,数据集 D 的信息的不确定性减少的程度。

信息增益的数学表达是:

$$g(D,A) = H(D) - H(D|A) \tag{12-4}$$

式中,$H(D)$ 表示对数据集 D 分类的不确定性;$H(D|A)$ 表示给定特征 A 时,数据集 D 分类的不确定性。

(3) 基尼系数

基尼系数表示集合 D 的不确定性(纯度)。基尼系数数值越大,样本的不确定性越大;基尼系数越小,样本纯度越高。

在分类问题中,假设总共有 k 个类别,样本属于第 i 类的概率为 P_i,则概率分布的基尼系数定义为:

$$G = 1 - \sum_{i=1}^{k} p_i^2 \tag{12-5}$$

以表 12-1 中的数据举例说明。对其进行信息熵和信息增益的计算,然后根据信息增益准则选择最优特征。

交通事故样本数据表
表 12-1

ID	时间	交通拥堵	天气情况	严重情况	死亡情况
1	深夜	否	雨天	一般	有死亡
2	深夜	否	雨天	严重	有死亡
3	深夜	是	雨天	严重	无死亡
4	深夜	是	晴天	一般	无死亡
5	深夜	否	雨天	一般	有死亡
6	白天	否	雨天	一般	有死亡
7	白天	否	雨天	严重	有死亡
8	白天	是	晴天	严重	无死亡
9	白天	否	晴天	较轻	无死亡
10	白天	否	晴天	较轻	无死亡
11	清晨	否	晴天	较轻	无死亡
12	清晨	否	晴天	严重	无死亡
13	清晨	是	雨天	严重	无死亡
14	清晨	是	雨天	较轻	无死亡
15	清晨	否	雨天	一般	有死亡

首先计算信息熵 $H(D)$：

$$H(D) = -\frac{9}{15}\log_2\frac{9}{15} - \frac{6}{15}\log_2\frac{6}{15} = 0.971$$

然后计算各特征对数据集的信息增益，分别以 A_1、A_2、A_3、A_4 表示时间、交通拥堵、天气、事故严重情况四个特征，则：

$$g(D, A_1) = H(D) - \left[\frac{5}{15}H(D_1) + \frac{5}{15}H(D_2) + \frac{5}{15}H(D_3)\right]$$

$$= 0.971 - \left[\frac{5}{15}\left(-\frac{2}{5}\log_2\frac{2}{5} - \frac{3}{5}\log_2\frac{3}{5}\right) + \right.$$

$$\left.\frac{5}{15}\left(-\frac{3}{5}\log_2\frac{3}{5} - \frac{2}{5}\log_2\frac{2}{5}\right) + \frac{5}{15}\left(-\frac{4}{5}\log_2\frac{4}{5} - \frac{1}{5}\log_2\frac{1}{5}\right)\right]$$

$$= 0.971 - 0.888 = 0.083$$

其中，D_1、D_2、D_3 分别是 D 中 A_1（时间）取值为深夜、白天、清晨的样本子集，类似地：

$$g(D, A_2) = H(D) - \left[\frac{5}{15}H(D_1) + \frac{10}{15}H(D_2)\right]$$

$$= 0.971 - \left[\frac{5}{15} \times 0 + \frac{10}{15}\left(-\frac{4}{10}\log_2\frac{4}{10} - \frac{6}{10}\log_2\frac{6}{10}\right)\right] = 0.324$$

$$g(D,A_3) = 0.971 - \left[\frac{6}{15} \times 0 + \frac{9}{15}\left(-\frac{3}{9}\log_2\frac{3}{9} - \frac{6}{9}\log_2\frac{6}{9}\right)\right]$$
$$= 0.971 - 0.551 = 0.420$$
$$g(D,A_4) = 0.971 - 0.608 = 0.363$$

最后，比较各特征值的信息增益值，由于特征 A_3 的信息增益值最大，所以选择特征 A_3 作为最优特征。

12.1.3 决策树生成

以上两个部分介绍了决策树特征选择和基本结构，本节主要介绍生成决策树模型的方式。此处介绍 ID3、C4.5、CART 三种算法。

(1) ID3 算法

ID3 算法以信息增益为划分标准，用于决策树节点的属性选择，每次优先选取信息量最多的属性，即令熵值变化最小的属性，以构造一棵熵值下降最快的决策树。ID3 构建决策树的流程如下：

输入：训练集 D、特征集 A；

输出：决策树 T。

①找到各特征值中的最优特征，即信息增益值最高的特征。

②最优特征，特征值作为有向边，判断子数据集。

若全部是同一类：输出叶子节点。

若为多类：

如果子数据集中还有特征，那么再次寻找最优特征；

如果子数据集中只剩下最后的分类结果，则输出最多的一类作为叶子节点。

③直到叶子节点全部输出，或者无数据可遍历。

(2) C4.5 算法

ID3 算法主要存在两个缺点：

①若存在唯一标识属性 ID，则 ID3 会把它作为分裂属性，而这种划分对分类几乎毫无用处。

②无法处理离散变量以外的变量。为了弥补多值属性和连续变量的问题，Quinlan 于 1993 年提出了 C4.5 算法，该算法使用信息增益比为准则，选择最大的信息增益比作为分裂属性。本部分主要介绍如何将连续变量进行离散化处理。C4.5 其余部分除了将信息增益改为信息增益率外，与 ID3 的整体流程一样。

用二分法进行离散化处理：

①将数据按照 a 进行升值排序，得到特征的序列，即 $(a_1,a_2,a_3,\cdots)$，得到 N 个取值；

②对相邻的两个取值求平均数，得到 $N-1$ 个可能的划分点；

③算出每一个划分点的信息增益率，选择最大的信息增益率作为最优划分点。

(3) CART 算法

CART 算法是在 1984 年提出的一种既可用于分类也可以用于回归的决策树训练算法，通过特征选择、树的生成、树的剪枝最终实现决策树的训练。CART 算法对于连续类的变量，处理情况和 C4.5 相同，不同之处是不采用信息增益，而是采用基尼系数作为度量标准。为了解决 ID3 和 C4.5 在多个离散特征时的欠拟合问题,CART 算法采用二叉树,使得决策树的深度增加,提高了树结构的复杂度。以下用流程图的方式来表达算法的生成,如图 12-2 所示。

CART 算法沿用了分类树对于连续特征的处理和二叉树的建树规则,也可以用在回归问题上,此时其输出变量是连续值。回归问题的目标是构造一个函数进行数据拟合,使得误差最小。

假设数据集为 $D=\{(x_1,y_1),(x_2,y_2),\cdots,(x_m,y_m)\}$,$y$ 是连续变量,以均方误差损失函数时:

$$\min \frac{1}{m}\sum_{n=1}^{}\sum_{x_i\in R_n}(c_n-y_i)^2 \quad (12\text{-}6)$$

节点中样本量最大的类决定分类树中每一个节点的类别标签,对于拥有 n 个叶节点的回归树,将其分为 N 个子集,而叶结点的预测值由该节点所有样本的平均值决定,由此得到 CART 回归树的均方误差损失函数:

$$\min \frac{1}{m}\sum_{n=1}^{N}\sum_{x_i\in R_n}(c_n-y_i)^2 \quad (12\text{-}7)$$

三种算法的区别见表 12-2。

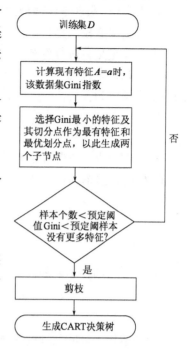

图 12-2 CART 分类树的算法流程图

三种算法的区别 表 12-2

算法	支持类型	树结构	特征选择	连续值处理	缺失值处理	剪枝
ID3	分类	多叉树	特征选择	×	×	×
C4.5	分类	多叉树	信息增益比	√	√	√
CART	分类 回归	二叉树	基尼系数 误差平方	√	√	√

12.1.4 决策树的剪枝

决策树生成算法在构造决策树过程中可能出现分支过多,导致过拟合问题。针对这一问题,使用剪枝(Pruning)方法进行优化。剪枝通过从已生成的树上减掉一些子树或者叶节点来简化决策树模型。决策树剪枝可分为"预剪枝"和"后剪枝"。

(1) 预剪枝

预剪枝是自上而下的剪枝过程,指在决策树生成过程中,对每个节点进行事先估计,如果当前节点的划分不能带来决策树泛化性能的提升,则停止划分并将当前节点标记为叶结点。

(2) 后剪枝

后剪枝是自下而上的剪枝,指对一棵已经生成的完整决策树自下而上地对非叶节点进行估计,如果将该节点对应的子树替换成叶节点能够带来决策 N_{T_t} 树泛化性能的提升,则将该子树替换成叶节点。

本书介绍"悲观错误剪枝法"这种剪枝方法,该方法也是C4.5算法所采用的剪枝方法。

悲观错误剪枝法是自下而上地估算每个节点覆盖样本集的错误率,通过比较剪枝后的错误率来决定是否进行剪枝。

对误判样本数的二项分布进行连续性修正,添加一个取值为0.5的修正值β,该叶节点的错误率估计为:

$$p_i = \frac{\overline{N_i} + \beta}{N_i} \tag{12-8}$$

从内部节点t分支出的子树T_t,假设样本总数为N_{T_t},误判样本为$\overline{N_{T_t}}$。其拥有L_{T_t}个叶节点,则T_t的错误率为:

$$P_t = \frac{\sum_{i=1}^{L_{T_t}} \overline{N_i} + \beta L_{T_t}}{\sum_{i=1}^{L_{T_t}} \overline{N_i}} = \frac{\overline{N_{T_t}} + \beta L_{T_t}}{N_{T_t}} \tag{12-9}$$

求得子树的样本误判树的期望和标准差:

$$E(\overline{N_{T_t}}) = N_{T_t} \times P_t \tag{12-10}$$

$$s(\overline{N_{T_t}}) = \sqrt{N_{T_t} \times P_t \times (1 - P_t)} \tag{12-11}$$

此处运用了区间估计的思想,只有当剪枝后的误差小于剪枝前误差的上限值时,剪枝才可行。

12.1.5 决策树模型的实例应用

以交通网络拥堵问题为例,构造决策树实现对交通网络的状态分类。

(1)数据集

选取"平均速度""流量""速度标准差""平均停车次数"四个特征作为模型输入,构造决策树模型。具体数据如表12-3所示。

交通状态参数数据样例　　　　　　表12-3

平均速度(m/s)	流量(pcu/h)	速度标准差(m/s)	平均停车次数(次)	分类情况
52.47292752	0.009352864	0.00022653	0.003395563	畅通
44.9615632	0.009971321	0.002302801	0.007217355	畅通
42.08517311	0.018068485	0.008654544	0.012550725	畅通
41.13366813	0.020209798	0.015664999	0.036934473	畅通
2.048572688	24.73151939	9.281021147	18.89162263	拥堵
2.044328214	24.76475337	9.292977485	18.90600802	拥堵
2.02418792	24.89068942	9.302516624	18.90873399	拥堵

(2)建模预处理

决策树模型在训练时,不受数据量纲、数据缩放的影响,每个特征变量的属性是相互独立的;同时,模型在执行分类任务时,对输入样本特征变量的判断也是相互独立的,因此不需要对特征变量进行标准化。模型能够很好地处理本例中的原始数据。

（3）模型训练

运用 Python 软件，使用 DecisionTreeClassifier 类中的 fit( ) 函数对训练集构建决策树模型，其中需要设置最小叶节点数量、节点最小样本数目及最大深度等参数进行决策树预剪枝，同时可以输出每个特征在模型中的重要度。选取贡献率最大的两个变量：平均速度和平均停车次数，重新建立决策树，通过 Meshgrid 可视化的形式对特征空间划分和样本分类效果进行直观展示。

（4）分析

决策树的决策边界，分别对应了畅通、缓行、拥堵三种交通状态下平均停车次数和速度的范围。平均停车次数大于 15 次且速度位于 0 ~ 5m/s 内的三个样本，被划定为拥堵；平均停车次数少的样本即使速度相对较低，也划入了畅通类别；速度位于 20 ~ 30m/s 内的样本，若停车次数大于 5 次，则被划入缓行类别。

12.2 集成学习

12.2.1 集成学习的概念

在构建监督学习模型时，常常遇到自变量维度高、特征较为复杂的情况，单一模型（如线性回归、逻辑回归、决策树等）很难直接取得较好的效果，故将多种算法组合在一起，从而取得更好的分析结果，这一过程就是集成学习。

如图 12-3 所示，集成学习的训练思路是通过将多个分类器集成在一起从而达到最优学习的目的，一般情况下，一个结合多个分类器的系统所能达到的效果会比单个分类器运行的效果更好。由于其过程是将有限的模型或者算法相互组合，所以有时也被称为多分类器系统（Multi-classifier System）、委员会学习（Committee Learning）等。

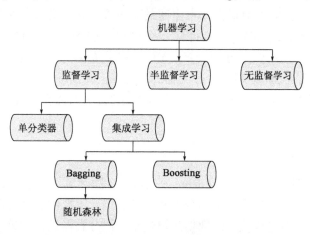

图 12-3　机器学习架构图

由于单一分类器模型可能只适合于某种特定类型的数据，很难保证分类性能始终最优。集成学习的思想是，即便某一个分类器得到了错误的预测，其他的分类器也可以将错误纠正回来。常采用投票方法从多个分类器运行结果中选择最优的结果。其中，分类器可以是同种类型,也可以是不同种类,这些分类器称作基分类器或组件分类器。集成学习要求个体分类器要"好而不同",即每个分类器的单独训练结果要有一定的准确性,并且各个分类器之间也尽量要有差异性。但事实上,不同个体分类器的"好而不同"存在一定冲突,如何做到"好而不同"是集成学习研究领域的重点研究问题。

12.2.2 Boosting

作为集成学习中经典的方法之一,Boosting算法是一种可将弱分类器提升为强分类器的提升算法。例如,对于一个复杂的任务,综合多个专家判断得出的结果,通常要比任何一个专家单独判断的效果好。Boosting算法首先从初始训练集中训练出一个弱分类器,根据弱分类器的训练效果,对训练样本的分布进行调整,即对于弱分类器预测错误的训练样本赋予较大的权重,再基于调整后的样本分布,来训练下一个分类器,一直反复进行,直到达到制定的训练阈值,最后输出训练完成的分类模型。可以看出,Boosting算法通过分步迭代的方式来构造最终模型,且在每一次迭代中构建的分类器均基于上一轮迭代结果进行优化,这也是Boosting算法的优势之一。

以二分类任务为例,假设弱分类器可在任何给定分布上训练,概率分布 D 从样本空间(记为x)中抽取训练样本,并由函数f打上真实标记。假设样本空间x由样本空间x_1、x_2、x_3三部分组成,其中每部分负责1/3,不难发现,通过随机猜测得到的弱分类器在该问题上仅有50%的正确率。此时期望得到一个分类误差为0的精确分类器;但当前仅有一个弱分类器,它能够正确预测来自样本空间x_1和x_2的样本,但会错误预测来自样本空间x_3的样本,并因此具有1/3的分类错误率,记这个弱分类器为h_1,它显然不能符合要求。那么为了获得性能完美的分类器,Boosting算法的基本想法是纠正弱分类器h_1所犯的错误。即从概率分布 D 中生成一个新概率分布 D',使得在该分布下,分类器h_1训练错误的示例变得更加重要,例如更关注样本空间x_3中的示例。在新分布 D' 上,训练第二个分类器h_2,并假设再次得到一个能够正确预测来自样本空间的 x_1 和 x_3,但会错误预测来自样本空间 x_2 的弱分类器。结合分类器h_1和h_2,就能得到一个可以正确预测来自样本空间x_1的样本,但会在x_2和x_3上出现少量错误。再进一步,重新生成分布 D'',使得其中集成分类器的错误分类的示例变得更重要,训练第三个分类器h_3,能够正确预测x_2和x_3的样本。最后,结合h_1、h_2和h_3,就能正确分类任何来自x_1、x_2和x_3的样例,从而得到一个最优分类器,这就是Boosting算法的思想。

12.2.3 Adaboost

作为Boosting算法的分支之一,Adaboost也是一种迭代算法,其通过改变数据分布来实现更新迭代,根据每次训练集中样本的分类是否正确以及上次的总体分类的准确率,来确定每个样本的权值,将修改过权值的新数据集输送给下层分类器进行训练,最后将每次训练得到的分类器融合起来,作为最后的输出分类器。其核心思想和Boosting一致,即针对同一个训练集训练不同分类器(弱分类器),并通过综合集成构造最优分类器,但与Boosting不同,Adaboost解决了如何调整训练集的问题,即使用加权后训练数据代替随机选取的训练样本,从而达到最优的训练效果。

Adaboost 算法的思想可以简述为以下三个步骤：

（1）首先，初始化训练数据的权值分布 D_1。假设有 N 个训练样本数据，则每一个训练样本都被赋予相同的权值：$w_1 = 1/N$。

（2）然后，训练弱分类器 h_i。具体训练过程为：若某个训练样本点，被弱分类器 h_i 准确地分类，那么在构造下一个训练集中，它对应的权值要减小；相反，如果某个训练样本点被错误分类，那么其权值就相应增大。权值更新过的样本集被用于训练下一个分类器，整个训练过程按照此迭代进行。

（3）最后，将各个训练得到的弱分类器组合成一个强分类器。各个弱分类器的训练过程结束后，加大分类误差率小的弱分类器权重，使其在最终的分类模型中起较大的决定作用，而降低分类误差率大的弱分类器权重，使其在最终的分类模型中起较小的决定作用。

换言之，误差率低的弱分类器在最终分类器中的权重较大，否则较小。Adaboost 算法具体运算过程如下所示：

（1）初始化训练数据的权值分布，每一个训练样本最开始都被赋予相同的权值，即 $w_i = 1/N$，得到训练样本的初始权值分布 $D_1(i)$，如式（12-12）所示：

$$D_1(i) = (w_1, w_2, \cdots, w_N) = \left(\frac{1}{N}, \cdots, \frac{1}{N}\right) \tag{12-12}$$

（2）进行迭代，$t = 1, \cdots, T$：
①选取一个当前误差率最低的弱分类器 h 作为第 t 个基本分类器 h_t。
②计算该弱分类器在最终分类器中所占的权重（弱分类器权重用 α 表示）。

$$\alpha_t = \frac{1}{2} \ln\left(\frac{1 - e_t}{e_t}\right) \tag{12-13}$$

③更新训练样本的权值分布 D_{t+1}。

$$D_{t+1} = \frac{D_t(i) \exp[-\alpha_t y_i H_t(x_i)]}{Z_t} \tag{12-14}$$

（3）按弱分类器权重 α_t 组合各个弱分类器，即：

$$f(x) = \sum_{t=1}^{T} \alpha_t H_t(x) \tag{12-15}$$

（4）最后通过符号函数 sign 的作用，得到一个强分类器：

$$H_{\text{final}} = \text{sign}[f(x)] = \text{sign}\left[\sum_{t=1}^{T} \alpha_t H_t(x)\right] \tag{12-16}$$

Adaboost 算法提供的是框架，除了其精度高的优点外，还可以使用各种方法构建子分类器，比如在进行图像处理分类任务时，可以将多个检测分类器进行组合，组成过程可以略去特征筛选的步骤，从而得到更快的检测分类器。目前 Adaboost 算法已广泛应用于人脸识别、自动驾驶等领域。值得注意的是，Adaboost 算法要求弱分类器在指定的分布下学习。其通常是通过重赋权（re-weighting）的方法来完成，即每一轮训练中，根据相应的分布对训练样本赋权。对于不能利用样本权重学习的学习算法，可采用重采样（re-sampling）方法，即在每一轮学习中，根据样本分布对训练集重新进行采样，再用重采样而得的样本集对弱分类器进行训练。

目前,对于那些既能应用重赋权又能应用重采样的研究任务,没有明确的研究结果表明两种做法之间有显著优劣差别。值得一提的是,Boosting算法在训练的每一轮都要检查当前生成的弱分类器是否满足基本条件,一旦条件不满足则当前弱分类器需要被舍弃,且学习过程也随即停止,在此种情况下,初始设置的学习轮数T也许远未达到,可能导致最终集成中只包含很少的弱分类器。若采用"重采样法",则可获得"重启动"机会以避免训练过程过早停止,即在舍弃不满足条件的当前弱分类器后,可根据当前分布重新对训练样本进行采样,再基于新的采样结果重新训练出弱分类器,从而使得学习过程可以持续到预设的T轮完成。

12.2.4 Bagging

当前集成学习主要分为两类,其中Boosting算法为一类,它的特点是各个弱分类器之间有依赖关系,很难做到不同分类器之间的并行拟合。另一类就是Bagging算法,相比Boosting算法,其特点是各个弱分类器之间没有依赖关系,可以并行训练,后文中的随机森林算法也是延续了Bagging算法的训练思想。在集成学习的应用中,如何保证数据的多样性,从而更好地实现弱分类器的多样性是关键问题。相比Boosting算法,Bagging算法采用Boostrap方法进行弱分类器样本集的选取。具体来说,对于每个弱分类器,Boostrap方法都进行一次对于原始样本集的有放回抽样,每个弱分类器都得到一个不同的样本集用来替代原始样本集,并且每个弱分类器之间相互独立。由于每次都是有放回的随机抽取,而且在可靠的数据集的基础上,噪声数据通常占有极少比例,所以这种抽样方法能够大大减少样本中的噪声量,并增加弱分类器之间的差异度,提高分类器的泛化能力。然而,这种方法也有弊端,即抽取样本中部分样本会被抽取多次,同时小部分样本可能从未被抽取。已有研究证明,使用Boostrap抽样方法平均能够抽到原始样本集63.2%的样本,即对于每一个弱分类器,会有36.8%的数据未被抽取,通常在Bagging算法中这部分数据会用作验证集,对弱分类器的样本进行泛化性能包外估计。比如,假设弱分类器为决策树,包外样本可用于对决策树进行剪枝,假设弱分类器为神经网络,则可用来辅助判定神经网络的迭代次数,以减少过拟合的风险。

不同的分类器有不同的输出,对于每个弱分类器的训练结果,Bagging算法通常使用投票法、均值法和学习法来进行判定,其中分类问题多使用投票法,即首先统计各个分类问题中所有弱分类器的预测数量,以少数服从多数的原则获得最终结果。均值法则是将训练出来的预测结果取平均值或者加权平均值,比较适用于回归问题,其公式如下所示:

$$H(x) = \sum_{i=1}^{T}\omega_i h_i(x) \tag{12-17}$$

式中,ω_i是单个弱分类器h_i所对应的权重,每个权值不为负值且总和为1。最后,当所用训练样本数据集较大时,选用一种更强大的集合策略"学习法",即用另一个分类器来进行结合,其中较为经典的方法是Stacking方法,当选用Stacking方法来进行决策时,会在第一层初级分类器后再增加一层次级分类器,使用由初级分类器获得的结果作为输出,训练次级分类器以获得最终结果。在测试阶段,先用测试数据集对初级分类器进行预测,获得的预测结果接着作为次级分类器的输入,进一步使用次级分类器进行预测并获得最终预测结果。

为了更好地理解 Bagging 算法,假设使用 Bagging 算法对某路段监控中的车辆图片数据进行训练,目标是获得一个能够判定某辆车是否为轿车的识别模型。根据之前描述的步骤,首先使用 Boostrap 方法进行弱分类器样本的采集,这种有放回的采样没有限制,需要根据具体的情况去采样,采样得到的每一组都略有差异,将结果分为第 1 组、第 2 组至第 k 组。接着使用若干个特定的分类器,如支持向量机、决策树进行训练。经过训练后,k 个分类器会对每一个输入值是否为轿车做出判断,同时得到 k 个结果。对于二分类问题结果只包含 0 和 1 两种情况,k 个结果中判定为 0 较多时,输出结果则为 0,即不是轿车;若判定结果为 1 较多时,输出结果则为 1,即判定为轿车。同时,如果研究的初始目标是对车辆的使用年限进行估计,那么在最后集成时使用均值法会更加合适,即将每一个弱分类器结果的平均值作为最终输出结果。值得一提的是,在 Bagging 算法中弱分类器的种类可以不同也可以相同,因为对于每一个弱分类器而言其样本都是有差异的,因此弱分类器的种类不会影响其结果。

12.2.5 随机森林

在机器学习中,随机森林是一个包含多个决策树的分类系统,其思想和 Bagging 算法类似,但如大多算法一样,不可避免地,Bagging 算法在面对一些特定情景进行预测时也存在一定的劣势。比如当训练数据集中不同变量分布极不均匀时,大多数甚至所有弱分类器都会将样本最多的预测变量用于顶部分裂点,极易造成 Bagging 算法中所有的分类器都极度相似。面对这种研究任务时,Bagging 算法与单个分类器相比并不会带来更好的预测效果,同时也丢失了集成学习的优势,这个问题一直是 Bagging 算法的一大劣势。

随机森林(Random Forests)是 Bagging 算法的升级版本,其沿用了 Bagging 算法的思想,也需要对自助抽样训练集建立一系列的决策树。不过,随机森林建立决策树的过程和 Bagging 算法略有不同。Bagging 算法建树时要将所有预测变量都考虑进去,而随机森林则是从所有的预测变量 p 中随机选取 m 个预测变量,决策树分裂点所用的预测变量只能从这 m 个变量中选择。在每个分裂点处都重新进行抽样,选出 m 个预测变量,对每一个分裂点来说,这个算法将大部分可用预测变量排除在外。作为高度灵活的一种机器学习算法,随机森林在交通领域拥有广泛的应用前景。

随机森林的弱分类器是决策树,并通过集成学习的思想将多棵决策树集成为最优分类器。随机森林的名称中有两个关键词,即"随机"和"森林"。随机森林的特点如表 12-4 所示。

随机森林算法特点 表 12-4

序 号	随机森林算法特点
1	处理分类问题具有较高的准确率
2	处理大数据时算法速度较快
3	处理高维特征时预测精度高
4	能够评估各个特征在分类问题上的重要性
5	在生成过程中,能够获取到内部生成误差的一种无偏估计

在随机森林中,要将一个输入样本进行分类,则需要将输入样本输入到每棵树中进行分类。例如,现在要判定某一次交通事故的严重程度,其中 0 为轻微事故,1 为一般事故,2 为重大事故,3 为特大事故,每棵树都要独立地进行判定。这次事件的严重程度,要依据所有

决策树的判定情况来确定,获得票数最多的类别就是森林的分类结果。森林中的每棵树都是独立的,99.9%不相关的树做出的预测结果涵盖所有的情况,这些预测结果将会彼此抵消。将若干个弱分类器的分类结果进行投票选择,从而组成一个最终分类器,这就是随机森林中的 Bagging 思想。

建立决策树是随机森林算法的基础,每棵决策树的生成步骤如下所示:

(1)如果训练集大小为 N,对于每棵树而言,随机且有放回地从训练集中抽取 N 个训练样本(Bootstrap Sample)。

(2)如果每个样本的特征维度为 M,指定一个常数 $m \ll M$,随机地从 M 个特征中选取 m 个特征子集,每次树进行分裂时,从这 m 个特征中选择最优特征。

(3)每棵树进行训练,通过集成输出最优分类器。

模型中,随机抽取训练集与特征,使得随机森林算法不容易陷入过拟合,并且具有很好的抗噪能力,这对算法的分类性能至关重要。随机森林的优点之一是,没有必要对它进行交叉验证或者用一个独立的测试集来获得误差的一个无偏估计,因为它可以在内部进行评估,也就是说在生成的过程中就可以对误差建立一个无偏估计。那么如何在构建随机森林时选择最优的 m,要解决这个问题主要依据计算袋外错误率(Oob Error)。在构建每棵决策树时,随机森林对训练集使用了不同的 Bootstrap Sample(随机且有放回地抽取)。所以对于每棵树而言(假设对于第 k 棵树),大约有 1/3 的训练实例没有参与第 k 棵树的生成,它们称为第 k 棵树的 Oob 样本。

因此可进行 Oob 估计,其计算方式如下所示:

(1)对每个样本,计算它作为 Oob 样本的树对它的分类情况(约 1/3 的树);

(2)然后以简单多数投票作为该样本的分类结果;

(3)最后用误分个数占样本总数的比率作为随机森林的 Oob 误分率。

12.3 支持向量机

12.3.1 支持向量机的概念

支持向量机(Support Vector Machine,SVM)是一种应用非常广泛的分类方法。如图 12-4 所示,现有一个二维平面,平面上有两种不同的数据,分别用圈和叉表示。由于这些数据是线性可分的,所以用一条直线将这两类数据分开,这条直线一边的数据点所对应的 y 为 -1,另一边所对应的 y 为 1。一般地,在高维空间中,分割两类数据的界面是一个超平面。

这个超平面可以用分类函数表示:

$$f(x) = \omega^T x + b \tag{12-18}$$

式中,ω 为法向量,决定了超平面的方向;b 为位移项,决定了超平面与原点之间的距离,所以划分超平面可用法向量 ω 和位移 b 确定,记为 (ω, b),二维平面中任意点 x 到超平面 (ω, b) 的距离可写为:

$$r = \frac{|\omega^T x + b|}{\|\omega\|} \tag{12-19}$$

当 $f(x)=0$ 的时候，x 便是位于超平面上的点，而 $f(x)>0$ 的点对应 $y=1$ 的数据点，$f(x)<0$ 的点对应 $y=-1$ 的点，如图 12-5 所示。

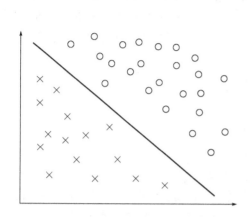

图 12-4　线性可分样本集

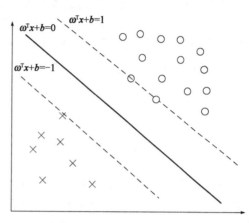

图 12-5　分类函数示意图

换言之，在进行分类的时候，遇到一个新的数据点 x，将 x 代入 $f(x)$ 中，如果 $f(x)$ 小于 0，则将 x 的类别赋为 -1，如果 $f(x)$ 大于 0，则将 x 的类别赋为 1。

在这里会有距离超平面最近的一些点，这些点为"支持向量"（Support Vector），如图 12-6 所示。

其中两个异类支持向量到超平面的距离之和称为"间隔"（Margin）：

$$\gamma = \frac{2}{\|\omega\|} \tag{12-20}$$

欲找到具有"最大间隔"（Maximum Margin）的划分超平面，即

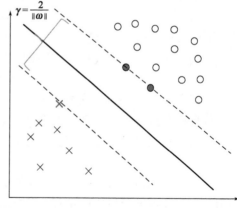

图 12-6　支持向量示意图

$$\max_{\omega,b} \frac{2}{\|\omega\|} \quad \text{s.t.} \quad y_i(\omega^T x_i + b) \geq 1 \quad i=1,2,\cdots,m \tag{12-21}$$

显然，为了最大化间隔，仅需最大化 $\|\omega\|^{-1}$，这等价于最小化 $\|\omega\|^2$。于是式(12-10)可重写为：

$$\min_{\omega,b} \frac{1}{2}\|\omega^2\| \quad \text{s.t.} \quad y_i(\omega^T x_i + b) \geq 1 \quad i=1,2,\cdots,m \tag{12-22}$$

上式即支持向量机（SVM）的基本形式。

12.3.2 拉格朗日乘子法和 KKT 条件

（1）拉格朗日乘数法

对于多元函数的极值问题，如果除函数的定义域之外，对自变量并无其他要求，则这类极值称为无条件极值。但是，在实际问题中大多情况下自变量都需要满足一定的条件。

例如求体积为 a^3 的立方体的最大表面积这个问题。设立方体的长宽高分别为 x、y、z，则 x、y、z 还需满足 $a^3 = xyz$，像这种自变量有附加条件的极值问题就称为条件极值。部分条件极值问题可以转换为无条件极值，借助导数和偏导数对其极值进行求解。例如上述的求立方体最大表面积问题，可以将 z 表示为：

$$z = \frac{a^3}{xy} \tag{12-23}$$

那么，表面积 S 就可以表示为：

$$S = 2\left(xy + y \cdot \frac{a^3}{xy} + x \cdot \frac{a^3}{xy}\right) = 2\left(xy + \frac{a^3}{x} + \frac{a^3}{y}\right) \tag{12-24}$$

这是一个关于 x、y 的二元函数的无条件极值问题。

在很多问题中，将条件极值转换为无条件极值并不容易，下面介绍一种方法——拉格朗日乘数法。这个方法不需要将条件极值转换就可以求出对应函数的可能极值点。

首先考虑函数：

$$z = f(x, y) \tag{12-25}$$

在条件

$$\varphi(x, y) = 0 \tag{12-26}$$

下取得极值的必要条件。

若函数式（12-25）在 (x_0, y_0) 取得所求的极值，那么首先有：

$$\varphi(x_0, y_0) = 0 \tag{12-27}$$

假定在 (x_0, y_0) 的某一邻域内 $f(x, y)$ 与 $\varphi(x, y)$ 均有连续的一阶偏导数，而 $\varphi_y(x, y) \neq 0$。由隐函数存在定理可知，方程（12-26）确定一个连续且具有连续导数的函数 $y = \psi(x)$，将其代入式（12-25），结果得到一个变量为 x 的函数：

$$z = f[x, \psi(x)] \tag{12-28}$$

于是函数式（12-25）在 (x_0, y_0) 取得所求的极值也相当于函数式（12-28）在 $x = x_0$ 取得的极值。由一元可导函数取得极值的必要条件：

$$\left.\frac{dz}{dx}\right|_{x=x_0} = f_x(x_0, y_0) + f_y(x_0, y_0) \left.\frac{dy}{dx}\right|_{x=x_0} = 0 \tag{12-29}$$

而由式（12-26），根据隐函数求导公式，有：

$$\left.\frac{dy}{dx}\right|_{x=x_0} = -\frac{\varphi_x(x_0, y_0)}{\varphi_y(x_0, y_0)} \tag{12-30}$$

把式（12-30）代入式（12-29），得：

$$f_x(x_0, y_0) - f_y(x_0, y_0) \frac{\varphi_x(x_0, y_0)}{\varphi_y(x_0, y_0)} = 0 \tag{12-31}$$

那么式（12-27）、式（12-31）就是原始条件极值在点 (x_0, y_0) 取得极值的必要条件。

设 $\dfrac{f_y(x_0,y_0)}{\varphi_y(x_0,y_0)} = -\lambda$,则上述必要条件就变为:

$$\begin{cases} f_x(x_0,y_0) + \lambda\varphi_x(x_0,y_0) = 0 \\ f_y(x_0,y_0) + \lambda\varphi_y(x_0,y_0) = 0 \\ \varphi(x_0,y_0) = 0 \end{cases} \tag{12-32}$$

如果引进辅助函数:

$$L(x,y) = f(x,y) + \lambda\varphi(x,y) \tag{12-33}$$

不难看出,式(12-32)中前两个式子就是:

$$\begin{cases} L_x(x,y) = 0 \\ L_y(x,y) = 0 \end{cases} \tag{12-34}$$

函数 $L(x,y)$ 称为拉格朗日函数,参数 λ 称为拉格朗日乘子。

综上所述,为了求得函数 $z = f(x,y)$ 在条件 $\varphi(x,y) = 0$ 下的极值,可以先引入原函数得到拉格朗日函数:

$$L(x,y) = f(x,y) + \lambda\varphi(x,y) \tag{12-35}$$

式中,λ 为参数,分别求 $L(x,y)$ 对 x 和 y 的一阶偏导数,并使之为零,与方程式(12-26)联立即得式(12-32),通过这个方程解出的 (x,y) 就是函数 $z = f(x,y)$ 在附加条件 $\varphi(x,y) = 0$ 下的极值。

(2) KKT 条件

拉格朗日乘数法针对的是等式约束的极值问题,但是大多数情况下的极值问题同时包含等式约束和不等式约束。这里用规划问题的方式提出一个一般的优化问题。

$$\begin{cases} \min f(x) \\ \text{s.t. } g_i(x) \leq 0 \quad i = 1,2,3\cdots,m \\ h_j(x) = 0 \quad j = 1,2,3\cdots,n \end{cases} \tag{12-36}$$

对于这样的问题,Karush-Kuhn-Tucker 将拉格朗日乘数法广义化,给出了判断 x^* 是否为最优解的必要条件。

$$\begin{cases} \dfrac{\partial f}{\partial x_i} + \sum\limits_{j=1}^{m} \mu_j \dfrac{\partial g_j}{\partial x_i} + \sum\limits_{k=1}^{l} \lambda_k \dfrac{\partial h_k}{\partial x_i} = 0 \quad i = 1,2,\cdots,n \\ h_k(x) = 0 \quad k = 1,2,\cdots,l \\ \mu_j g_j(x) = 0 \quad j = 1,2,\cdots,m \\ \mu_j \geq 0 \end{cases} \tag{12-37}$$

12.3.3 线性可分支持向量机

针对线性可分支持向量机的一般模型,下面借助 KKT 条件对其进行分析。

对式中所有的约束条件添加拉格朗日乘子 μ_i,则原问题的拉格朗日函数为:

$$L(\boldsymbol{\omega},b,\boldsymbol{\alpha}) = \frac{1}{2}\|\boldsymbol{\omega}\|^2 + \sum_{i}^{m} \alpha_i [1 - y_i(\boldsymbol{\omega}^\mathrm{T} x_i + b)] \tag{12-38}$$

其中 $\boldsymbol{\alpha} = (\alpha_1,\alpha_2,\cdots,\alpha_n)^\mathrm{T}$,令上式对 $\boldsymbol{\omega}$ 和 b 的偏导数为 0,可得:

$$\boldsymbol{\omega} = \sum_{i=1}^{m} \alpha_i y_i \boldsymbol{x}_i \tag{12-39}$$

$$0 = \sum_{i=1}^{m} \alpha_i y_i \tag{12-40}$$

将式式(12-39)代入式(12-38),可将 $L(\boldsymbol{\omega},b,\boldsymbol{\alpha})$ 中的 $\boldsymbol{\omega}$ 和 b 消去,考虑式(12-40)的约束可以得到原问题的对偶问题:

$$\max_{\alpha} \sum_{i=1}^{m} \alpha_i - \frac{1}{2} \sum_{i=1}^{m} \sum_{j=1}^{m} \alpha_i \alpha_j y_i y_j \boldsymbol{x}_i^{\mathrm{T}} \boldsymbol{x}_j$$
$$\text{s.t.} \sum_{i=1}^{m} \alpha_i y_i = 0 \quad i = 1,2,3,\cdots,m \tag{12-41}$$

求解 α 之后就可以得到原超平面的模型以及对应的KKT条件。

$$f(x) = \boldsymbol{\omega}^{\mathrm{T}}\boldsymbol{x} + b$$
$$= \sum_{i=1}^{m} \alpha_i y_i \boldsymbol{x}_i^{\mathrm{T}} \boldsymbol{x} + b \tag{12-42}$$

从对偶问题式(12-41)解出的 α_i 是式(12-38)中的拉格朗日乘子,它恰好对应着训练样本 (x_i, y_i)。由于原始问题中存在不等式约束,因此上述过程需要同时满足KKT条件。

$$\begin{cases} \alpha_i \geqslant 0 \\ y_i f(\boldsymbol{x}_i) - 1 \geqslant 0 \\ \alpha_i (y_i f(\boldsymbol{x}_i) - 1) = 0 \end{cases} \tag{12-43}$$

于是,对任意训练样本 (x_i, y_i),总有 $\alpha_i(y_i f(\boldsymbol{x}_i) - 1) = 0$,若 $\alpha_i = 0$ 那么其对应的训练样本将不会在式(12-42)中出现,也就不会对超平面的关系式有任何影响,若 $y_i f(\boldsymbol{x}_i) - 1 = 0$,那么就一定有该样本位于最大间隔边界上,也就是说对应的样本点是一个支持向量。

这显示出支持向量机的一个重要性质:训练完成后,大部分的训练样本都不需要保留,最终模型仅与支持向量有关。

二次规划问题式(12-41)的求解难度正比于样本数,如果采用通常的二次规划算法求解,在样本数很大时会给实际任务增加很大的负担。为了解决这个困难,很多学者提出了一些高效的算法,这里讲解 Platt 提出的 SMO 算法,该算法基于问题本身的特性进行求解。

SMO 的基本思路是先固定 α_i 之外的所有参数,然后求 α_i 的极值,由于存在约束条件 $\sum_{i=1}^{m}\alpha_i y_i = 0$,若固定 α_i 之外的其他变量,则 α_i 可由其他变量导出。于是,SMO 每次选择两个变量 α_i 和 α_j,并固定其他参数。这样,在参数初始化后,SMOS 可以不断执行如下两个步骤直至收敛:

(1)选取一对需更新的变量 α_i 和 α_j。
(2)固定 α_i 和 α_j 以外的参数,求解式(12-41),获得更新后的 α_i 和 α_j。

12.3.4 软间隔

现实生活中,无论是离群值的存在还是数据集本身的特性,都会导致部分数据集并非线性可分。在式(12-22)中介绍的支持向量机要求全部的样本点都要严格被正确分类,这被称为"硬间隔"(Hard Margin)。而软间隔就是用于解决部分数据集并非线性可分的问题,即允许某些样本不满足约束:

$$y_i(\boldsymbol{\omega}^{\mathrm{T}}x_i + b) \geqslant 1 \tag{12-44}$$

此时可以引入一个大于0的松弛变量 ξ_i，降低样本到函数超平面的距离要求：

$$y_i(\boldsymbol{\omega}^T \boldsymbol{x}_i + b) \geq 1 - \xi_i, i = 1, 2, \cdots, m \tag{12-45}$$

由于增加了松弛变量，在目标函数中应添加对应的松弛变量 ξ_i 和惩罚参数 C：

$$\begin{cases} \min \dfrac{1}{2} \|\boldsymbol{\omega}^2\| + C \sum\limits_{i=1}^{m} \xi_i \\ \text{s.t. } y_i(\boldsymbol{\omega}^T \boldsymbol{x}_i + b) \geq 1 - \xi_i \quad i = 1, 2, \cdots, m \\ \xi_i \geq 0 \quad i = 1, 2, \cdots, m \end{cases} \tag{12-46}$$

当式中的 C 趋于无穷大时，式(12-45)要求所有的点符合约束，也就是硬间隔支持向量机，伴随着 C 的降低，该约束条件允许更多的误分类点出现，也就是说 C 代表了对误分类的惩罚程度。

该支持向量机的计算方法与硬间隔支持向量机类似，均通过建立拉格朗日函数进行求解。

$$L(\boldsymbol{\omega}, b, \boldsymbol{\alpha}, \boldsymbol{\xi}, \boldsymbol{\mu}) = \dfrac{1}{2} \|\boldsymbol{\omega}\|^2 + C \sum_{i=1}^{m} \xi_i + \sum_{i=1}^{m} \alpha_i [1 - y_i(\boldsymbol{\omega}^T \boldsymbol{x}_i + b)] + \sum_{i=1}^{m} \mu_i \xi_i \tag{12-47}$$

令 L 对 $\boldsymbol{\omega}, b, \boldsymbol{\xi}$ 的偏导数分别为0消去 $\boldsymbol{\omega}, b$，获得原问题的对偶问题。

$$\begin{cases} \max\limits_{\boldsymbol{\alpha}} \sum\limits_{i=1}^{m} \alpha_i - \dfrac{1}{2} \sum\limits_{i=1}^{m} \sum\limits_{j=1}^{m} \alpha_i \alpha_j y_i y_j \boldsymbol{x}_i^T \boldsymbol{x}_j \\ \text{s.t.} \sum\limits_{i=1}^{m} \alpha_i y_i = 0 \\ 0 \leq \alpha_i \leq C, i = 1, 2, 3, \cdots, m \end{cases} \tag{12-48}$$

可以看出该对偶问题与硬间隔支持向量机的对偶问题式(12-41)区别仅在于 α_i 的取值范围。同样使用SMO算法进行求解，结合KKT条件得到同样的支持向量展开式和类似的约束条件。

$$\begin{cases} \alpha_i \geq 0, \mu_i \geq 0 \\ y_i f(\boldsymbol{x}_i) - 1 + \xi_i \geq 0 \\ \alpha_i (y_i f(\boldsymbol{x}_i) - 1 + \xi_i) = 0 \\ \xi_i \geq 0 \quad \mu_i \xi_i = 0 \end{cases} \tag{12-49}$$

同样的，对任意训练样本 $(\boldsymbol{x}_i, y_i)$，总有 $\alpha_i(y_i f(\boldsymbol{x}_i) - 1 + \xi_i) = 0$，若 $\alpha_i = 0$，那么 $y_i f(\boldsymbol{x}_i) - 1 + \xi_i = 0$，那么该点位于最大间隔边界上或已经被正确分类；若 $0 < \alpha_i \leq C$，那么 $\xi_i = 0, y_i f(\boldsymbol{x}_i) - 1 = 0$，也就是该点位于最大间隔边界上；若 $\alpha_i = C$，需要检测该点的 ξ_i 的值。此时，若 $\xi_i \leq 1$ 则该样本落在最大间隔超平面内部，若 $\xi_i > 1$，则该样本被错误分类。

12.3.5 核函数

在先前的讨论中，数据集被假设为线性可分或近似线性可分的情况，但是在现实的任务中大多数数据集并非线性可分，也难以应用软间隔进行划分。对于这样的问题，可以通过将样本映射到一个高维空间，使得样本在这个空间中线性可分。

如果用 $\phi(\boldsymbol{x})$ 表示将 $\boldsymbol{x}$ 映射后的特征向量，那么在投影后的高维空间的分隔超平面可以表示为：

$$f(x) = \boldsymbol{\omega}^{\mathrm{T}}\phi(x) + b \tag{12-50}$$

其求解过程与一般的线性可分支持向量机类似，这里直接列出原问题的对偶问题：

$$\begin{cases} \max_{\alpha} \sum_{i=1}^{m} \alpha_i - \frac{1}{2}\sum_{i=1}^{m}\sum_{j=1}^{m}\alpha_i\alpha_j y_i y_j \phi(\boldsymbol{x}_i)^{\mathrm{T}}\phi(\boldsymbol{x}_j) \\ \mathrm{s.\,t.} \ \sum_{i=1}^{m}\alpha_i y_i = 0 \\ \alpha_i \geq 0 \quad i = 1,2,3,\cdots,m \end{cases} \tag{12-51}$$

求解该式涉及内积运算，在输入空间映射到高维特征空间之后，特征空间的维数可能非常高，这会导致内积计算极其困难。

如果在低维输入空间又存在某个函数 $\kappa(x_i, x_j)$，它恰好等于在高维空间中这个内积，即 $\kappa(x_i, x_j) = \phi(\boldsymbol{x}_i)^{\mathrm{T}}\phi(\boldsymbol{x}_j)$。那么支持向量机就不用计算复杂的非线性变换，而由这个函数 $\kappa(x_i, x_j)$ 直接得到非线性变换的内积，使计算得到简化。这样的函数 $\kappa(x_i, x_j)$ 称为核函数。

12.4 人工神经网络

12.4.1 神经网络的概念

人的大脑神经系统是由成千上万的生物神经元通过突触相互连接的复杂神经网络。人工神经网络(Artificial Neural Networks, ANNs)，又称神经网络(Neural Network, NN)，是模拟人类大脑的结构和功能进行信息处理的动态系统，由多个处理单元(神经元)按一定规则相互连接，构成有向图拓扑结构的大规模并行处理器。近年来，神经网络在交通运输中的应用逐渐增多，包括在交通控制、交通流预测、地铁运营管理、驾驶行为模拟、车辆识别、自动导航、参数估计等问题中应用广泛。

神经网络由相同单元组成，连接时采用分层结构构成网络。简单来说，神经网络由输入层、隐藏层、输出层构成。输入层负责接收输入信号，输出层负责输出信号，二者都为信号传输可见层。隐藏层可能为一层或多层，属于信号传输不可见单元层。

神经网络每层都由有限个神经元组成，每个神经元为一个节点，其中输入层仅负责输入信号的初始值，无计算功能，可以不看作单独的一层，隐藏层与输出层都具有计算功能。因此当隐藏层只有一层时，该网络为两层神经网络。当隐含层有 $N-1$ 层时，输入层、隐含层、输出层共同组成的前向网络被称为 N 层前向网络。前向网络的基本结构如图12-7所示。

前向网络也称前馈网络，即无反馈且信号单向传输，每一层神经元仅接受前一层神经元输出的信号。神经元与神经网络是个体与整体的关系，网络输入层的每个神经元代表了一个特征，输出层个数代表了分类标签的个数，而隐藏层可以有许多层，层数越多，神经网络的处理能力就越强，但相对的计算性能也会下降，每一层隐藏层可以针对某一种特征进行处理，且隐藏层神经元是由人工设定。

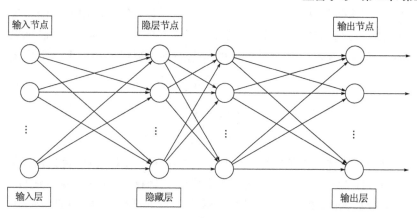

图 12-7　前向网络基本结构图

神经网络除了包含前向网络外,根据神经元之间规则的不同,还可以分为如下 3 类:层内互联无反馈网络、反馈网络、层内互联有反馈网络。

12.4.2　神经元模型

(1) 神经元模型的组成

神经网络模拟大脑神经系统进行信息处理,神经元是神经网络运作的基础处理单元,是具有信息处理功能的数学模型。一个简单的神经元模型由输入信息、激活函数及输出信息组成。

信息处理过程中,每个神经元同时接收多个输入信息进行加权求和,并使用激活函数计算活性值,输出活性值到下一层,而下一层的节点会对上一层产生的多个输出产生活性值,直至输出层结束。如图 12-8 所示为神经元的非线性模型,为一个神经元的信号输入与输出的计算过程,主要功能包括加权、求和与激活。

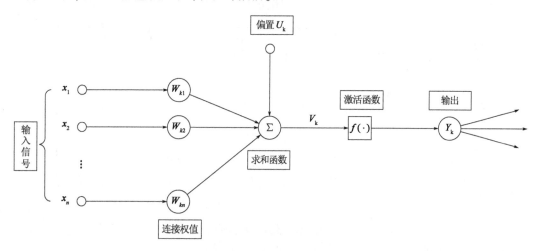

图 12-8　神经元的非线性模型图

其中 $x_1, \cdots, x_n$ 代表输入变量,接收输入变量的是神经元里的一个线性模型,包括权重与偏置,$W_{k1}, W_{k2}, \cdots, W_{kn}$ 是神经元 k 的连接权值或连接强度,V_k 是输入信号与权值线性组合的结果,U_k 为偏置,对 V_k 作仿射变换,防止干扰、噪声、样本缺失等原因引起的随机误差。Y_k 代表第 k 个神经元的输出,为非线性的激活函数,控制神经元输出信号的区间,通常为[0,1]或[-1,1],是整个模型的核心。一个神经元的信息处理过程可以用如下数学公式表示:

$$V_k = \sum_{i=1}^{n} W_{ki} x_i \tag{12-52}$$

$$V_k = \sum_{i=1}^{n} W_{ki} x_i \tag{12-53}$$

$$Y_k = f(\phi_k) \tag{12-54}$$

式中,$f(\phi_k)$ 为非线性的激活函数,通过神经元的诱导局部域 ϕ_k 定义神经元输出 Y_k,实现输入与输出的非线性映射。如果不使用激活函数,则输出信号为简单的线性函数,神经网络将失去学习复杂数据的能力。激活函数对输入进行非线性计算,是神经网络能够拟合各类复杂关系,具有强表征能力的重要基础。

(2) 常见的激活函数

① Heaviside 函数

McCulloch-Pitts 模型的激活函数就是 Heaviside 函数,也称阶跃函数,是最接近生物神经网络突触机制的激活函数,阈值范围通常为[0,1]或[-1,1],其中函数表达式以阈值为[0,1]为例,两种不同表达形式的函数图像如图 12-9 所示。

$$f(\phi_k) = \begin{cases} 1, \phi_k \geq 0 \\ 0, \phi_k < 0 \end{cases} \tag{12-55}$$

式中,ϕ_k 是神经元的诱导局部域,也是一个线性模型,即:

$$\phi_k = \sum_{i=1}^{n} W_{ki} x_i + U_k \tag{12-56}$$

将这种激活函数应用在神经元 k 中,得到输出为:

$$Y_k = \begin{cases} 1, \phi_k \geq 0 \\ 0, \phi_k < 0 \end{cases} \tag{12-57}$$

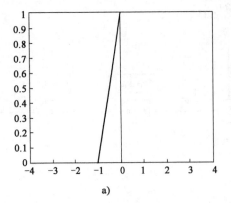
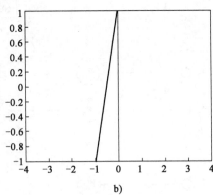

图 12-9 Heaviside 函数

② Sigmoid 函数

由于 Heaviside 函数是非连续函数,实际应用较少,而与其类似的替代函数 Sigmoid 函数有较为广泛的应用。如图 12-10 具有不同倾斜参数 λ 的 sigmoid 函数所示,它的输出值域为

$(0,1)$，是严格的递增函数，通常将其放到模型最后一层，作为模型的概率输出。从图 12-10 具有不同倾斜参数 λ 的 Sigmoid 函数中可以看出，随着参数 λ 的变化，函数图像将会变成 Heaviside 函数图像类型。Sigmoid 函数的数学公式以及图形如下：

$$f(\phi) = \frac{1}{1 + \exp(-\lambda\phi)} \tag{12-58}$$

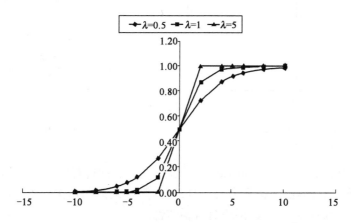

图 12-10 具有不同倾斜参数 λ 的 Sigmoid 函数

Sigmoid 函数作为非线性激活函数具有以下几个缺点：

当 ϕ 值非常小或非常大时，函数的导数将接近 0，此时的权重 W 的梯度将接近 0，倾向于梯度消失；函数的输出以非零为中心，使得权重更新效率降低，不利于下一层的计算；涉及指数运算，复杂度较高，计算机运行速度较慢。

③Tanh 函数

由于 Sigmoid 函数的取值恒大于 0，参数的更新只向一个方向，参数收敛速度较慢。为克服此问题，建议使用 tanh 函数，如图 12-11 所示，tanh 激活函数是一个双曲正切函数，图像与 Sigmoid 函数类似，也是 S 形，表达式如下：

$$f(\phi) = \tanh(\phi) = \frac{1 - e^{-2x}}{1 + e^{-2x}} \tag{12-59}$$

Tanh 函数特征如下：

当输入非常小或非常大时，输出几乎是平滑且梯度较小，不利于权重更新；Tanh 的输出间隔为 1，函数均值为 0，取值有正有负，克服了 Sigmoid 函数收敛速度过慢现象，使得参数可以朝不同方向更新；在 Tanh 函数中，两端的梯度接近 0，仍存在"梯度消失"问题；在一般的二元分类问题中，Tanh 函数通常用于隐藏层。

④ReLU 函数

为了解决梯度消失问题，可考虑 relu 函数，该函数是神经网络中使用最为广泛的激活函数。函数图像如图 12-12 所示，如果输入大于 0，则输出与输入相等，否则输出为 0，输出不会随着输入的逐渐增加而趋于饱和。函数的数学表达式如下：

$$\text{relu}(\phi) = \max(0, \phi) \tag{12-60}$$

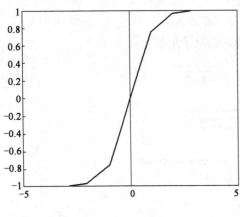

图 12-11 tanh 函数　　　　　图 12-12 ReLU 函数

ReLU 函数特征如下：

ReLU 函数相比 Sigmoid 函数和 Tanh 函数计算形式简单，有更小的计算量；当输入为正值时，不存在梯度饱和问题；当输入为负值时，函数值为 0，因此每次输入大量值时，只有部分神经元会被激活，由此训练的神经网络具有稀疏性。

⑤Softmax 函数

Softmax 函数又称归一化指数函数，它是二分类函数 Sigmoid 在多分类上的推广，目的是将多分类的结果以概率的形式展现出来，通常用在分类网络的最后一层，为每个输出分类的结果都赋予一个概率值，表示每个类别的可能性。通过 Softmax 函数就可以将多分类的输出值转换为范围在 [0,1] 且和为 1 的概率分布。函数的数学表达式如下：

$$f_i(\phi) = \text{softmax}_i(z^{(m)}) = \frac{e^{z_i}}{\sum_{j=1}^{N} e^{z_j}}, i = 1, 2, \cdots, N \tag{12-61}$$

式中，$z^{(m)}$ 表示第 m 层神经网络的广义输入，i 则表示第 m 层神经网络第 i 个神经元。公式包括两个转化，一是将模型的预测结果在分子部位通过指数函数转化为非负数；二是在分母部位将所有结果相加，进行归一化处理。例如输入向量 [-10,-8,-6,-5,-4,-2,0,2,4,6,8,10]，对应的 softmax 函数的输出 [0.0000,0.0000,0.0000,0.0000,0.0000,0.0000,0.0003,0.0021,0.0158,0.1270,0.8647]，其函数图像如图 12-13 所示。

Softmax 函数特征如下：

将输入向量归一化映射到一个类别概率分布；负输入梯度为零，权重无法在反向传播期间更新，若有神经元在前向传播中未被激活，则将产生死亡神经元；在零点不可微。

激活函数种类有很多，要根据网络的复杂性和具体的问题选择合适的激活函数。

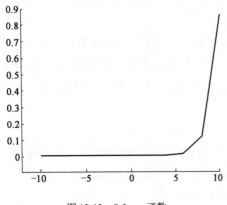

图 12-13 Softmax 函数

12.4.3 感知器模型

1958 年,美国学者 F. Rosenblatt 提出了具有自适应学习能力的单层感知机神经网络模型,该网络模型具有单层神经元,由输入层与输出层构成,可对线性可分的输入向量进行分类。单层感知器模型如图 12-14 所示。

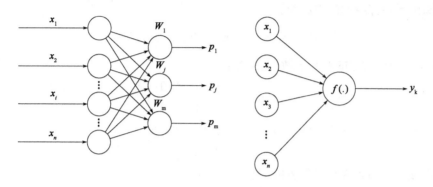

图 12-14 单层感知器模型

单层感知器只有一层神经元构成,输入可以是多个,如 $x_1,\cdots,x_n$,每个输入 x_i 都有一个对应的权值 w_j,使输入与权值进行线性组合。感知器需要偏置来确定分类超平面的位置,线性组合后的结果加上偏置的影响会作为激活函数的输入,以激活函数的输出作为整个感知器的输出。其数学表达式如下:

$$Y_k = f(\phi) = \text{sgn}\left(\sum_{i=1}^{n} W_{ki} x_i + U_k\right) \tag{12-62}$$

单层感知器适用于线性分类问题,可以处理简单的二分类问题,无法解决非线性不可分的问题,因此在解决非线性不可分问题时,考虑适当增加感知器层数,多层感知器由此诞生。在多层感知器中,每一层都有若干个非线性神经元组成,每个神经元都是一个单层感知器。多层感知器的结构如图 12-15 所示。

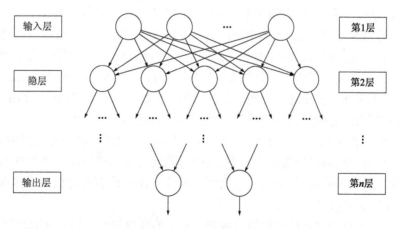

图 12-15 多层感知器结构

调整连接权值需遵循感知机的学习规则,多层感知机与单层感知机虽层数不同,但权值的调整规则相同。学习规则是用来更新神经网络的连接权值和偏置的一种训练算法,以单层感知器的学习规则为例,介绍如下:

(1)在$[-1,1]$区间设置输入信号的初始连接权值W_{ij},输出层各个神经元的偏置U_j,其中$i=1,2,\cdots,n,j=1,2,\cdots,m$,设学习次数为$t$,初始学习状态$t=0$。

(2)输出层各神经元的输出为:

$$y_j^{(t)} = f(\phi_j) = \text{sgn}\left(\sum_{i=1}^n W_{ij}^{(t)} x_i + U_j^{(t)}\right) \tag{12-63}$$

式中,sgn为反对称的符号函数,定义为:

$$\text{sgn}(x) = \begin{cases} +1, x \geq 0 \\ -1, x < 0 \end{cases} \tag{12-64}$$

(3)计算各神经元的期望输出E_j与实际输出y_j的误差值:

$$e_j^{(t)} = E_j - y_j^{(t)} \tag{12-65}$$

(4)连接权值与各神经元偏置的调整:

$$W_{ij}^{(t+1)} = W_{ij}^{(t)} + \Delta W_{ij}^{(t)} = W_{ij}^{(t)} + \eta_1 e_j^{(t)} x_i \tag{12-66}$$

$$U_j^{(t+1)} = U_j^{(t)} + \Delta U_j^{(t)} = U_j^{(t)} + \eta_2 e_j^{(t)} \tag{12-67}$$

式(12-16)和式(12-17)中的η_1与η_2为学习速率,用于控制连接权值调整速度,取值范围为$(0,1]$,当学习速率较小,则收敛速度变慢。反之亦然。

当误差趋于零或小于给定误差范围时结束学习,否则重复步骤(3)。

学习算法训练结束后,即可投入正常使用,任意输入一个信号,即可输出对应结果。

单层感知器要求输入向量必须是线性可分的,当输入向量为线性可分时,感知机模型只需进行有限次学习训练,即可收敛到正确的连接权值。当输入向量是非线性不可分时,可考虑用多层感知器解决。目前多层感知器存在的问题是隐层的权值向量无法调整,即隐层节点无期望输出,而权值调整取决于期望输出与实际输出之差,因而隐层不进行权值更新。

12.4.4 BP网络与BP神经算法

交通运输系统中需要处理的问题大多数是非线性的,数据量大且复杂,如新开客运线路、新开航线等的客流量和各个影响因素之间呈现非线性特点,一般线性回归模型难以获得较好的预测结果。而BP神经网络是一种多层的前馈神经网络,该网络具有处理非线性问题的良好能力,适合解决内部结构复杂的数学问题,处理这类问题有着巨大的挑战性。

由于单层感知器与多层感知器的局限性,1986年由Rumelhart和McClelland等人提出了误差反向传播算法训练的多层前馈神经网络,即BP神经网络。

BP神经网络是应用最广泛的神经网络,是一种典型的非线性模型,包括输入层、输出层和若干隐含层,每一层都可以有若干节点,其中隐藏层与输出层的每一个节点都代表一个神经元,每层的神经元个数可以不同,层与层之间的节点连接状态通过权值来体现,BP神经网络结构如图12-15所示。

当隐含层为一层时,BP神经网络为传统意义上的浅层神经网络;当隐含层为多层时,BP神经网络为深度学习的神经网络。BP神经网络的核心步骤如图12-16 BP所示。

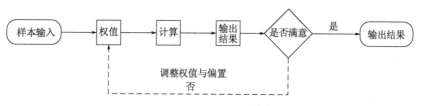

图 12-16　BP 神经网络的核心步骤

BP 算法的学习规则是使用最速下降法,通过误差反向传播来不断调整网络的权值和阈值,使网络的误差平方和最小。以三层神经网络为例,设输入为 x_i,输出为 y_k,隐藏层节点为 z_j,期望输出为 s_k,期望误差为 ε,输入层与隐藏层节点连接权值为 w_{ji},隐藏层与输出层的节点连接权值为 v_{kj},具体学习算法步骤如下:

(1) 权值初始化,并选择激活函数 $f(\phi)$。
(2) 计算隐藏层节点输出 z_j:

$$z_j = f(\phi) = f\left(\sum_i w_{ji} x_i + u_j\right) \tag{12-68}$$

(3) 计算输出层节点的输出 y_k:

$$y_k = f(\phi) = f\left(\sum_j v_{kj} z_j + u_k\right) \tag{12-69}$$

(4) 计算输出节点的误差平方和 E:

$$E = \frac{1}{2}\sum_k (s_k - y_k)^2 \tag{12-70}$$

(5) 比较输出误差与期望误差,如果 $E - \varepsilon \leqslant 0$,则算法结束,否则进入误差反向传播计算。

(6) 误差反向传播计算,调整权值与偏置,首先是调整输出层节点的权值与偏置。

$$\Delta v_{kj}^{(t)} = -\eta_1 \frac{\partial E}{\partial v_{kj}} \tag{12-71}$$

$$v_{kj}^{(t+1)} = v_{kj}^{(t)} + \Delta v_{kj}^{(t)} \tag{12-72}$$

式中,$v_{kj}^{(t+1)}$ 表示训练第 $t+1$ 次时输出层的权值;$\Delta v_{kj}^{(t)}$ 表示权值的变化值;η 表示学习速率,即梯度下降法中的调整步长。

$$\Delta u_k^{(t)} = \eta_1 \frac{\partial E}{\partial u_k} \tag{12-73}$$

$$u_k^{(t+1)} = u_k^{(t)} + \Delta u_k^{(t)} \tag{12-74}$$

式中,$u_k^{(t+1)}$ 表示训练第 $t+1$ 次时输出层的偏置;$\Delta u_k^{(t)}$ 表示偏置的变化值。最后调整隐藏层节点的权值与偏置。

$$\Delta w_{ji}^{(t)} = -\eta_2 \frac{\partial E}{\partial w_{ji}} \tag{12-75}$$

$$w_{ji}^{(t+1)} = w_{ji}^{(t)} + \Delta w_{ji}^{(t)} \tag{12-76}$$

式中,$w_{ji}^{(t+1)}$ 表示训练第 $t+1$ 次时隐藏层的权值;$\Delta w_{ji}^{(t)}$ 表示权值的变化值。

$$\Delta u_j^{(t)} = \eta_2 \frac{\partial E}{\partial u_j} \tag{12-77}$$

$$u_j^{(t+1)} = u_j^{(t)} + \Delta u_j^{(t)} \quad (12\text{-}78)$$

式中，$u_j^{(t+1)}$ 表示训练第 $t+1$ 次时隐藏层的偏置；$\Delta u_j^{(t)}$ 表示偏置的变化值。

(7) 对神经元激活函数 $f(\varphi)$ 求导：

$$f'(\varphi) = \frac{\mathrm{d}}{\mathrm{d}\varphi}f(\varphi) = f(\varphi)[1-f(\varphi)] \quad (12\text{-}79)$$

则输出层的输出变化如下所示：

$$f'(y_k) = y_k \cdot (1-y_k) \quad (12\text{-}80)$$

隐藏层的输出变化如下：

$$f'(z_j) = z_j \cdot (1-z_j) \quad (12\text{-}81)$$

网络会随着训练逐渐收敛，直至误差降到期望误差范围内，训练结束。

12.4.5 案例：上海港吞吐量的预测

在世界经济全球化的背景下，集装箱运输凭借其经济、安全、可靠、高效的优势，成为现代国际运输的主要方式。集装箱港口是集装箱运输的重要物流节点，具有承接国际运输航线和经济腹地的重要作用。上海港是我国沿海主要港口之一，港口集装箱吞吐量的影响因素非常多，是一种非线性、非平稳的复杂系统问题，传统的预测方法解决效果欠佳。而神经网络具有良好的非线性拟合能力，克服了传统定量预测方法面临的困难，能自动从历史数据中提取有关知识，同时避免人为因素的影响，对于港口集装箱吞吐量的预测更加有效。本例介绍如何构建 BP 神经网络用于预测上海港国际标准集装箱吞吐量。

BP 神经网络预测过程如下所示：
(1) 对原始数据进行样本的归一化处理；
(2) 定义训练样本和验证样本；
(3) 使用训练样本对 BP 神经网络进行训练，建立 BP 神经网络；
(4) 使用验证样本进行 BP 神经网络的仿真；
(5) 还原预测值，将运算结果反归一化处理，得到预测值。

上海港集装箱 2012 年 1 月至 2021 年 5 月的实际吞吐量统计如表 12-5 所示。

表 12-5 上海港国际标准集装箱吞吐量（万标准箱）

时间	2012	2013	2014	2015	…	2019	2020	2021
1月	261.91	291.66	299.72	316.27	…	375.18	360.58	403.52
2月	218.70	201.05	220.59	257.36	…	285.52	229.78	340.95
3月	272.90	287.52	296.26	294.26	…	380.52	343.23	389.62
4月	271.91	282.68	302.22	312.32	…	361.15	350.69	371.62
5月	283.94	293.60	301.68	315.99	…	375.60	361.75	378.89
6月	277.14	276.12	305.89	307.56	…	375.62	360.24	
7月	284.29	297.88	306.17	311.45	…	385.47	390.34	
8月	260.62	295.29	311.09	315.73	…	376.00	383.96	
9月	290.94	290.44	301.13	309.42	…	370.51	385.31	
10月	272.10	280.95	301.98	303.77	…	362.93	420.31	
11月	282.42	294.43	292.34	303.70	…	355.15	400.55	
12月	276.08	270.09	289.46	306.87	…	326.61	363.60	

在利用 Matlab 构建神经网络时,通常需要对数据预处理,在此采用 Mapminmax()函数完成映射的相关信息,将待处理数据归一化到[−1,+1]。原始数据进行归一化后,开始构建 BP 神经网络,首先将原始数据按时间顺序分为 102 组训练样本与后 12 组检验样本,设置神经网络为 3 层,隐含层神经元数目 8 个,输出层神经元为 1 个,并应用划分好的训练样本进行训练,神经网络经过 94 次迭代训练,误差达到目标误差以下。

训练过程中,默认的是正切函数 Sigmoid 和线性激活函数 Purelin,训练算法为 Levenberg-Marquardt(trainlm)。训练完毕后,输入测试样本,绘制出期望值曲线和预测值曲线,如图 12-17 所示,并观察两者之间的关系,可以看出,2020 年 7 月至 2021 年 5 月,在目标响应的监督训练下,预测值和期望值吻合很好。

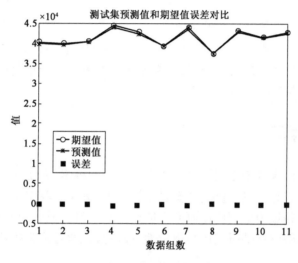

图 12-17　期望值曲线和预测值曲线

本章参考文献

[1] 沈钧珥. Bagging 集成 BP 神经网络的短时交通流预测研究[D]. 兰州:兰州理工大学,2019.

[2] 吴钰. 随机森林算法在交通状态预测中的研究与应用[D]. 沈阳:沈阳师范大学,2021.

第 13 章　强化学习与半监督学习

前面已经介绍了监督学习、无监督学习等机器学习的内容,对其相应的概念和应用示例也进行了讲述。本章将延续前面的介绍,对机器学习中另外一个重要的部分——强化学习与半监督学习进行介绍。

13.1　强化学习

强化学习作为一门来源于心理学中行为主义理论的科学,涉及多方面多学科的知识融合,主要包括概率论、统计学、逼近论、计算复杂性理论、运筹学等多个学科,在人工智能、机器学习和自动控制等领域中得到广泛研究和应用,被学者们公认为智能系统的核心技术之一。随着强化学习的数学基础研究取得突破性进展,强化学习成为机器学习领域研究的热点之一。

13.1.1　基本概念

强化学习(Reinforcement Learning,RL),又称再励学习、评价学习或增强学习,是机器学习的范式和方法论之一,用于描述和解决智能体(Agent)在与环境的交互过程中通过学习策略以达成回报最大化或实现特定目标的问题。

智能体(Agent):在强化学习中视为被控制的对象,能够通过改变自身状态以获得反馈信号,并且根据反馈信号进行调整。

状态(State):用于描述智能体的状态。

行为(Action):当前环境下智能体可以选择做出的行为。

反馈(Reward):当智能体由上一阶段的状态转移到新的状态后,根据状态改变后对环境变化的影响(有好有坏),智能体会接收到相应的正反馈或负反馈信号。

强化学习可以被理解为智能体在以不断尝试的方式进行学习,通过行为对环境造成影响得到反馈(此处可以理解为奖赏),目标是在学习过程中得到的总奖励最大。强化学习主要特征在反馈信号上,通过反馈信号对智能体产生的信号进行好坏评价,并不能为智能体提供新的行动策略。由于外部环境提供的信息很少,强化学习系统必须通过智能体与环境交互获得的反馈来进行学习。

如果智能体采取的某个行为策略对环境造成正面影响(智能体获得正反馈,也可以称为强化信号),智能体就会加强选择这种行为策略的趋势,目标是在每个离散状态都保持最优的状态并采取最优的行动,从而得到期望的折扣奖赏(智能体执行每一个行动,都会对环境造成影响。一直采取同样的行动并不一定能获得相同的奖赏,因此设置折扣系数来判定)。

强化学习系统的目标是动态的调整参数,以达到总的奖赏最大。但如果只根据奖赏最大的行为作为智能选择的行为,相当于以贪婪的算法让智能体选择行为,没有探究可采取的行动能否带来更大的收益,则其他行为能带来更高收益的可能性是存在的。

强化学习的简化模型如图13-1所示。

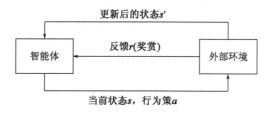

图13-1 强化学习基础模型

强化学习属于解决问题一类的算法,可以使用强化学习解决的问题被称为强化学习问题,对应解决问题的方法则称为强化学习方法。在强化学习中满足马尔可夫性质的称为马尔可夫决策过程(Markov Decision Process),简称 MDP。状态和行为空间是有限的马尔可夫决策过程,称为有限马尔可夫决策过程,为强化学习的重要理论组成部分。在一致状态转移概率 P 和奖励函数 R 的情况下,可以采用动态规划技术来获得最优学习策略。在强化学习中,强调函数 P 和 R 在未知的情况下,系统进行学习最优策略的选择。

定义 13-1(马尔可夫决策过程) 马尔可夫决策过程是指决策者连续观察马尔可夫性质,以此做出决策的随机过程。马尔可夫定义是指状态改变时下一个状态的产生只与当前的状态有关,状态转移行为的选择与已发生行为无关。

过程表示为:

$$P[S_{t+1}|S_t] = P[S_{t+1}|S_1, S_2, \cdots, S_n] \tag{13-1}$$

一般,直观上讲,物体的下一个状态的产生跟所有历史状态都是有关的,也就是等式右边所示。但是马尔可夫的定义则是忽略历史信息,只保留当前状态的信息来预测下一个状态。

状态转移示意图如图13-2所示。

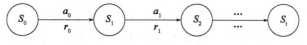

图13-2 状态转移

马尔可夫决策过程可以利用一个四元数组进行表示,即

$$M = (S, A, T, R) \tag{13-2}$$

式中,S 代表状态集;A 代表行为集;$A(S)$ 代表当前状态 S 下可执行的行动集合;$T(s,a,s')$ 表示在当前状态 s 下,执行行动 a 到达状态 s' 的概率;R 代表奖励函数,$R(s,a,s')$ 表示状态 s 下执行动作 a 后到达新的状态 s' 后得到的反馈值,由当前状态 s'、选择动作 a、新的

状态 s' 共同决定。

如图 13-3 所示，AGV 自动走到目标仓库的马尔可夫决策过程是物流仓库中 AGV(Automated Guided Vehicle)小车自动走到目标仓库的马尔可夫决策过程例子。图 13-3a)是仓库相互连通的情况，一共有五个仓库，每个仓库都与不同的房间相连接，只要走到目标仓库就会得到奖励值 100；图 13-3 将问题进行抽象示意，给出了不同仓库之间是否可通行和相应奖励回报信息。

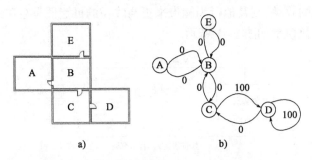

图 13-3　AGV 自动走到目标仓库的马尔可夫决策过程

状态转移和奖励函数都能体现马尔可夫特性，即只受到当前状态以及行为的影响，与以前的状态和行为无关。学习系统不仅需要得到即时回报，还需要得到长期回报，即现在直到任务完成时获得的最终总回报，可以表示为：

$$R_t = r_{t+1} + r_{t+2} + \cdots + r_T \tag{13-3}$$

此时 T 表示为任务中止的时间点，对于无中止时间的任务，R_t 则为无穷项，此时 T 为正无穷。可以将有任务中止时间的任务在中止之后所有任务反馈变为 0，那么有中止时间和无中止时间任务的长期奖励可以统一表达为：

$$R = \sum_{i=0}^{\square} r_{t+i+1} \tag{13-4}$$

在生活中，我们很难去想象未来。一是很难确认未来一定会发生什么事，二是也很难确认未来发生的事对现在的决策能造成多大的影响。越接近现在的时间点，所发生的事件对现在行为决策的影响越大，所以强化学习模型中考虑在时间即时回报前增加一个折扣系数，来表示未来发生的事件对现在动作选择的影响。所以长期奖励可以表示为：

$$R = \sum_{i=0}^{\square} \gamma^i r_{t+i+1} \tag{13-5}$$

其中折扣因子 $0 \leq \gamma \leq 1$。当 γ 小于 1，且序列 r 有界时，总回报 R 即有限值。

定义 13-2(策略)　策略是指智能学习系统与环境交互过程中选择行为的方法，在强化学习中指强化学习系统与环境交互过程中选择行为的方法。表示为 $\pi:(S,A) \to [0,1]$，$\pi(s,a)$ 表示智能体处于状态 s 下选择行为 a 的概率，其中 $s \in S, a \in A$，$[0,1]$ 表示选择的概率区间在 0 到 1 之间。

智能学习系统根据策略 π 与环境交互过程中的表现，对状态与行为对环境的影响可能得到的反馈作为依据进行评估，把当前状态或做出当前选择行为之后的长期回报的数学期望作为对它们评价的标准。

评价指标如下：

$$V^\pi(s) = E_\pi\{R_t | s_t = s\} = \sum_a \pi(s,a) T(s,a,s') [R(s,a,s') + \gamma V^\pi(s')] \quad (13\text{-}6)$$

$$Q^\pi(s,a) = E_\pi\{R_t | s_t = s, a_t = a\} = E_\pi\{r_{t+1} + \gamma V^\pi(s_{t+1}) | s_t = s, a_t = a\} \quad (13\text{-}7)$$

式中，V^π 是策略 π 下的状态评价函数，也叫值函数；Q^π 是策略 π 下的行为评价函数。$E_\pi\{R_t | s_t = s\}$ 表示当前状态 s 的数学期望值。$E_\pi\{R_t | s_t = s, a_t = a\}$ 表示当前状态 s 采取行动 a 时的数学期望值。$T(s,a,s')$ 代表选择当前动作 a 且状态顺利转移至 s' 的概率。

学习的最终目的是找出一个最优策略，而通过状态评价函数可以量化策略带来的收益，为策略比较提供方法。对于现有的两种策略 π 和 π'，假如所有状态 $s \in S$ 有 $V^\pi \geq V^{\pi'}$，则可以比较出策略 π 相比于策略 π' 要好。这样就可以做出策略比较。

定义 13-3（最优策略） 通过对所有的策略进行比较，最终可以得出最优策略。正如其名，最优策略意味着是所有策略中最优的一个策略，可以通过评价函数来得到，若存在某一策略 π^*，对于所有状态 $s \in S$ 有 $V^{\pi^*} = \max_\pi V^\pi$，则称 π^* 为最优策略。

同时对于最优行为评价 Q^* 也有 $Q^*(s,a) = \max_\pi Q^\pi(s,a)$。这样就可以得到 Bellman 最优方程：

$$V^*(s) = \max_a \sum_{s'} T(s,a,s') [R(s,a,s') + \gamma V^*(s')] \quad (13\text{-}8)$$

$$Q^*(s,a) = \sum_{s'} T(s,a,s') [R(s,a,s') + \lambda \max_{a'} Q^*(s',a')] \quad (13\text{-}9)$$

显而易见，用最优评价 Q^* 很容易得到最优策略。有了最优方程，就可以构造一些方法得到最优评价，或对最优评价进行估计。

13.1.2 Q-learning 算法

Q-learning 是强化学习中 value-based 的算法，Q 即 $Q(s,a)$，也就是前面提到的在某一个时刻 state 状态下，采取行动 a 能够获得收益的期望。通过动作对环境造成影响，之后收到来自环境对智能体的反馈（奖赏）。所以，算法的主要思想是将所有的状态 state 和所有的行动 action 构建成一张 Q-表来存储 Q 值，算法执行过程中不断根据环境的反馈对 Q-表进行更新，然后根据 Q-表内的值来选取能够获得最大收益的动作。

表 13-1 是 Q-表的样式，在每一次行动后会根据环境的反馈修改对应状态和动作位置的 Q 值。对于修改过程和算法流程将会在后续介绍，如图 13-4 所示。

Q-表样式　　　　　　　　　　　　　　　　表 13-1

Q-表	a_1	a_2	…	a_m
s_1	$Q(s_1,a_1)$	$Q(s_1,a_2)$	…	$Q(s_1,a_m)$
s_2	$Q(s_2,a_1)$	$Q(s_2,a_2)$	…	$Q(s_2,a_m)$
…	…	…	…	…
s_n	$Q(s_n,a_1)$	$Q(s_n,a_2)$	…	$Q(s_2,a_m)$

假设我们回到了儿童时期，周末独自一人在家中写作业，那时候无人看管时的电视机对我们有着很大的诱惑力。我们有着一定数量的作业题，需要在父母回家前做完，又有着里面可能存在丰富多彩的画面的电视机。我们的行为有两种，一是继续坚持写完作业，二是看一会电视。选择继续写作业，可能父母会对我们的表现感到满意，但过程相比于看电视会较为无聊。选择看电视，虽然过程中会感受到快乐，但是被父母发现没有写完作业时可能会被批评一顿。我们以这个场景来模拟一下 Q-learning 的执行过程。

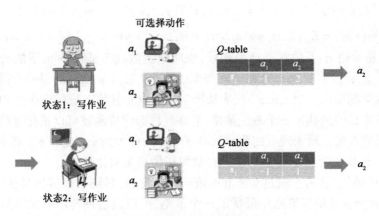

图 13-4　Q-learning 状态转移示意图

假设我们的行为准则已经学习好(Q-表的初始化完成)。我们在写作业的时候,父母提出在他们回家之前我们要将作业写完,之后就出门了。我们当前处于状态 s_1,我们有两个行动 a_2(写作业)、a_1(看电视)可以选择。根据我们的经验(Q-表)可以得知,在 s_1 状态下,我们选择 a_2(写作业)带来的反馈(奖赏)比 a_1(看电视)高,根据我们的经验(初始化过的 Q-表)可以得知,$Q(s_1,a_1) = -1$,$Q(s_1,a_2) = 2$,所以我们判断 a_2(写作业)是我们下一个行为,我们决定关掉电视机去写作业。

我们执行完当前行动 a_2 之后去写作业。状态进行更新,当我们到达下一个状态 s_2,还是在写作业中,还是有两种行为可以选择。对于当前状态有了更新后的行为准则(更新过的 Q-表)。再根据新的行为准则寻找两个行动的反馈值 $Q(s_2,a_1)$,$Q(s_2,a_2)$ 的值,并且比较两个值的大小。选择二者中较大的值。接着根据 a_2 我们到达 s_3 并重复上述的决策过程,Q-learning 的方法就是这样抉择的。那么,Q-表这张行为决策表是如何决策的呢?Q-表又是如何进行更新的呢?

众所周知,我们不能准确地知道现在做出的决定对未来会有多大的影响。所以,在行动之前现实的反馈和预估的反馈会存在偏差。

Q-表中状态-行为对应的值 $Q(s,a)$ 是以我们的经验构建的行为准则,所以是我们预估的反馈值。

$$Q_p(s,a) = Q(s_c,a_c) \tag{13-10}$$

式中,Q_p 为预估的反馈值。

而现实情况是现在做的行为对未来会存在一定的影响,同样的行动在当前状态下做和在未来状态下做很可能会带来不一样的反馈,所以存在真实值的表示如下:

$$Q_r(s,a) = R + \gamma \max Q(s_n) \tag{13-11}$$

式中,$Q_r(s,a)$ 表示现实中的反馈值;γ 表示折扣因子;$\max Q(s_n)$ 表示第 n 个状态中 Q-表的最大 Q 值。

而现实中反馈的值和预估中反馈的值存在着差异,可以被表示出来。

$$Q^*(s,a) = Q(s,a) + \alpha(Q_r - Q_p) \tag{13-12}$$

式中,$Q^*(s,a)$ 是 Q-表中对应状态 s 和行动 a 的更新值;α 是 Q-learning 的学习效率。

回顾之前的流程,根据 Q-表的估计,因为在状态 s_1 下,行动 a_2 的估计反馈值比较大,通过之前的决策方法,在状态处于 s_1 时,我们选择了行动 a_2,并且到达了状态 s_2。这时 Q-表因为我们的决策进行了更新,接着我们并没有在实际中采取任何行动,而是在想象自己在 s_2 上采取了 a_1,a_2 两个行为,分别看看两种行为哪一个的 Q 值大,比如说 $Q(s_2,a_2)$ 的值比 $Q(s_2,a_1)$ 的大,所以我们把大的 $Q(s_2,a_2)$ 乘上一个衰减值 gamma(eg 0.9),并加上到达 s_2 时所获得的奖励 Reward,因为会获取实实在在的奖励 Reward,所以我们将这个作为现实中 $Q(s_1,a_2)$ 的值,之前是根据 Q-表估计 $Q(s_1,a_2)$ 的值。有了现实值和估计值,我们就可以更新 $Q(s_1,a_2)$ 的值,变成新的值。需要注意,我们虽然用 $\max Q(s_2)$ 估算了一下 s_2 的状态,但还没有在状态 s_2 上做出任何行为,s_2 的行为决策要等到更新完以后再重新做,这就是 off-policy 的 Q-learning 是如何决策和学习优化决策过程。如图 13-5 所示。

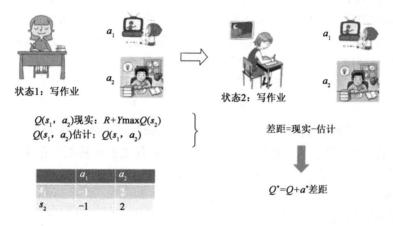

图 13-5 现实值与估计值

这里,可以对算法步骤进行一个总结。Q-learning 算法中,模型通过反复映射、迭代优化 Q 值函数来提高学习能力,Q 函数的初始值可任意给定,Q-learning 算法步骤如下:

Step1:初始化 Q-表,将表中的 Q 进行初始赋值。

Step2:初始化状态 state。

Step3:利用 Q 值经验,确定一个行动决策。同时为了保证没有经历过的行动被选择到,以一定概率选择到已知的最优行动之外的其他行动。

Step4:执行行动 action,观察反馈 reward 和更新后的状态 new state。

Step5:更新 Q-表中的值。

Step6:更新状态 state。

Step7:重复 Step3-Step6,直到 Q 值收敛或者条件中止。

Q 值更新函数的最优化既可进行最大化运算,也可进行最小化运算,收敛的 Q 值函数包含了各种状态对应的最优行为信息,当 Q 值更新规则为最大化运算时,Q 值函数中同一状态下 Q 值最大的行为是最优行为,当 Q 值更新规则为最小化运算时,Q 值函数中同一状态下 Q 值最小的行为是最优行为。

以上是对 Q-learning 的基本步骤进行的简要说明。下面具体介绍 Q-learning 的详细算法。一般地,在马尔可夫决策过程(Markov Decision Process)下,为达到学习目标,智能学习系统需要尽可能多地累计奖赏,一般用期望回报函数来表示该累积回报值。回报函数是以智能学习系统可能接收到的未来累计回报值作为输入值的函数表达式,取数学期望是为了减少外界环境随机性带来的误差。期望回报函数一般有以下三种形式:

(1)有限域模型

$$R_t = E\left\{\sum_{k=0}^{T} r_{t+k+1}\right\} \tag{13-13}$$

式中,r_{t+k+1}表示$t+k+1$时刻的反馈值。

有限域模型表示是时间t之后取一定时间T内的累计回报值,是最简单的期望回报函数。

(2)无限域折扣模型

无限域和有限域是相对的,表示无限时间累计值模型。本章中多次提到我们无法对很长远的未来事物进行准确的估计,包括未来的行动导致的反馈值,所以和有限域模型相比,无限域折扣模型增加了折扣系数。其表示形式如下:

$$R_t = E\left\{\sum_{k=0}^{\infty} \gamma^k r_{t+k+1}\right\} \tag{13-14}$$

式中,γ为$[0,1]$的折扣因子,确保当反馈值有界时,总回报能够收敛。当γ越接近1时,表示未来的环境反馈很大程度影响现在的决策,相反则程度较低。存在两种特殊情况:当γ等于0时,表示只受到下一时刻反馈值的影响;当γ等于1时,说明未来每一时刻可能得到的回报重要程度相等。

(3)有限域折扣模型

实际上,现实中很多需要学习的事物都是有时限的,比如说自动驾驶车辆学习自主停车时,需要在有限的时间内停入指定停车位。

$$R_t = E\left\{\sum_{k=0}^{\infty} \gamma^k r_{t+k+1}\right\} \tag{13-15}$$

有限域折扣模型是在有限域模型的基础上加上折扣系数,是一种常见的离散强化学习模型。离散强化学习的时间是由一个个时间步长组成的,当开始一个步长时,环境状态重新回到原有状态,直到该阶段结束。当开始下一步长时,环境再次回到原有状态,如此反复。

期待回报函数一般根据实际的学习时间来选择。

介绍完期待回报函数,接下来继续介绍行为选择机制。

Q值函数,作为Q学习算法的目标函数,在环境模型(状态转换概率函数T和奖励函数R)已知的情况下,可以对P模型采用动态规划的方法进行求解。但是在现实世界中,T和R往往无法获得,此时就需要智能系统与环境进行有效交互,并从交互结果中获取经验来学习最优Q值函数。所谓行为选择机制,就是如何与环境进行有效的交互。在强化学习领域,体现在智能系统怎样根据实时感知到的环境状态迅速地选择行为并执行。

根据使用强化学习的场景,智能系统的行为选择机制不同。比如在学习过程中,智能系统不仅追求更多的奖励,获得最优Q值的速度也十分重要,从而使得Q值能够不断地朝函数最优的方向更新。相比于学习过程,应用过程中一般都是同时存在时效性和前瞻性,需要获得的优化 Q-表才会收敛,以达到最优提供行为选择依据。因此,行为选择机制在学习过程中要同时考虑到两个互相矛盾的因素——"利用"和"探索"。利用是指未来得到高的回报函数,智能系统偏向于根据当前的 Q-表来选择可以得到高回报的行为,而不愿意冒着风险去尝试可能会产生更高或者更低的行为。当选择的方式完全不愿意冒风险,那就很像另外一种算法——"贪婪算法"。大量的"利用"也会导致系统总是沿着同一个方向进行搜索,因此不能收敛达到最优解。"探索"是指智能系统要尽量经历所有的状态—行为,从而获得重组且全面得到经验,以保证能够收敛得到最优的 Q 值函数,但是过度"探索"一定会带来多余信息和搜索资源的浪费、增加学习过程、降低学习效率。极其过度的"探索"也很像另一个算法——"遍历算法"。"贪婪"和"遍历"具有很大的局限性,在本书中不做过多介绍。因此,行动选择机制的合理设计需要把握好"利用"和"探索"的平衡,在保证算法能够迅速收敛到 Q 值函数方面具有非常重要的意义。

在目前的强化学习领域有多种行为选择机制,强化学习的行为选择机制也是强化学习的热点研究内容。其中 ε-greedy 机制及 Boltzmann 分布机制是应用比较广泛的两种行为选择机制。它们的共同原理是:通过给每个行为赋予一定的选择比重来实现对全部行为的有效尝试。下面就简要地介绍这两种机制。

(4) ε-greedy 策略

在权衡利用与探索二者之间,ε-greedy 是一种常用的策略。其表示在智能体做决策时,有一很小的正数 ε (<1) 作为概率随机选择未知的一个动作,剩下 $1-\varepsilon$ 的概率选择已有动作中价值最大的动作。假设当前智能体所处的状态为 $s_t \in S$,其可以选择的动作集合为 A。在汽车驾驶过程中,踩加速踏板、踩制动踏板、转动转向盘都可以代表一个动作,智能体在执行某一个动作 $a_t \in A$ 之后,将会到达下一个状态 s_{t+1},此时也会得到相应的收益 r_t。在决策过程中,有 ε 概率选择非贪心的动作,即,每个动作被选择的概率为 $\varepsilon/|A|$,其中 $|A|$ 表示动作数量;也就是说,每个动作都有同样 $\varepsilon/|A|$ 概率的被非贪心的选择。另外还有 $1-\varepsilon$ 的概率选择一个贪心策略,因此这个贪心策略被选择的概率则为 $1-\varepsilon+\varepsilon/|A|$。可能到这里会有疑问为什么是两项的和? 其实道理很简单,在所有的动作集合 A 中,在某一个时刻,总会有一个动作是智能体认为的最优动作,即 $a^* = \mathrm{argmax}(Q(a,s))$,这个动作本身有 $\varepsilon/|A|$ 的概率在探索阶段被选择,还有 $1-\varepsilon$ 概率在开发阶段被选择。

(5) Boltzmann 分布机制

令随机系数 $T>1$,则在状态 s 的情况下,行为 a 被分配到的选择概率由下式决定:

$$P_r\{a_t = a | s_t = s\} = \frac{e^{Q(s,a)/T}}{\sum_{a' \in A} e^{Q(s,a)/T}} \tag{13-16}$$

由上式可以得出:$\sum P_r\{a_t = a | s_t = s\} = 1$,接下来按照轮盘赌的步骤来选择要执行的行为。不失一般性,可以设置可执行行为集 A,则轮盘赌的一般步骤如下:

Step1:在 $[0,1]$ 之间随机生成一个随机数 rand;令 sum $=0, i=1$;

Step2:sum←sum $+ P_r\{a_t = a_i | s_t = s\}$;

Step3:如果 rand≤sum,则 $i=1$ 是被选中的行为,否则返回 Step2,且 $i \leftarrow i+1$。

描述探索程度的参数是 ε-greedy 策略的随机系数 ε 及 Boltzmann 分布机制中的随机系数 T，随机系数 ε 和随机系数 T 的取值越大，意味着算法越倾向于随机"探索"。在学习前期，由于 Q 值矩阵中的元素并不成熟，"利用"它进行行为决策并不能得到高的回报，此时应该着重于"探索"新的知识，逐步完善 Q 值矩阵中的每个元素，随着学习的继续推进，行为决策逐渐转向于依赖 Q 值矩阵了。据此，ε 和 T 的取值方法可采取时间递减的形式，从而更好地实现从"前期重探索"到"后期重利用"的平衡。

Pursuit 函数机制

运行 t 个周期后，在 $t+1$ 周期选择最优行为 a_{t+1} 的概率为：

$$\pi_{t+1}(a_{t+1}^*) = \pi_t(a_{t+1}^*) + \beta[1 - \pi(a_{t+1}^*)] \tag{13-17}$$

$$a_{t+1}^* = \arg\min_a Q_{t+1}(a) \tag{13-18}$$

选择其他行为的概率为：

$$\pi_{t+1}(a) = \pi_t(a) + \beta[0 - \pi_t(a)] \tag{13-19}$$

式中：$\pi_t(a)$——在周期为 t 时选择行为 a 的概率；

a_{t+1}^*——最优行为；

β——随机概率，$0 < \beta < 1$。

通过调整 β 的大小，pursuit 函数既能确保以较大的概率选择最优行为，又能探索没被选中过的行为，使行为的探索与利用保持平衡。

理解了行为选择机制，就很容易理解 Q 值更新函数。

智能系统要在有效的交互方式下，从交互结果中挖掘出有价值的经验，用于 Q 值矩阵的及时更新。根据最优 Bellman 公式，可推出 Q 值函数的更新，从而使得 Q 值朝着最优方向更新。给定时刻 t 观察到的环境状态为 s_t，选择行为 a_t，然后执行，在下一时刻 $t+1$，根据行为 a_t 状态转移至 s_{t+1}，智能系统接收到奖励 r_{t+1}，从而得出由以上字母组成的一个经验样本 $(s_t, a_t, r_{t+1}, s_{t+1})$，然后根据下式对 (s_t, a_t) 得 Q 值函数进行实时更新，更新规则为：

$$Q_{t+1}(s_t, a_t) \leftarrow Q_t(s_t, a_t) + \lambda[r_t + \gamma \max_{a_{t+1} \in A} Q_{t+1}(s_{t+1}, a_{t+1}) - Q_t(s_t, a_t)] \tag{13-20}$$

式中，s_t 为状态；a_t 为行为；r_t 为反馈值；λ 为学习效率，$\lambda \in [0,1]$，用于控制学习的速度，其取值越大，Q-表内的对应值收敛越快，但易导致"贪婪"；γ 为折扣系数，$\gamma \in [0,1]$；A 为所有可供选择的行为集合；$Q_{t+1}(s_{t+1}, a_{t+1})$ 为下一状态时 Q-learning 学习模型选择的某个行为的 Q 函数值。

13.1.3 强化学习实例

前面几节介绍了强化学习的基本概念和在强化学习中较为基础却十分重要的 Q-learning 算法。这里希望通过引入例子来加深读者对 Q-learning 和强化学习的理解。

强化学习在生活中有很多已经在使用的例子。比如在 2016 年名扬天下的 Alpha-GO，使用的就是强化学习算法。强化学习与深度学习等其他机器学习算法不同的地方在于它不需要用大量的数据进行学习，只需要能够读取智能体的状态，控制智能体的行动规则，以及得到系统的反馈就能运行。相当于设置一个规则,让智能体在这个规则之下进行学习能达到非常好的效果。

本节介绍一个在交通领域可以应用的简单例子。

自动驾驶正在火速发展中,许多企业已经研究出了车辆自动停车的应用。那么,怎样让车辆自主学习停车并且提高效率呢?强化学习能不能做到?

如图13-6所示,有一辆车从停车场入口进入,有需要去到的目标车位(五角星所示)。路途中有两辆车已经停好了,不能碰到它们。

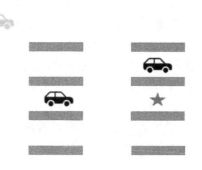

图13-6 寻找停车位

我们先从简单的进入位置开始看。可以把现在的车辆位置记录为当前的状态,目标状态是到达红星所处的目标车位。车辆的动作可以简单拆分成"向前""向后""向左""向右"四个动作。这样,我们的状态集和行为集都设置好了。

状态集合 $S = <(0,0),(0,1),(1,0),\cdots,(3,4),(4,3),(4,4)>$。

行为集合 $A = <"向前","向后","向左","向右">$。

如此Q-表就可以设置出来,将其初始化。见表13-2。

案例初始Q-表 表13-2

状态集合	向前	向后	向左	向右
(0,0)	0	0	0	0
(0,1)	0	0	0	0
(1,0)	0	0	0	0
...	0	0	0	0
(3,4)	0	0	0	0
(4,3)	0	0	0	0
(4,4)	0	0	0	0

第一步:读取车辆位置并判断是否条件中止。将其所有的初始值设置为0。初始化表格的同时我们可以设置学习效率 λ,折扣系数 γ,贪婪系数 ε。在现实生活中,如果我们希望系统能较快地学习到停车方法,同时,为了准确性,保持一定的探索性,我们设置 $\lambda=0.1, \gamma=0.9, \varepsilon=0.9$。这样就完成了第一步。

之后根据行为选择机制设置构建行为选择模型。在每一次行动之前,都需要对现在状态进行检查,如果车辆已经停入目标位置则程序学习结束。

第二步:以一定概率选择动作。如果车辆没有达到中止运动条件,则需要进行行动选择。我们以 $\varepsilon+\varepsilon/|A|$ 的概率也就是 0.925 的概率选择最优行动,以 $\varepsilon/|A|$ 的概率选择其他行动。见表 13-3。

行 动 选 择 概 率　　　　　　　　　　　　　表 13-3

项目	向前(假设最优)	向后	向左	向右
选择概率	0.925	0.025	0.025	0.025

第三步:判断状态——行动是否可取。选择完动作后,车辆准备以选择的动作进行移动,但可能超出边界条件。比如在初始入口选择向后移动会脱离我们的控制范围,这并不是我们所希望的。所以,我们需要判断这个状态——行动是否可行。

第四步:移动行动并且更新 Q-表。以式(13-20)进行更新。判断完车辆能够移动到目标状态,我们就需要让车辆移动并且对 Q-表内的值进行更新。前面已经介绍过预测值和实际值的区别,需要做的第一步就是从 Q-表中调出现有的值作为预测值 Q_p,然后更新现实值 Q_r,并且对 Q-表进行更新。如图 13-7 所示。

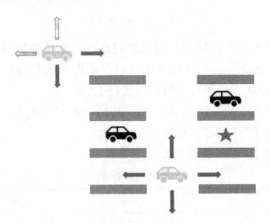

图 13-7　目标移动示意图

13.2　半监督学习

13.2.1　基本概念

半监督学习(Semi-Supervised Learning,SSL)是模式识别和机器学习领域研究的重点问题之一,是监督学习与无监督学习相结合的一种学习方法。半监督学习使用大量的未标记数据同时使用标记数据,来进行模式识别工作。使用半监督学习时,要求尽量少的人员从事工作,同时又能够带来比较高的准确性。因此,半监督学习越来越受到人们的重视。

按照统计学习理论的角度,可以将半监督学习分成直推(Transductive)学习和归纳(Inductive)学习两类模式,两类学习模式分别对应于半监督学习的两个明确学习目标。第一个学习目标是利用当前已被标记的对象预测其未来的状态,对应归纳学习模式,归纳半监督学习处理整个样本空间中所有给定和未知的样例,同时利用训练数据中有类标签的样本和无类标签样例,以及未知测试样例一起进行训练,不仅预测训练数据中无类标签的样例的类标签,更主要的是预测未知的测试样例的类标签。另一个学习目标是预测训练样本中未被标记对象的状态,对应直推学习模式,直推半监督学习只处理样本空间内给定的训练数据,利用训练数据中有类标签的样本和无类标签的样例进行训练,预测训练数据中无类标签样例的类标签。

半监督学习场景主要分成四类(图 13-8),分别是:

(1) 半监督分类(Semi-Supervised Classification)

半监督分类(Semi-Supervised Classification)是在无类标签样例的帮助下训练有类标签的样本,获得比只用有类标签样本训练得到的分类器性能更优的分类器,弥补有类标签样本不足的缺陷,其中类标签 y_i 取有限离散值 $y_i = \{c_1, c_2, c_3, \cdots, c_c\}$。

(2) 半监督回归(Semi-Supervised Regression)

半监督回归是在无输出的输入帮助下训练有输出的输入,获得比只用有输出的输入训练得到的回归器性能更好的回归器,其中输出 y_i 取连续值 $y_i \in R$。

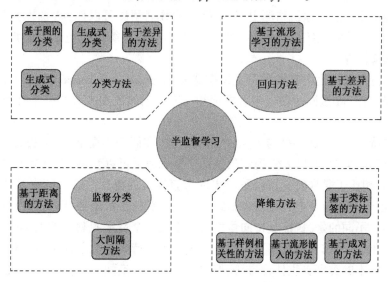

图 13-8 半监督学习框架图

(3) 半监督聚类(Semi-Supervised Clustering)

半监督聚类是在有类标签样本的信息帮助下获得比只用无类标签样例得到的结果更好的簇,提高聚类方法的精度。

(4) 半监督降维(Semi-Supervised Dimensionality Reduction)

半监督降维是在有类标签样本的信息帮助下找到高维输入数据的低维结构,同时保持原始高维数据和成对约束(Pair-Wise Constraints)的结构不变,即在高维空间中满足正约束(Must-Link Constraints)的样例在低维空间中相距很近,在高维空间中满足负约束(Cannot-Link Constraints)的样例在低维空间中距离很远。

13.2.2 算法介绍

半监督学习在交通领域现有的应用还不够广泛，本章提供几个算法的框架和思路，希望能够为相关研究和应用提供一些启发。

当涉及机器学习分类任务时，用于训练算法的数据越多越好。在监督学习中，这些数据必须根据目标类进行标记，否则这些算法将无法学习独立变量和目标变量之间的关系。

标记数据可能需要相当大的计算力且耗费相当长的时间。假设我们有1000000张车辆图像，将它们输入分类算法中，目的是预测每个图像是否包含集装箱卡车。如果我们想将所有这些图像用于监督分类任务，则需要一个人查看每个图像并确定是否存在集装箱卡车。

如果雇佣计数人员对这些图片进行查验，在100万张图片中进行搜索和标记，可能需要花费相当长的时间并且支付不小的费用。那么，这些未标记的数据可以运用在分类算法中，这就是半监督学习的用武之地。在半监督方法中，我们可以在少量的标记数据上训练分类器，然后使用该分类器对未标记的数据进行预测。

由于这些预测可能比随机猜测更好，未标记的数据预测可以作为"伪标签"在随后的分类器迭代中采用。这种训练思路称为自训练。常用的自训练算法包括半监督支持向量机、直推式支持向量机等。

半监督支持向量机是由直推学习支持向量机（Transductive Support Vector Machines，TSVM）变化而来。TSVM法同时使用带有标记和不带标记的数据来寻找一个拥有最大类间距的分类面。

直推式支持向量机（TSVM）与半监督支持向量机在同一年提出，且算法的主要思想和需要求解的优化问题类似，所以人们提到的这两个概念通常可以互换。TSVM是在文本分类的背景下提出的，相比于通常的支持向量机更注重直推式的概念。通常的支持向量机都是归纳式的，通常用于尝试为一个分类任务归纳出一个一般的决策函数，以便对新的样本数据进行正确的分类。不同的是，直推支持向量机只考虑在一个特定的测试数据集中，尝试将其中的错分率最小化，不考虑一般的情况。类似的半监督支持向量机刚提出时是作为直推式的，主要对未标记样本的类别提供估计方法，但它在整个输入空间中划分出一个决策边界，因此它还可以用于样本的分类。

本书已经对支持向量机进行介绍，它是监督学习内容中一种应用非常广泛的分类方法。本章将其扩展到半监督学习中，半监督支持向量机（S3VM）是支持向量机在半监督学习上的推广，相较于需要找出最大间隔划分超平面的支持向量机，S3VM只考虑未标注样本的信息，并试图找到能将两类有标记样本分开、且穿过数据低密度区域的划分超平面。半监督支持向量机基于聚类假设，试图通过探索未标记数据来规范、调整决策边界，为了利用未标记的数据，则需要在现有的支持向量机（SVM）基础上，增加两个对未标记的数据点限制。两个限制分别是假设未标记的点属于类别1或者类别2，计算其错分率。目标函数是要通过计算得到这两个可能的错分率中最小的那个。半监督支持向量机的定义如下：

$$\begin{cases} \min \|\omega\| + C_1\sum_{i=1}^{l}\xi_i + C_2\sum_{j=l+1}^{N}\xi_i \\ \text{s.t.} \ y_iw'x_i + \xi_i \geq 1 \ \xi_i \geq 0 \\ y_jw'x_j + \xi_j \geq 1 \ \xi_j \geq 0 \\ \hat{y}_j \in \{+1,-1\} \\ -\beta \leq \dfrac{\sum_{j=l+1}^{N}\hat{y}_j}{N-l} - \dfrac{\sum_{i=1}^{l}\hat{y}_i}{l} \leq \beta \\ i = 1,2,\cdots,l \\ j = l+1, l+2, \cdots, N \end{cases} \quad (13\text{-}21)$$

与监督学习中的支持向量机类似,C_1、C_2 是错分率的惩罚因子。

其中,w 用于控制模型的复杂性即分类面的维度。

$$C_1\sum_{i=1}^{l}\xi_i + C_2\sum_{j=l+1}^{N}\xi_i \quad (13\text{-}22)$$

两项依次代表了标记数据和未标记数据的损失。

$y_iw'x_i + \xi_i \geq 1 \quad \xi_i \geq 0$;

$y_jw'x_j + \xi_j \geq 1 \quad \xi_j \geq 0$。

代表已标记的数据与未标记的数据均有很大的差距。

因此在为了约束平衡的条件下,需要规定:

$$-\beta \leq \dfrac{\sum_{j=l+1}^{N}\hat{y}_j}{N-l} - \dfrac{\sum_{i=1}^{l}\hat{y}_i}{l} \leq \beta \quad (13\text{-}23)$$

式(13-23)的目的在于确认一个用于分类面的向量 w,它满足最低损失条件和其他约束条件。定义 B 为先验知识的前提下,S3VM 分类器界面如下:

$$\min_{\hat{y} \in B}\min_{w} \Omega(w) + C_1\sum_{i=1}^{l}l(w,x_i,y_i) + C_1\sum_{j=l+1}^{N}l(w,x_j,y_j) \quad (13\text{-}24)$$

S3VM 处于混合整数程序中,通常难以处理。通常用于文本分类、邮件分类、图像分类以及生物医疗和命名实体分别等情景。

上述是半监督支持向量机的基本形式,近年来,有许多版本的支持向量机算法更新,半监督支持向量机和其他半监督学习算法也都是近年来的研究热点,本书中挑选几个基本算法供读者参考。

由于半监督学习在交通领域中的应用较少,可以开发的内容还有很多,本节旨在提供基础算法以供读者思考,不在例证方面做过多赘述。

13.3 本章小结

强化学习是智能体(Agent)以"试错"的方式进行学习,通过与环境进行交互获得的奖赏指导行为,目标是使智能体获得最大的奖赏,强化学习不同于连接主义学习中的监督学习,主要表现在强化信号上,强化学习中由环境提供的强化信号是对产生动作的好坏作一种评价（通常为标量信号），而不是告诉强化学习系统 RLS（Reinforcement Learning System）如何去产生正确的动作。由于外部环境提供的信息很少，RLS 必须靠自身的经历进行学习。通过这种方式，RLS 在行动-评价的环境中获得知识，改进行动方案以适应环境。

半监督学习是监督学习和无监督学习的中间地带，可以看成是监督学习或者无监督学习的扩展。

本章参考文献

[1] 魏翼飞,汪昭颖,李骏编.深度学习:从神经网络到深度强化学习的演进[M].北京:清华大学出版社,2021.

[2] 屠恩美,杨杰.半监督学习理论及其研究进展概述[J].上海交通大学学报(自然版),2018,52(10):1280-1291.